Comunicación rentable en marketing

SEIS PASOS EN LA ERA
DE LAS REDES SOCIALES

Domingo Sanna

MarCom Ediciones

Buenos Aires

2013

Sanna, Domingo

Comunicación Rentable en Marketing: Seis pasos en la era de las Redes Sociales / Domingo Sanna; edición literaria a cargo de Raúl Daniel Escandar. - 1a ed. - Ciudad Autónoma de Buenos Aires: MarCom Ediciones, 2013.
280 p. : il. ; 0x0 cm.

ISBN 978-987-45186-1-3

1. Marketing. I. Escandar, Raúl Daniel, ed. lit. II. Título
CDD 658.8

MarCom Ediciones
Independencia 2946
1225 Buenos Aires, Argentina.
consultas@marcom.com.ar

Contenidos

En memoria de mis padres que me enseñaron y guiaron en la vida y en agradecimiento a mi familia, que me regaló tiempo, paciencia, confianza y entusiasmo para concretar esta obra.

En teoría, no hay diferencia entre la teoría y la práctica;
en la práctica, sí la hay.
Chuck Reid

Prólogo de Alejandro di Paola

En un memorable artículo publicado en la revista FastCompany acerca del futuro de la publicidad (http://goo.gl/KDEu4v) se describió el negocio de la publicidad (tradicional) como una línea de producción: "el cliente (cuyo objetivo era informar acerca de su producto) le pagaba a un ejecutivo de cuentas de agencia (cuyo trabajo era atraer al cliente y mantenerlo contento) quien a su vez *brifiaba* a un planner de marca (cuya investigación desplegaba los *insights* del consumidor), que a su vez *brifiaba* a un planner de medios (que decidía dónde anunciar), en radio, gráfica, vía pública, direct mail o TV). Después, una dupla con un redactor y un director de arte le mandaban lo que habían creado (típicamente un comercial de 30" para TV) a un productor (éste trabajaba con un director de cine y un editor para producir el comercial). Gracias al comprador de medios (quien almorzaba y tomaba vino con compañías de medios para lograr una buena negociación de precios de los spots de TV, páginas en gráfica o spots de radio), el mensaje era vehiculizado como una salchicha relativamente fresca en algún tipo de combinación de estos cinco medios masivos que podían ser cualquier cosa menos que parecidos. La TV regía el mundo. Después de todo, no solo alcanzaba una audiencia masiva, se trataba también del que más fondos demandaba y cuanto más gastaba el cliente más dinero hacía la agencia".

Pero, presiones presupuestarias y la aparición de canales de medios sociales combinados junto con cambios fundamentales en el comportamiento de los consumidores, han forzado a las empresas y a sus agencias a buscar formas innovadoras de alcanzar a sus clientes.

Esta es la esencia del libro que ha escrito Domingo Sanna, un ingeniero que predica su comprensión de la comunicación como un proceso que se realimenta con la información.

Con una extraordinaria combinación de teoría y su práctica profesional, Sanna ha construido un trabajo notable de elaboración con su propia visión junto al análisis y síntesis de los principales pensadores del marketing de la actualidad. Asombra su dominio y dedicación a la lectura de casi todo lo que se publica acerca del marketing y su interacción con la tecnología.

Se trata de un libro de texto para estudiantes pero también para todos aquellos especialistas en marketing que quieran acceder —en un solo lugar— a lo central de los profundos cambios que afectan el negocio al que se dedican.

A esta altura de mi vida, no soy un intenso lector de libros de texto. Pero me atrevo a decir que nunca he visto en español una obra que cubra tan comprensivamente los alcances y cambios en las comunicaciones de marketing como el que presenta el autor.

David Ogilvy, a quien tuve el privilegio de conocer y trabajar en su agencia de New York, decía que si uno aspiraba a ser un buen médico o un buen abogado, uno debía aprender leyendo muchos libros de texto. Pero si uno aspiraba a ser un buen publicitario, no podías aprenderlo de libros porque no había buenos textos. De manera que lo único que se podía hacer en aquel entonces era aprender en el trabajo. La dificultad estaba, decía Ogilvy, en que la tarea llevaba la mitad de la vida, por un lado, y dependía de la suerte de tener un jefe que supiera lo suficiente para enseñarte lo que sabía, por el otro. David hubiera saludado entusiastamente un libro como éste. Nosotros debemos también celebrarlo porque no tenemos la mitad de la vida para esperar acceder a este conocimiento.

Con Domingo hemos compartido desde que nos conocimos una visión acerca de hacia dónde avanzan las comunicaciones y cómo la tecnología de la automatización produce resultados medibles en muchos frentes. Con ideas claras acerca de cómo queríamos comunicarnos con los clientes de su compañía, nos tocó desarrollar herramientas informáticas que fueron luego adoptadas aún en países más avanzados para la automatización de procesos de comunicación a distintas audiencias y segmentos.

Juntos vivimos la evolución hacia lo digital y la integración de mecanismos de comunicación. Vivimos también la preeminencia de Google tanto a nivel de las personas como de los negocios acostumbrándonos a utilizar vastas cantidades de poder informático a costos posibles y escalables.

En la vida profesional he comprobado que, por lo general, la gente de marketing tiende a sobrestimar el alcance de su orientación al cliente, sus capacidades de segmentación, así como sus marcos para establecer el valor del cliente y experiencias como "Key Performance Indicators" (KPI). Tampoco se encuentran muchos casos de alineamientos de las comunicaciones masivas y las directas así como el accionar de marketing, ventas y servicios al cliente conectado.

Aspiro a que este libro sea inspirador para que las nuevas generaciones de profesionales de marketing accedan a este conocimiento.

Pero volviendo a la nota de FastCompany con la que comenzó este prólogo…, en su lucha por la supervivencia, la industria publicitaria está en guerra consigo misma. Generalistas compiten con especialistas… agencias interactivas se están reconvirtiendo en agencias de servicios 360°… las tradicionales, por su parte, responden integrándose digitalmente. Estás invitado al campo de batalla.

Mejor que leas lo que hay en este libro.

Alejandro Di Paola
Buenos Aires, 6 de octubre de 2013.

Introducción

En los últimos años, el marketing en general y las comunicaciones de marketing en particular dieron un vuelco sorprendente. La llegada de las redes sociales o *social media*, por su nombre en inglés, cambió dramáticamente y en poco tiempo la manera de comunicarse y de interactuar entre empresas o instituciones y clientes. En otras palabras, cambió la manera como se relacionan. Las empresas fueron obligadas a cuestionarse no solo los modelos y paradigmas comunicativos que habían establecido por años, sino inclusive el significado mismo del concepto "medios de comunicación" afectándose de manera significativa la forma de invertir tanto en comunicación, marketing y servicios.

Nadie duda ya que las redes sociales han llegado para quedarse, que son quizás el cambio más importante en la relación entre clientes y proveedores de los últimos tiempos, que no habrá vuelta atrás y que nada volverá —para bien o para mal— a ser como antes. Aun así, este libro no trata sobre las redes sociales. Este es un libro diferente. Versa sobre la comunicación de marketing aplicada a los negocios pero con la mirada puesta en el nuevo "contexto social", más humanizado y donde las marcas no sólo intentan vender sino que se vinculan de modos diversos con sus audiencias. Un libro de utilidad para pequeñas empresas pero también para las que están en la lista de las más reputadas en Latinoamérica y el mundo y que —pretendemos— ayudará a comprender la diferencia entre lo social solo por lo social versus lo social por el negocio. Sí, este es definitivamente un libro de negocios. Al fin y al cabo, como profesional que se considera práctico, me interesa ayudarle a que su empresa gane clientes, pero también —y por qué no— a que gane dinero.

Peter Drucker solía decir: "la única razón de la existencia de una empresa es ayudar a sus clientes"; sin embargo, y aun cuando el cliente como centro es el "dogma" bajo el que nos movemos en el siglo veintiuno, hay un sinnúmero de empresas e instituciones que lo tomaron tibiamente o directamente llegaron a ignorarlo. Las redes sociales han relanzado al cliente al centro de la escena y han acelerado el cambio y la transparencia de las empresas e instituciones si es que estas, en verdad, quieren contar con ellos. En este entorno, el comunicador de marketing tiene una oportunidad de oro para retomar un lugar clave en la mesa de decisión de la empresa y, con la ayuda de las redes sociales, ser un recurso estratégico que permita escuchar mejor y más rápidamente a los clientes, a la vez que pueda desarrollar y fortalecer vínculos entre la marca y sus audiencias, comunicándose con distintos *stakeholders* de maneras creativas y hasta impensadas. Claro que todo esto demanda nuevas capacidades tal cual lo plasma un estudio reciente de IBM a 1734 directores de marketing en 19 industrias y 64 países de todo el mundo, que pone en evidencia la necesidad que tienen estos en ser capacitados en temas tales como las redes sociales, la adopción de dispositivos móviles, la comprensión de las claves de los nuevos consumidores, y el sostenimiento y desarrollo de las marcas.

La comunicación de marketing juega un rol preponderante en relación con cada uno de estos temas y no ha dejado de crecer ni de evolucionar, aún mientras usted está leyendo estas líneas. El movimiento constante y la diversidad de temas con los que hoy se la asocia me desafían como autor en la determinación de lo importante y sustancial para la construcción de una obra empírica que pueda ayudarle, efectivamente, a tomar decisiones acertadas e inteligentes cuando planea una campaña de comunicación de marketing.

Claro que escribir un libro sobre esta temática conlleva un desafío adicional: disminuir la brecha integrando teoría y práctica. He trabajado por más de veinticinco años en la industria para firmas como Hewlett-Packard y Dell en temas relacionados con la comunicación de marketing, encontrando en los últimos años mi vocación por la docencia y la investigación aplicada. En este tiempo como académico he leído artículos y he escuchado conferencias científicas enfocadas en áreas muy acotadas de la comunicación de marketing y cuyas enseñanzas a veces resultan difíciles de volcar en la práctica. Entretanto, como consultor, asistí a presentaciones y congresos profesionales donde recibí consejos prácticos de cómo hacer una buena campaña. Allí, el aprendizaje se sustentaba en experiencias puntuales o casos, lo que por supuesto dificulta la extensión de su validez y aplicación a circunstancias de negocio o desafíos comunicacionales diferentes que pudieran aparecer.

Esta tendencia "minimalista" en explicar fenómenos complejos con poca o ninguna base teórica, tales como los que intervienen en la comunicación de marketing, ha ido creciendo con el advenimiento de aplicaciones basadas en las redes sociales. Hay, por tanto, una oportunidad para que los profesionales de la comunicación de marketing accedan —de una manera práctica— a conceptos teóricos que les permitan comprender no sólo el "cómo" de una acción de comunicación de marketing (la táctica) sino el "por qué" (la estrategia). En un mundo donde la complejidad de la comunicación crece día a día, la necesidad de contar con un sistema de planeamiento flexible, amplio, que se adapte a los cambios y que sea de fácil utilización, se torna imprescindible.

Este libro, el primero en su tipo para Latinoamérica, es una respuesta clara e innovadora a esta demanda, pudiéndose pensarlo como la conjunción de dos tomos: una guía para pensar y analizar, y otra para actuar y ejecutar.

El énfasis está puesto en el desarrollo y el planeamiento de la comunicación de marketing amalgamada a una gestión orquestada y coherente de las marcas y el negocio. Esto implica la presentación del tema de la comunicación de marketing como un proceso estratégico-táctico anclado a las marcas, de tal modo que sustente su desarrollo orgánico en un contexto cambiante y a la vez permita que las marcas interactúen efectivamente con sus audiencias en general, y con clientes y prospectos en particular, consolidando relaciones de largo plazo.

Lo escrito es el resultado de la práctica de la comunicación de marketing y de las marcas, de mi propia investigación aplicada y de la experiencia ganada a lo largo de varios años. También, de la revisión sistemática y de la integración teórico-práctica de las obras desarrolladas en forma independiente o en conjunto por distintos autores estadounidenses, europeos y australianos, entre los que resalto —en orden alfabético— a: Kenneth E. Clow, Micael Dahlén, Tom Duncan, Susan Jones, Larry Percy, John R. Rossiter, Don Schultz, P. R. Smith y Lisa Spiller.

Por ser un libro práctico, y para darle fluidez a la lectura, elegí limitar la utilización de citas en el mismo; sin embargo, se han incorporado al final secciones con la lista completa de la bibliografía consultada además de una enumeración de lecturas recomendadas, incluyendo libros y artículos que considero de utilidad para el lector.

CAPÍTULO 1

La comunicación de marketing

"No hay duda de que si el marketing se ejecutara a la perfección, la venta, en el sentido real de la palabra, sería innecesaria".

Peter Drucker

Había una vez, tan solo unos pocos años atrás, un mundo donde la comunicación de marketing se concebía como un fenómeno unidireccional y donde el consumidor representaba más un objeto que un sujeto activo de la comunicación. En otras palabras, la organización tomaba para sí el desarrollo del mensaje y la trasmisión a través de diversos medios, sean estos publicitarios o no, haciendo que lo importante fuera el mensaje transmitido y no la interacción con el receptor. Este criterio de "empujar" el mensaje a través de medios publicitarios como objetivo primordial era fácilmente observable, no sólo en la práctica sino también en varias definiciones académicas. Por ejemplo, John Rossiter, el autor e investigador de marketing australiano más citado internacionalmente, y Steven Bellman definían en 2005 a la comunicación de marketing como "los mensajes de marketing presentes en diversos medios, cuyo propósito es vender a la marca mostrándola, hablando acerca de ella o haciendo ambas cosas, de un modo que establezcan la posición deseada de la marca en la mente del consumidor objetivo"[1] [(p. 6)]. Por su parte, y en el mismo año, Tom Duncan, uno de los impulsores académicos de las comunicaciones integradas de marketing en los Estados Unidos, las describió como "un término colectivo para los diversos tipos de mensajes planeados y empleados para construir una marca

19

incluyendo publicidad, relaciones públicas, promociones, marketing directo, venta personal, *packaging*, eventos y patrocinio"[2] [(p. 7)].

La primacía de los diálogos sobre los monólogos hace al corazón mismo de la comunicación de marketing. Para el consumidor, hay un valor intrínseco en el intercambio y este valor no sólo se despliega en el momento de recibir la primera comunicación u oferta de un producto o servicio, sino desde el inicio mismo de la relación y a lo largo de sus varias etapas. La comunicación y la relación en marketing son, en estos tiempos, dos caras de una misma moneda. La comunicación de marketing juega un rol central en la comprensión de las intenciones y las capacidades de proveedores y clientes, a la vez que es un prerrequisito para establecer confianza entre las partes. Engloba elementos racionales pero también emocionales y es la base de la construcción —en el receptor— de una actitud positiva hacia la marca o, como Rossiter y Bellman prefieren identificar, una preferencia de marca. La comunicación planteada de este modo es bidireccional y no unidireccional, además de un recurso efectivo para informar e interactuar, donde el último término significa también escuchar, preguntar y contribuir.

Con una nueva óptica, Kotler definió a las comunicaciones integradas de marketing o CIM como "la manera de observar el proceso completo del marketing desde el punto de vista de los clientes"[3]. Esta definición confiere un rol activo al receptor aunque es importante tener presente que el consumidor promedio no identifica los componentes del proceso de marketing en forma aislada. El precio, por ejemplo, tiene relación con la valoración del producto o servicio pero también con el prestigio asignado a la marca oferente. De hecho, diría que la observación en sí misma del proceso de marketing por parte del consumidor no tendría sentido para él, ya que le basta con reconocer las *señales* que el proceso genera y asignarle a estas *significados* que asocia naturalmente con la marca. Este conjunto de estímulos al consumidor que conjugan comunicaciones directas e indirectas, el boca a boca y la experiencia propia y ajena, se traducen en lo que el consumidor "sabe", espera y siente en relación con una marca. Lo que Percy y Elliot definen como la actitud del cliente hacia la marca[4]. Coincidentemente, y de acuerdo con Kevin Keller, "el poder de una marca depende igualmente de lo que los clientes hayan aprendido, sentido y escuchado de ella como resultado de sus experiencias con el paso del tiempo"[5] [(p. 48)]. Investigaciones previas han demostrado que una actitud positiva hacia la marca predice comportamientos de interés para la firma tales como consideración, intención de compra, comportamiento de compra y elección de la marca[6].

La marca es el aglutinante necesario para dar origen y guiar a todo programa de comunicación de marketing. Toda construcción de marca es estratégica y por lo tanto, la comunicación de marketing debe también serlo. Don Schultz la define como "un proceso estratégico de negocios..." porque en su conceptualización, la comunicación de marketing "contribuye a acelerar los resultados de la empresa alineando los objetivos de comunicación con los del negocio"[7] [(p. 23)]. La utilización del término "proceso" permite pensar a las comunicaciones de marketing como un ciclo que se autorrealimenta con resultados que impactan en lo financiero (ganancia de la empresa, por ejemplo) y los no financieros (el número de nuevos clientes en cada ciclo, clientes ganados y perdidos, el reconocimiento de marca logrado, las visitas al sitio, el número de re-tuits, etc.). De hecho, pensar en resultados del proceso de comunicación de marketing es una manera de evaluarla en correspondencia con los objetivos empresarios.

Por eso, la comunicación de marketing no es una acción o un conjunto repetitivo de acciones inconexas visibles solo ante la necesidad de aumentar las ventas o llegar a más clientes. Es un proceso continuado que inicia y finaliza con la empresa. Toma el espíritu del Kaizen, una cultura japonesa milenaria que sostiene que el éxito en el largo plazo requiere del compromiso necesario para lograr mejoras diarias y sostenerlas a través del tiempo.

La revolución se ha iniciado

El advenimiento de las redes sociales ha ido en la dirección de beneficiar y reforzar los conceptos de comunicación, relación e interacción de las audiencias entre sí y, por supuesto, entre éstas y las marcas. Para las empresas y las organizaciones se han convertido no sólo en una herramienta de la comunicación de marketing, sino en una manera frecuente de vincularse y transferir valor; por ejemplo, mejorando la respuesta en el servicio posventa.

El cambio que las redes sociales insuflaron a la relación empresa / institución / marcas / cliente se evidencia de formas variadas. Quizás las más prominentes son la velocidad y la crudeza que han impuesto a la comunicación entre los actores. Por ejemplo, bastará "googlear" o "facebookear" una marca para saber al instante lo que sus clientes opinan de ella. Este proceso dinámico de cambio, que suma la aparición de nuevos canales y diversos dispositivos móviles tales como teléfonos inteligentes, *tablets*, *e-readers*, etc., ha logrado adeptos entre profesionales y académicos del marketing, pero también ha generado dudas. Por caso, Don Schultz, uno de los pioneros en la conceptualización de las comunicaciones integradas de marketing, se pregunta si las redes sociales son el oro o sólo la pirita (falso oro) del siglo veintiuno[8]. Dicho autor argumenta que las redes sociales no han sido creadas como un vehículo publicitario sino como un medio de contacto personal donde las marcas deben ser invitadas a un círculo social. En ese contexto, el vínculo con los usuarios pertenecientes a dicho círculo será "negociado" pero no "persuasivo", traicionando la esencia de la comunicación de marketing que busca influenciar al consumidor para que, en el corto, mediano o largo plazo el mayor número de integrantes de la audiencia objetivo realice algo que la marca demanda, es decir, la compra de sus productos o servicios. Al fin y al cabo, es lo que el marketing ha hecho en los últimos cincuenta años. Los medios capturan el interés de los integrantes de la audiencia y los profesionales del marketing tratan entonces de venderles algo. En las redes sociales no hay un canal de ventas sino un mecanismo donde las personas pueden lograr un contacto social en un mundo que está cada vez más despersonalizado. De hecho, la definición más frecuentemente citada sobre redes sociales es la propuesta por Kaplan y Haenlein "un conjunto de aplicaciones basadas en internet, creadas en base a la fundación ideológica y tecnológica de la web 2.0, que permiten la creación y el intercambio de contenidos generados por los usuarios"[9] [(p. 61)]. Su lectura reafirma la ausencia de objetivos comerciales específicos para las redes sociales.

Las redes sociales satisfacen una necesidad humana fundamental: comunicarse, y de ahí su éxito. Los individuos están aprendiendo nuevas maneras de saltar fronteras en el proceso. Se fascinan a veces ante la posibilidad de "publicitarse" ellos mismos o sus contenidos en formatos diversos y llegar a personas e instituciones a las que antes no podían llegar, mientras mantienen aún sus tradicionales diálogos uno-a-uno con las empresas y personas de su interés. Las empresas u organizaciones, por el contrario, vienen de comunicar o "publicitar" sus contenidos —de manera invasiva la mayor parte de las veces— y en todos los medios que su imaginación y presupuesto les permitieran, y ahora deben lograr gestionar por medio de las redes sociales relaciones uno-a-uno con audiencias que antes consideraban inidentificables o pragmáticamente englobadas en el eufemismo de público masivo.

Con independencia del hecho que pareciera que los individuos aprenden más rápido a sacarle ventajas a su nuevo rol de comunicadores en las redes sociales que las empresas al suyo, estos cambios han afectado innegablemente el balance de poder empresa-consumidor en un contexto donde el dinero ya no garantiza relevancia publicitaria para las marcas *per se*, y donde los clientes han demostrado ser capaces —con recursos tales como publicar un video en YouTube— de afectar la imagen corporativa y la reputación de empresas poderosas. Tal es el caso de Dave Carroll, un músico canadiense a quien United Airlines le rompió una costosa guitarra en un vuelo a Nebraska y nunca aceptó responsabilidad por el hecho. Luego de batallar por casi un año sin éxito, Carroll le prometió a la aerolínea que para expresar su insatisfacción compondría y publicaría tres videos musicales contándole al mundo sobre su experiencia. El primero, *United breaks guitars*, salió a la luz en YouTube.com con una pegadiza melodía *country* en julio de 2009. Considerado como uno de los cinco videos más importantes en la historia de Google, la pieza, que combina con éxito notable humor y crítica tiene al presente más de doce millones de reproducciones. Apenas lanzada, la historia fue tomada para difusión y comentario por las redacciones de importantes medios locales e internacionales tales como CBC News[10] y CNN, estimándose que al menos 150 millones de personas escucharon lo que le ocurrió a Dave y lo sucedido con United Airlines.

En octubre de 2010 la conocida firma estadounidense de indumentaria GAP presentó su nuevo logo en internet y, dada la amplia e inmediata respuesta negativa del público expresada principalmente a través de Facebook y Twitter, decidió volver atrás y reponer su logo original solo algunos días después. La presidente para la marca GAP en Norteamérica, llamada curiosamente Marka Hansen, dijo entonces que "la avalancha de comentarios" le mostró a la compañía que "no se emprendió el cambio en la forma correcta". Las redes sociales ayudaron a GAP evitando un fiasco y un costo mayor en caso de que el cambio de marca se hubiese extendido a todos sus locales de venta directa y demás canales comerciales.

Empleando el concepto de co-creación, los sitios IdeaStorm.com de Dell Inc. o MyStarbucksIdea.com de la firma Starbucks promueven el aporte de ideas de sus usuarios a efectos de mejorar sus productos o servicios. Amazon.com fue el precursor de la interactividad con sus audiencias mediante el empleo de las redes sociales para solicitarle a sus lectores calificar primero y comentar luego sobre los libros que compraron, expandiendo más tarde el concepto sobre proveedores y productos de variada gama que se pueden adquirir en su sitio. Una mecánica sutil y escalonada de acercar al consumidor y comprometerlo libremente y sin presiones con la marca, generando así beneficios para ambas partes.

Las empresas tienen una oportunidad para desarrollar relaciones e interacciones con sus audiencias y darle relevancia a sus marcas empleando formas novedosas y creativas de comunicación de marketing. Las redes sociales abren nuevos caminos entre los clientes y la empresa aumentando la capilaridad y la transferencia a distintos niveles de la organización. En otras palabras, acercando el mundo interno de la empresa representada por su cultura, sus empleados, sus procesos y sus políticas al mundo externo donde se desenvuelven los *stakeholders* que llamaré primarios, es decir, aquellos que, como los clientes o los proveedores, generan una transacción o un impacto económico a partir de dicho vínculo. Una mayor comunicación genera mayor transparencia entre las empresas y sus públicos, y si bien es algo bueno para las empresas porque refuerza sus dos ventajas competitivas más genuinas: la marca y las relaciones que construyó con sus clientes, es evidente que no todas las compañías u organizaciones están preparadas para salir airosas del desafío. Como dijo Charles Darwin: "No es la más fuerte de las especies la que sobrevive, tampoco la más inteligente. Es la que mejor se adapta al cambio".

En el contexto de la comunicación de marketing hay una alternativa de pensar en las redes sociales de manera diferente y no como una extensión natural al tratamiento de comunicación unidireccional aplicado a medios tradicionales como la televisión, la radio, los periódicos y las revistas, sólo por citar algunos. Un programa de redes sociales se integra eficazmente con el resto de las comunicaciones de marketing complementándolas y haciendo lo que en la jerga militar se conoce como multiplicador de fuerza, un elemento táctico que convierte a una fuerza determinada en algo mucho más efectivo que lo que sería en ausencia de éste. De hecho, la única manera de integrar a las redes sociales al negocio es vincularlas eficazmente con sus funciones críticas; por ejemplo, la gestión de servicios, la generación de oportunidades o *leads* y la investigación de mercado.

Es importante comprender que las redes sociales son *per se* una herramienta de comunicación más y no una función de negocios en sí. Por lo tanto, dan soporte a otras funciones de negocio pero, como nos advierte Oliver Blanchard, autor del libro *Social media ROI*, "no hay tal cosa como una estrategia de redes sociales… es como tener una 'estrategia telefónica' o una 'estrategia de email'… es un cliché. Lo que hay son objetivos de negocios y estrategias para lograrlos"[11 (p. 37)] y la comunicación de marketing y por supuesto, las redes sociales, pueden ayudar a cumplirlos.

Hay otro aspecto importante a tener en cuenta acerca de las redes sociales. Tal como Bavelier y Green han hecho mención, los cambios tecnológicos no afectan las habilidades centrales del cerebro y los principios generales de organización de la mente no han cambiado desde el advenimiento del lenguaje muchos miles de años atrás[12], y si bien las redes sociales brindan una nueva manera de transmitir mensajes publicitarios o promocionales, estos serán procesados por el cerebro de la misma manera que el resto de los medios. Por tanto, a efectos de la comunicación de marketing, los mensajes emanados por la organización de marketing a través de las redes sociales han de guiarse por los mismos "cánones" que presentaremos para otros medios y así serán considerados a lo largo del presente libro.

Repensando la comunicación de marketing

La comunicación de marketing es un conjunto de recursos con los cuales una empresa busca informar, incitar, persuadir y ayudar a recordar a los consumidores —de manera directa o indirecta— acerca de la marca que promueve[13]. La comunicación de marketing no es un hecho aislado sino un proceso que engloba un conjunto de comunicaciones en distintas direcciones, con motivaciones y objetivos diferentes, que suceden a lo largo del tiempo, desde el conocimiento y durante la relación entre la marca y el consumidor. Construir relaciones en marketing es igualmente un proceso y a lo largo de él con etapas bien diferenciadas, las comunicaciones entre la marca y el comprador afianzan y desarrollan la confianza entre las partes. Así, la distancia social entre ambos actores disminuye con el tiempo. Al considerar la comunicación de marketing enmarcada en el proceso de relación con los consumidores podemos definirla como:

Un proceso evolutivo, coordinado y mensurable, alineado con los objetivos estratégicos del negocio y destinado a alcanzar audiencias preestablecidas, y generar en ellas conocimiento y preferencia de marca, influenciando y afectando sus comportamientos mediante la información, la interacción, la experiencia y la persuasión.

Vamos a analizar con mayor detalle esta definición. Ya se ha mencionado la importancia y el sentido de considerar a la comunicación de marketing como un proceso. Para lograr mayor eficiencia y coherencia ante los ojos de los receptores, es necesaria la coordinación de medios, mensajes y objetivos comunicacionales pero sin olvidar que estos últimos deberán definirse partiendo de los objetivos empresariales. Por ejemplo, no tendría sentido que se promoviera la venta de un producto que una empresa piensa en discontinuar porque no le es rentable su fabricación, a menos que existiera una razón de negocio tal como reducir rápidamente las existencias de dicho producto ante la aparición de uno nuevo que lo reemplazase. En ese caso, la comunicación de marketing podría expresarse como una venta promocional o una liquidación hasta agotar *stock*. El contexto y la forma que esta comunicación tenga serán cruciales, ya que un error podría hacer sentir a los consumidores que la empresa trata de engañarlos de alguna manera con una oferta agresiva. Como dice el refrán: "cuando la limosna es grande hasta el santo desconfía". Si se trata de una marca ignota para el consumidor o con baja credibilidad, la sensibilidad del público objetivo ante un potencial engaño puede aún ser mayor.

En la elección de las audiencias con las que se busca entablar una comunicación deberá primar inicialmente una categorización que incluya a clientes de la marca y otra a quienes no lo son. En esta última se encuadrarán tanto los que son fieles a otras marcas así como aquellos que aún no conocen la categoría. Por ejemplo, de acuerdo con una nota publicada en la revista *Time*[14], la venta de iPads producida por Apple en el último trimestre del año 2011 —15,4 millones— superó a las ventas totales de este producto durante todo el año 2010. Para un producto con solo dos años de vida es un crecimiento impresionante. Las ventas totales acumuladas para el producto iPad superan ya las 55 millones de unidades. Lo interesante es que el mercado global potencial habrá crecido desde 17,4 millones en 2010 a unos esperados 275 millones en el año 2015. Teniendo en cuenta el interés despertado en otras marcas como Samsung para abastecer este espacio, no cabe duda que Apple, quien dio origen a la categoría y hoy la lidera, tendrá un desafío y una oportunidad para seguir ganando la preferencia de los nuevos compradores que arriben a ella, sin descuidar el interés de los actuales ante futuras actualizaciones de su oferta de productos. Es decir, la comunicación de marketing deberá apoyar el ingreso de nuevos usuarios a la categoría, la recordación de marca y el mantenimiento y/ o mejora de la actitud que los clientes tengan hacia la marca, y no se deberá olvidar de alinear estas acciones con los objetivos del negocio. Sería descabellado un plan de comunicación que promueva un crecimiento en ventas para el cual la producción de la firma no está preparada, o donde la inversión en investigación y desarrollo no sea la necesaria para asegurar una posición de liderazgo en el largo plazo.

Crear comunicaciones efectivas de marketing comienza con establecer objetivos para ellas y continúa por definir medidas relacionadas con el consumidor para determinar en qué orden esos objetivos se cumplieron.

Si bien en los negocios se busca una variedad de respuestas a los estímulos comunicacionales que la empresa genera, la mayor parte de las comunicaciones pueden agruparse según los objetivos que persiguen dentro de tres categorías relacionadas con la marca: imagen, información y acción.

Comunicar para construir **imagen de marca** engloba el reconocimiento y/o la recordación de la marca y el desarrollo de una preferencia hacia la misma, buscando una fuerte identificación emocional entre la marca y sus consumidores y clientes.

Comunicar para brindar **información de marca** se utiliza para generar interés y un alto nivel de recordación de los consumidores de la marca y sus principales atributos diferenciadores. El objetivo es lograr que los consumidores pongan a la marca dentro de su lista de opciones preferidas para decidir su compra.

Finalmente, comunicar para lograr la **acción ante la marca** tiene como destino que el cliente pruebe o compre el producto o servicio ofertado. Para lograr este objetivo, el mensaje debe ser persuasivo. ¿Qué significa esto último? Contrariamente a la opinión popular, la persuasión no es un fenómeno de efectos instantáneos ni que solo puede ser llevado adelante por personas dotadas de capacidades místicas. La persuasión es una ciencia que, para lograr su cometido, toma tiempo e involucra activamente al receptor del mensaje. La persuasión no es una lluvia acalorada de datos, imágenes y argumentos esgrimidos por el transmisor del mensaje y de los cuales el receptor trata de defenderse o evadirse para no caer así en la trampa. Por el contrario, se asemeja más a un proceso de enseñanza que lleva a la audiencia paso a paso hacia una solución, permitiendo que las personas destinatarias del mensaje persuasivo comprendan por qué dicha solución es su mejor alternativa. Para ello, la persuasión demanda de la transmisión de un mensaje que puede ser verbal o no verbal y que es consecuencia de un acto deliberado, no casual, en un contexto donde el receptor es libre de tomar sus decisiones y consciente de la intención del persuasor. De acuerdo con Perloff: "el fin de la persuasión es lograr convencer a otros de cambiar sus actitudes o comportamientos"[15] [(p. 34)]. Sin embargo, el conocido estilo de la obra *El padrino*, en el sentido de "hacerle a las personas una oferta que no puedan rechazar", entra en los cánones de lo que se define como coacción y no como persuasión.

Los anales del estudio de la persuasión nos remontan a la Grecia antigua. Los griegos fueron quizás los inventores y primeros cultores de la persuasión. Para ellos, saber cómo hablar en público era parte de su responsabilidad democrática. En el siglo IV a. C., Aristóteles, discípulo de Platón, escribió *La retórica*, considerado "el trabajo más significativo sobre persuasión que se haya escrito jamás"[16] [(p. 2)]. De acuerdo con Aristóteles, la persuasión se basa en tres ejes: el lógico (*logos*); el ético (*ethos*), que engloba las características y la credibilidad del presentador y su mensaje, y el emocional (*pathos*). En su concepto, el presentador debiera ser sensible a los varios tipos de personas que trata de convencer y variar su presentación de acuerdo con su percepción de la audiencia. Esto demanda un conocimiento previo de los públicos a los que se dirige el mensaje persuasivo incluyendo sus emociones. Autores modernos tales como Richard Petty y John Cacciopo han continuado los estudios de persuasión y establecieron nuevas teorías, vinculando a través de su modelo de persuasión llamado el *Elaboration likelihood model of persuasion*, al procesamiento del mensaje por parte del receptor con el nivel de riesgo o involucramiento del producto o servicio en consideración[17]. En otras palabras, y en general, un consumidor se involucrará más con la compra de un bien o servicio complejo —como ser un automóvil— que con la compra de uno simple como una bebida refrescante. De igual manera, la compra de un bien como un automóvil relacionará, a lo largo del tiempo, con mayor intensidad al cliente con la marca ya que, por ejemplo, habrá encuentros de servicio, planeados o inesperados, donde se pondrá a prueba la marca y su capacidad de dar soporte al bien adquirido por el usuario. Tanto el mensaje persuasivo como su frecuencia marcarán un fuerte contraste en relación con lo requerido para persuadir sobre un producto que a los ojos del consumidor es trivial. Nótese sin embargo que una lujosa Ferrari, por ejemplo, podría ser trivial para un millonario con 50 vehículos en su garaje. Trabajaremos en profundidad estos conceptos en los próximos capítulos.

El consumidor en el centro de la escena

Las acciones de comunicación de marketing que se establecen entre la marca y los consumidores no es la única vía a la que estos apelan a la hora de establecer sus preferencias por un producto o servicio determinado.

Supongamos por un momento que buscamos hoteles para pasar nuestras vacaciones en distintas capitales de países lejanos. Un camino sería entrar en un sitio como Expedia.com e identificar hoteles en las zonas deseadas de acuerdo con nuestro presupuesto. Imaginemos que de la búsqueda resulta el nombre de una cadena de hoteles —de la que habíamos escuchado hablar vagamente— que pareciera estar en las principales capitales que planeamos visitar y que tiene una oferta adecuada para nuestras expectativas y presupuesto. Esto seguramente nos llevará al sitio web de dicha cadena para intentar conocer su oferta de hoteles. Podríamos entonces hacer una lista con los hoteles que nos interesan y luego regresar a Expedia.com, registrarnos como usuarios y leer lo que las personas que los han visitado opinan de cada uno de ellos. También podríamos comparar precios, condiciones de contratación y disponibilidad. Una eventual visita a *Google maps - street view* nos mostrará el barrio y la fachada de los hoteles y nos permitirá imaginarnos allí por un instante. Convencidos, quizás hagamos la contratación en el mismo sitio de Expedia.com o tal vez en el sitio web de la cadena de hoteles. Si optamos por la última alternativa y luego de la contratación, es probable que lleguen por correo electrónico las confirmaciones y agradecimientos del caso. A partir de ahí habremos iniciado una relación con una marca a la que no conocíamos en profundidad y a la que conoceremos y experimentaremos en nuestro viaje. Finalmente, cuando regresemos se nos consultará eventualmente sobre nuestras vivencias y quizás nuestros comentarios y sugerencias tengan respuesta concreta y personalizada por parte de las autoridades de los hoteles donde nos hubiéremos hospedado. Lo vivido en ese viaje nos llevará a considerar o no a dicha cadena de hoteles para futuras travesías y tal vez recomendarla a otros o prevenirlos de no elegirla. Este sencillo ejemplo nos enseña varias cosas:

- Que el conocimiento de la marca no se inicia siempre con una comunicación desde la marca sino también desde la búsqueda proactiva del consumidor. Sin embargo, la marca siempre debe estar accesible ante esa búsqueda y ser reconocible fácilmente para el cliente actual y potencial.
- La diversidad de fuentes de información que influenciarán al potencial cliente y que están al alcance de nuestra computadora, celular o *tablet* al momento de decidir la compra de un bien o servicio. Es lo que Google dio a llamar el *Zero moment of truth* o ZMOT[18]. Nótese que algunas de estas fuentes de información están al control de la marca y otras no.
- La necesidad de la marca de contar con un sitio web para que los consumidores la conozcan en profundidad. Esto incluye sus ofertas y sus beneficios. Deberá permitir además que el consumidor genere una experiencia memorable con la marca y permitirle adquirir sus productos o servicios.
- La importancia de exponerse como empresa y como marca en sitios o blogs consultados y prestigiados por el consumidor, ya sean comerciales o no, y que aportan valor a través de comentarios espontáneos, positivos o negativos, sobre la experiencia de los clientes con la marca, sus productos y/o servicios.
- La necesidad de "escuchar" proactivamente los medios donde el cliente se expresa, ya sean los puestos a disposición por la marca, como un foro en su sitio web, u otros tales como Facebook, Twitter y Youtube, a la vez que responder y resolver rápidamente los problemas que salgan a la luz y las insatisfacciones por menores que parezcan.

Las CIM ¿sueño o realidad?

El término comunicaciones integradas de marketing o CIM es una respuesta natural y abarcadora a un sinnúmero de desafíos generados por las nuevas condiciones del mercado entre las que podemos citar: productos y servicios cada vez más indiferenciados o con la facilidad de copiarlos en tiempos más cortos, competencia creciente, multiplicación de medios, disminución de la credibilidad de los mensajes de marca, aumento de costos y disminución de la efectividad de las acciones de comunicación de marketing, mayor fragmentación en audiencias y medios, y el advenimiento de nuevas tecnologías en relación con la comunicación y la vida diaria de los consumidores. En este contexto, el equipo de marketing de las empresas reconoce intuitivamente la necesidad de coordinar todas las actividades de comunicación para lograr consistencia, claridad, continuidad y el mayor impacto posible dentro y fuera de sus organizaciones.

> *La inclusión de la palabra "intuitivamente" no es azarosa. Tiende a explicar que en sus raíces las CIM son un concepto simple pero cuyos alcances no han sido aún ni acordados ni definidos claramente.*

La disciplina de las CIM es relativamente nueva. Nace a fines de los años 80 y ha crecido en importancia durante las últimas dos décadas. La idea central de las CIM es que la comunicación de marketing sucede en un contexto amplio que incluye no solo los esfuerzos de comunicación de la empresa, sino también los encuentros de servicio. Hay un buen número de definiciones académicas para describir a las CIM con mayor detalle y precisión, pero relativa poca coincidencia entre ellas. Por ejemplo, un estudio reciente muestra que mientras en el Reino Unido y Corea el objetivo primario de las CIM es la consistencia, en los Estados Unidos ven a las CIM como una manera de organizar el marketing en función del negocio[19].

Por otra parte, si bien los ejecutivos de marketing y de las agencias perciben los beneficios de las CIM, la realidad demuestra que su ejecución no sido satisfactoria en la mayoría de los casos. Desde la mirada de Larry Percy, un reconocido investigador y autor del libro *Strategic integrated marketing communications* (2008), la clave para que las CIM sean efectivas es seguir un proceso de planeamiento estratégico y asegurar que el mensaje sea consistente[20]. En su libro del año 1993, Don Schultz plantea que las CIM implican comunicarse con clientes y no clientes en base a lo que ellos sienten, ven y escuchan, no limitándose sólo al producto o servicio. También cita que hay un interés por evaluar no solo el presupuesto aplicado sino el retorno económico de la inversión de marketing. Ambos autores acuerdan en considerar a las CIM como un proceso. Una definición más actual de Schultz (2004) presenta a las CIM como "un proceso estratégico de negocios, que se emplea para planear, desarrollar, ejecutar y evaluar programas de comunicación de marca a través del tiempo, siendo coordinados, medibles y persuasivos, dirigidos a consumidores, clientes, prospectos, y/u otras audiencias objetivo relevantes tanto internas como externas"[7] (p. 36).

Propone Schultz, además, que la integración suceda y sea controlada por la empresa en lugar de las agencias. En un documento de trabajo que publica en la primavera boreal de 2011, Schultz presenta las cuatro etapas en las cuales las compañías se aproximan al modelo de integración que luego conceptualiza. Este modelo inicia por una coordinación táctica hasta convertirse progresivamente en un fenómeno de interés y valor para la gerencia media y alta de la empresa llegando, finalmente, a formar parte de la estrategia organizacional de la firma.

En esa dirección Schultz y Kitchen postulan: "el marketing se relaciona con crear intercambios satisfactorios a través de una comunicación integrada con los consumidores y construir relaciones con clientes y otros públicos que pueden impactar la *performance* de la organización (inversores, analistas, empleados, gremios, y otros) por medio de una comunicación efectiva"[21] (p. 53).

La lectura de estas definiciones y otras similares nos hacen preguntar cuál es el alcance que se le asigna actualmente a las CIM al ampliar su órbita hasta incluir virtualmente todo lo que una organización dice y hace, y a todos aquellos a los que afecta en sus actividades o existencia. En otras palabras, extendiéndose a la integración interna tanto de la cultura como de la organización y sus miembros. Al mismo tiempo, es interesante considerar que quizás esa amplitud es un aspecto esencial de las CIM, ya que esto les asigna cierta elasticidad que les permite a investigadores y profesionales adaptarlas a sus propósitos particulares.

Un punto de partida para el análisis de las CIM será observar la génesis del concepto. Su origen tiene dos vertientes. Una, principalmente técnica, que refiere a la integración de distintos medios y mecanismos de comunicación para lograr una solución unificada, mientras que la segunda conecta con el marketing y la comunicación de marketing en particular y refiere a la integración de las distintas partes del proceso de comunicación de marketing.

A su vez, en la teoría del marketing el concepto de integración tiene sus antecedentes en una investigación de Haney publicada en los años 60 en *The American Economic Review* bajo el título "Integración en marketing". En 1962, el reconocido profesor Theodore Levitt, introduce un concepto nuevo: "el marketing centrípeto", sobre el cual escribe que:

> *La empresa se afectará sistemáticamente por cada mensaje comercial que envíe, ya sea que estén relacionados con sus avisos publicitarios, el diseño o el packaging de sus productos, el membrete de sus cartas, la vestimenta de sus vendedores [...] sus materiales en el punto de venta, sus vehículos o las condiciones bajo las cuales sus productos sean exhibidos y ofertados. Es esencial que los mensajes en cada uno de aquellos estén cuidadosamente coordinados para lograr una historia irresistible, simple y persuasiva* (citado en Smith et al.[22] (p. 59)).

No puede evitarse la comparación con la visión actual de las CIM. De hecho, entre los años 50 y 60, Disney siguió un principio que llamó "sinergia" destinado a coordinar los diversos elementos de la mezcla de marketing de la empresa —televisión, films, avisos y material publicitario— de tal suerte que estos elementos se apoyasen unos a otros[23]. Esto ha dado pie para que algunos autores llamen a las CIM un fenómeno "conceptualmente antiguo pero operacionalmente nuevo" o un modelo clásico vestido con un traje nuevo.

Podría parecernos curioso, pero en más de un caso, los autores de libros en referencia al tema han seguido la "moda" y cambiaron el título de sus trabajos y la terminología empleada a efectos de convertir a todo lo que en ediciones previas se identificaba como "comunicación de marketing" en "comunicaciones integradas de marketing", pero sin alteración significativa alguna en el contenido del texto.

El popular escritor Stephen King dice en su libro *Mientras escribo* que dar a luz una historia nueva era como desenterrar un animal prehistórico. No se podía saber de lo que se trataba hasta que se lograra desenterrarlo por completo. Uno podía ir muy despacio para no dañar nada y al final encontrar pocas partes tal vez sin significado o dejar que el entusiasmo y la curiosidad lo guíen afectando quizás, en el apuro, la integridad de piezas arqueológicas únicas. Haciendo una analogía, se podría decir que las comunicaciones integradas de marketing están lejos de haber sido desenterradas por completo y que nadie aún puede dar fe de lo que realmente involucran. Sin embargo, hay un acuerdo de que las CIM son una clave para enfrentar algunos de los principales desafíos que tienen tanto las organizaciones de negocios como aquellas sin fines de lucro. El concepto suma fanáticos pero también detractores y, al momento de escribir la primera edición de este trabajo, hay más dudas que certezas sobre su construcción y su alcance.

Por eso, ante la inexistencia de una definición en común y una falta de acuerdo sobre los alcances del concepto "comunicaciones integradas de marketing", es mi parecer que intentar establecer una nueva formulación, sólo agregaría confusión y duda al lector. Por lo tanto, adoptaré el concepto **comunicación de marketing** en lugar del aún difuso "comunicaciones integradas de marketing" a lo largo de este texto.

No obstante, debe saber el lector que el tratamiento que haga de la comunicación de marketing tendrá como condición *sine qua non* la integración, tanto de los mensajes como de los medios. También, que en mi concepción **integrar no es replicar** sino ser consistentes con el mensaje a transmitir, con plena independencia de los medios involucrados.

Medir, medir y medir

Desde que John Wanamaker observó en 1885 "Sé que la mitad de mi presupuesto en publicidad se está malgastando; sin embargo, no sé cuál mitad es" las cosas no han progresado lo esperado. Digamos que en años recientes —para agravar la situación— el rápido ingreso de las redes sociales no hizo más que reforzar el debate sobre la razonabilidad de esperar algún retorno de ésta —medible en términos del negocio— o simplemente, como la telefonía o el correo electrónico, pensarla como un gasto más necesario para el desenvolvimiento de la relaciones con los clientes en el día a día.

Se podría acordar con el criterio de John Wanamaker quien, pese a su duda, jamás hubiera dejado de publicitar. ¿La razón? Muy sencilla: la publicidad probó ser útil aunque no se pueda medir con justeza la eficiencia del dinero invertido. Decía John Maynard Keynes en relación con esto: "es mejor estar aproximadamente en lo correcto que precisamente equivocado". Para quien piense que los intangibles de la comunicación de marketing son inmedibles comenzaré por aclarar una concepción errada del concepto de medición. Desde un punto de vista científico, la medición no implica exactitud ni ausencia de error. Si esto no fuera así, muy pocas cosas serían realmente medibles. La medición resulta de observaciones que reducen cuantitativamente la incertidumbre. Con esto en mente, pensar en no medir los resultados de la inversión en comunicación de marketing porque simplemente los resultados pueden no ser perfectos, sería sólo una excusa. Como afirmó el premio nobel de física Enrico Fermi: "La ignorancia nunca es mejor que el conocimiento".

El interés por la medición ha ido en aumento y continuará así por la demanda vigorosa impuesta por las gerencias financieras y generales de las empresas, intentando comprender los resultados económicos de cada una de las inversiones que se hacen. Si bien la medición de los estímulos de comunicación, tal como una campaña de marketing directo, puede ser relativamente sencilla de llevar a cabo, la integración sinérgica de ésta con otras campañas simultáneas en prensa y publicidad televisiva, por ejemplo, será mucho más compleja. De hecho, medir una acción de comunicación de marketing que se apoya en redes sociales engloba nuevos desafíos. Una forma de responder a ellos será vincular las medidas financieras —aquellas que permiten sumar ventas o controlar los costos — a las no financieras, que representan al cliente en el seno de la empresa y en relación con su vínculo y actividad con la marca. Por ejemplo, si quisiera establecer las relaciones entre 10.000 seguidores en Twitter, $ 1.000.000 de ventas mensuales y 1000 clientes nuevos por mes, ¿sería capaz de demostrar que de los 10.000 seguidores de Twitter resultaron ser mil clientes? Sencillamente no. ¿O que gracias a las redes sociales los 1000 nuevos clientes sumaron hasta $ 1.000.000 de pesos en ventas por la influencia de Twitter? La respuesta sigue siendo no. Sin embargo, sí podría probar que el 80% de los mil nuevos clientes es seguidor en Twitter y que el millón de pesos en ventas salió de entre esos clientes.

La medición de las CIM se ha basado fundamentalmente en la evaluación individual de los medios y los canales empleados pero sin tomar en consideración la ocurrencia simultánea de estos ni discriminar entre medidas de eficiencia y efectividad de corto, mediano y largo plazo en la difusión de los mensajes. Una vez Maureen O'Hara, economista de la universidad de Cornell en los Estados Unidos, dijo: "conocemos cómo trabaja el mercado de capitales en la práctica pero no en la teoría". Lamentablemente, y aunque las CIM son conceptualmente muy fáciles e intuitivas de enseñar, tenemos solamente una mediana idea de cómo funciona en la teoría, pero no necesariamente comprendemos cómo lo hace en la práctica. Esto convierte a las CIM en un concepto aceptado y adoptado por las empresas, las agencias y los "marketineros", a la vez que también en un área en desarrollo que demanda mayores contribuciones científicas y de los profesionales del marketing para consolidarse desde un punto de vista teórico y desde la ejecución.

El consumidor como integrador natural

Tal como fue propuesto por autores como Duncan[24] y Grönroos[25], mientras la integración de los mensajes y medios puede o no suceder en la empresa, ocurre automáticamente a nivel del consumidor. El resultado de esa integración se reflejará en la valoración que le asigne a la marca. Este es un pensamiento que merece ser resaltado:

> *Con independencia de lo que suceda en la empresa, en comunicación de marketing la integración de mensajes y medios sucederá siempre en la mente del consumidor y se expresará a través del grado de conciencia y preferencia que tenga hacia la marca y en relación con otras marcas en la misma categoría.*

Una nueva forma de planificar

Hay un antiguo adagio anónimo que reza "fallar en planear es planear para fallar". De acuerdo con el *Arte de la guerra*, la obra clásica de SunTzu sobre el pensamiento estratégico, "los maestros en el arte de la guerra ganan la batalla haciendo muchos cálculos en sus tiendas antes del combate. Si tu estrategia es inteligente, puedes ganar antes de iniciar la lucha; si es superficial, perderás antes de librar la batalla. Los grandes guerreros primero vencen y luego van a la guerra; los guerreros vencidos primero van a la guerra y después tratan de vencer".

Cuando de comunicación de marketing se trata, hay una buena cantidad de ejemplos de fracasos fundados muchas veces en una planificación equivocada. Y esto no es privativo de determinado tipo de empresas. Por el contrario, gigantes globales tales como McDonald y Coca-Cola han demostrado ser capaces de equivocarse de igual manera que lo han hecho pequeñas empresas sin mayor experiencia en marketing. La gran diferencia: las últimas raramente sobrevivieron. Es interesante el hecho de que las empresas no parecen aprender del error de otras convirtiendo al fracaso en una suerte de epidemia muy contagiosa. Para validar lo antedicho basta observar la repetición de malas experiencias empresarias generadas por la gestión inadecuada de las redes sociales. Cité previamente el caso de GAP que en el año 2010 tuvo que volver a su logo anterior por la fuerte reacción negativa de sus clientes a través de las redes sociales. Sin embargo, 25 años antes, Coca-Cola ya había cometido igual yerro con el lanzamiento de una nueva marca, *New Coke*, en reemplazo de la que la había hecho famosa y líder por 99 años. Fueron los consumidores —aún en tiempos donde no existía Google y ni hablar de Facebook o Twitter— los que alzaron sus voces en todas las formas posibles haciendo que Coca-Cola volviera atrás en tan sólo tres meses con su iniciativa y que rebautizara a su producto de bandera como *Classic Coke* en lugar de la frustrada marca *New Coke*, que se terminó extinguiendo para siempre a los pocos meses de ser lanzada.

Por lo tanto, notemos que el fracaso en relación con la comunicación de marketing y las marcas no es un fenómeno reciente, sino que ha sido una constante a través de los tiempos. Por caso, el autor Matt Haig ha podido reunir en su obra *Brand failures* los 100 errores más significativos de las marcas de todos los tiempos, englobando en su investigación a marcas prestigiosas tales como Harley Davidson, Pepsi, Gerber, Crest, Xerox, Kellogg's, etc.

La base de cualquier plan se sustenta en una actitud proactiva —no a la espera de lo que suceda sino buscando lograr que suceda— que identifica y ejecuta de manera ordenada las mejores estrategias para llegar de un estado actual a otro mejor. Esto es válido para cualquier plan en su vida. Hay tres puntos en juego. El lugar donde se está, el lugar donde se quiere llegar y, por último, el camino que se debe tomar. Pero todo plan implica una elección y por lo tanto, un riesgo. Es por eso que quien se ponga al frente en su ejecución debiera contar con la mayor cantidad de herramientas para su éxito. He aprendido que muchas veces esa información está en las manos o al alcance de las empresas, pero no hay una forma ordenada de compilarla ni analizarla. Por ejemplo, en las PyMEs es común que la oficina de facturación tenga la historia de ventas hecha a cada cliente y un contacto para el cobro, mientras que la oficina de ventas cuente sólo con una lista de contactos comerciales y nombres de clientes, pero no registre las ventas consolidadas por cliente, con el detalle de los productos y/o servicios vendidos, la fecha de la venta, el monto, el margen, etc.

Otras veces esta información está disponible y consolidada para tomar decisiones, pero su enfoque —en relación con la comunicación de marketing— no muestra claridad en los objetivos de comunicación que se persiguen ni en el tipo de herramientas elegidas; por ejemplo, una venta promocional por precio o una publicidad que posicione un atributo de la marca en relación con los de los competidores para incrementar así la cuota de mercado de la marca. A veces la publicidad difundida en los medios es la consecuencia de que la publicidad gustó al equipo gerencial de la empresa, pero veremos que hay situaciones donde no es importante que el aviso guste. Otro efecto potencialmente negativo de que una publicidad gusta lo encontrará viajando entre sus recuerdos hasta dar con un anuncio que le haya "quedado grabado". Es muy posible que quizás no recuerde la marca, el producto o el servicio que promocionaba. La oferta de medios y canales de comunicación son un desafío adicional para toda empresa a la hora de llegar con un mensaje coherente a sus clientes y prospectos: ¿Cuáles elegir? ¿En qué secuencia? ¿Cómo asignar porcentualmente el presupuesto a cada uno de ellos? ¿En qué sentido la elección depende de las audiencias a la que se destina la comunicación? ¿Cómo juega la interacción en el proceso del mensaje? ¿Y la persuasión?

Finalmente, hay una presión creciente en las empresas para comunicar resultados concretos de las acciones de comunicación de marketing. Una demanda que solamente tendrá respuesta si se mide —en forma periódica— el crecimiento de ventas y la rentabilidad de incremento del negocio generada a partir del esfuerzo de comunicación de marketing. El concepto de mejora de un proceso —tal como la comunicación de marketing— parte de medir y documentar los resultados que genera en cada ciclo. Ya lo postuló Williams Edwards Deming con su popular círculo de mejora continua, cuyas partes, que se repetían infinitamente, eran: **P**lanear-**H**acer-**V**erificar-**A**ctuar o por sus siglas en inglés: **PDCA**.

A la hora de construir un plan de comunicación de marketing se han postulado diversos enfoques. El modelo M-A-P-E-A-R® (fig. 1) es el eje de esta obra y lo presentaré paso a paso a lo largo de las secciones de este libro. Conjuga mi práctica como consultor y ejecutivo de marketing con las visiones modernas de académicos e investigadores del mundo entero. Es una guía simple y secuencial de planeamiento que le ayudará a identificar de manera práctica y efectiva los elementos clave de un plan de comunicación de marketing y desarrollarlos de manera consistente con los objetivos de comunicación de la marca y de la organización.

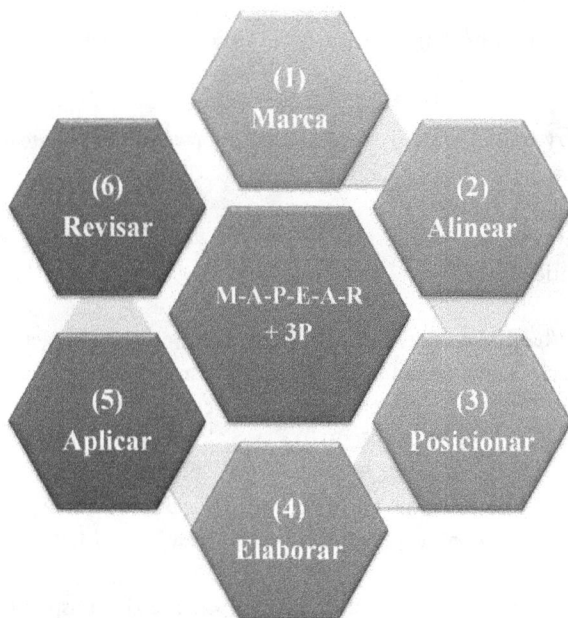

Figura 1. El modelo M-A-P-E-A-R° (concepción del autor).

Central al modelo M-A-P-E-A-R°, y conectado con varias de sus partes, he sumado tres elementos de apoyo que, para ser consistente con una larga tradición del marketing en rotular los temas con acrónimos, decidí denominar, las 3P de la planificación en comunicación de marketing. La conforman: el **P**resupuesto disponible, las **P**ersonas y recursos operativos necesarios y, finalmente, los **P**lazos con los que se cuenta para la implementación del plan.

Referencias

1. Rossiter, John R. & Bellman, Steven. *Marketing communications: theory and applications*. Australia: Prentice Hall, 2005.

2. Duncan, Tom. *Principles of advertising & IMC* (2nd ed.). Chicago: McGraw-Hill/Irwin, 2005.

3. Kotler, Philip. *Marketing management* (11th ed.). New York: Prentice Hall, 2003.

4. Percy, Larry & Rosenbaum-Elliott, Richard. *Strategic advertising management* (4th ed.). New York: Oxford University Press, 2012.

5. Keller, Kevin Lane. *Administración estratégica de marca: branding* (3ra. ed.). México: Prentice Hall, 2008.

6. Park, C. Whan; Macinnis, Deborah J.; Priester, Joseph; Eisingerich, Andreas B. & Iacobucci, Dawn. Brand attachment and brand attitude strength: conceptual and empirical differentiation of two critical brand equity drivers. *Journal of Marketing 74* (6), 1-17, 2010.

7. Schultz, Don E. & Schultz, Heidi F. *IMC, the next generation: five steps for delivering value and measuring financial returns*. New York: McGraw-Hill, 2004.

8. Schultz, Don E. The pyrite rush. *Marketing ideas*, 2010. Disponible en internet: http://www.marketingpower.com/ResourceLibrary/Publications/MarketingNews/2010/9_30_10/master%20plan.pdf.

9. Kaplan, Andreas M. & Haenlein, Michael. Users of the world, unite! The challenges and opportunities of social media. *Business Horizons 53* (1), 59-68, 2010.

10. "Broken guitar song gets airline's attention". *CBC News*, 2009. Disponible en internet: http://www.cbc.ca/news/arts/music/story/2009/07/08/united-breaks-guitars.html.

11. Blanchard, Olivier. *Social media ROI: managing and measuring social media efforts in your organization* (1st ed.). Indianapolis: Que Publishing, 2011.

12. Bavelier, Daphne & Green, C. Shawn. Browsing and the brain. *Nature 470*, 37-38, 2011.

13. Keller, Kevin Lane. Mastering the marketing communications mix: micro and macro perspectives on integrated marketing communication programs. *Journal of Marketing Management 17* (7/8), 819-847, 2001.

14. Gustin, Sam. How many iPads can Apple sell? *Time*, 2012. Disponible en internet: http://business.time.com/2012/03/16/how-many-ipads-can-apple-sell/.

15. Perloff, Richard M. *The dynamics of persuasion: communication and attitudes in the 21st century* (5th ed.). New York: Routledge, 2013.

16. Golden, James L.; Berquist, Goodwin F. & Coleman, William E. *The rhetoric of Western thought* (7th ed.). Dubuque: Kendall/Hunt, 2000.

17. Petty, Richard E.; Cacioppo, John T.; Strathman, Alan J. & Priester, Joseph R. To think or not to think: exploring two routes to persuasion. En: Shavitt, Sharon & Brock, Timothy C. (eds.). *Persuasion: psychological insights and perspectives* (2nd ed.). London: Sage, 2005.

18. Google. *Winning the zero moment of truth: ZMOT*. Mountain View: Vook, 2011.

19. Kitchen, Philip J.; Kim, Ilchul & Schultz, Don E. Integrated marketing communications: practice leads theory. *Journal of Advertising Research 48* (4), 531-546, 2008.

20. Percy, Larry. *Strategic integrated marketing communications*. Oxford: Elsevier Science, 2008.

21. Schultz, Don E. & Kitchen, Philip J. *Communicating globally: an integrated marketing approach*. Chicago: NTC Business Books, 2000.

22. Smith, P.; Smith, P. R.; Berry, C. & Pulford, A. *Handbook of strategic marketing communications: new ways to build and integrate communications*. UK: Kogan Page, 1999.

23. Syrett, Matthew. Striking al the achilles heel of integrated marketing. 2004. Disponible en internet:http://www.marketingprofs.com/4/syrett2.asp.

24. Duncan, Tom & Moriarty, Sandra E. A communication-based marketing model for managing relationships. *Journal of Marketing 62* (2), 1-13, 1998.

25. Finne, Åke & Grönroos, Christian. Rethinking marketing communication: from integrated marketing communication to relationship communication. *Journal of Marketing Communications 15* (2/3), 179-195, 2009

La marca y su contexto

Los diamantes son eternos

No en vano, el diamante es la piedra preciosa con mayor dureza conocida en la Tierra. Sin embargo, la idea de que se trata de un bien escaso y relacionado con el romance y la opulencia no es casual, sino el resultado de una orquestada comunicación de marketing en los Estados Unidos.

La compañía De Beers Consolidated Mines Ltd. controlaba la mayoría de los diamantes que se comercializaban en el mundo y buscaba crecer en un mercado como el estadounidense, a la luz de que las guerras en Europa habían afectado el consumo y los precios de todas las piedras preciosas.

Con este fin, su presidente Harry Oppenheimer, invitó a una agencia publicitaria norteamericana para que tomara a su cargo el desafío de incrementar el consumo de diamantes en el país del norte. Como resultado de un acuerdo firmado a fines de los años 30 y luego de una profunda investigación de mercado, la agencia lanzó en 1939 la primera campaña que tuvo como foco a los hombres jóvenes, quienes eran los compradores habituales de los anillos de compromiso. Se buscaba "asociar" a los diamantes con el amor. Por su parte, las mujeres fueron tentadas con la idea de que un noviazgo sería incompleto sin un anillo engarzado con diamantes.

Las acciones que llevó adelante la agencia a cargo de la comunicación de marketing de De Beers son un ejemplo temprano de integración de medios y mensajes que, de hecho, desafía la idea misma de que la comunicación integrada de marketing haya nacido como concepto recién a fines de los 90. Esta agencia puso en juego diversos recursos tales como publicidad, prensa, relaciones públicas, presencia de diamantes en películas, historias y fotografías de celebridades adornadas con diamantes y publicadas en revistas y diarios, avisos de radio, charlas y clases magistrales de joyeros a miles de mujeres jóvenes, etc. El objetivo era transmitir el mensaje de que los diamantes son eternos, que representan el amor para siempre y que son un lujo necesario[1]. Luego de tres años de campaña las ventas de diamantes habían crecido un 55% en los Estados Unidos. Sin embargo, el desafío que se proponía De Beers y su agencia de comunicación de marketing era aún mayor: reforzar la necesidad psicológica por los diamantes y convertir al anillo de compromiso —que incluía esta piedra preciosa— en una necesidad para el ritual social y religioso del matrimonio. Al mismo tiempo, llevar al consumidor a guardar los diamantes como recuerdo evitando así un comercio secundario.

En 1947 Frances Gerety, redactora publicitaria de la agencia N. W. Ayer, acuñó el eslogan "*A diamond is forever*" o, en español, "Un diamante es eterno". El eslogan, que aún es usado por De Beers, llegó a ser considerado 50 años más tarde por la revista *Ad Age* como el mejor y el más recordado recurso publicitario del siglo veinte e inclusive inspiró el título de una película de James Bond.

¿Qué es una marca exactamente?

Las marcas cuentan con una innegable capacidad de influir en la forma en que las personas perciben los productos y servicios, al punto que el consumidor no podrá disociar cabalmente entre un producto y su marca.

Hay muchas y variadas definiciones de lo que es una marca. En lo personal, prefiero pensar que existe una marca cuando el **significado** de un producto o servicio excede en valor a lo que el producto o servicio **brinda**.

De no ser cierta esta definición, no habría relojes de varias decenas de miles de dólares. A decir de Mark Batey, "la marca es un conjunto de significados"[2 (p. 24)] y como la naturaleza de estos significados evolucionan a lo largo del tiempo, la marca será siempre un conjunto de significados. El significado de una marca no enfoca en la transacción en sí misma sino en lo que el producto significa para el consumidor. Está determinado por cómo la percibe el receptor en un nivel consciente y cómo la marca resuena con él a nivel subconsciente. El significado de una marca es la intersección entre las capacidades concretas del producto o servicio y las capacidades abstractas de la marca. La frase de Charles Revson, presidente de Revlon Cosmetic "en la fábrica hacemos cosméticos y en la tienda vendemos esperanzas" aglutina ambas: cosméticos y esperanza.

Una marca es un conjunto de beneficios emocionales y/o racionales que se corresponden con las necesidades racionales y/o emocionales de los consumidores. El beneficio racional de la marca Red Bull es mantener al consumidor despierto; el emocional es que el consumidor pueda hacer más (se sienta con mayor energía).

El concepto de marca, como otros conceptos en marketing, es un intangible. Algo que no se puede medir directamente sino a través de lo que las personas transmiten que sienten o piensan acerca de ellas. Consciente o inconscientemente, las personas les asignan cualidades racionales y también emocionales a las marcas. La percepción que un consumidor tiene sobre una marca es su realidad sobre dicha marca y es, en definitiva, lo que realmente importa. De acuerdo con Duncan y Moriarty, "la percepción es más importante que la realidad"[3 (p. 7)]. Está claro que las percepciones sobre la marca pueden estar equivocadas. Sin embargo, estas percepciones pueden cambiarse y para ello la comunicación de marketing es uno de los recursos principales con los que cuenta toda empresa u organización.

El valor (financiero) de las marcas

De acuerdo con Kapferer y Feldwick, la forma de conectar los intereses financieros y los del consumidor y clarificar el domino del concepto valor de marca es estableciendo un marco que vincule los **activos de la marca,** la **fortaleza de la marca** con el **valor** (financiero) **de la marca** como resultado[4-5]. La figura 1 simboliza la relación entre estos elementos.

Los **activos de la marca** resultan de sentimientos y asociaciones mentales aprendidas por los consumidores como consecuencia de la comunicación de marketing. Debe entenderse a los activos de la marca como un valor potencial que se podría transformar en un valor financiero para la empresa. Ese valor potencial no necesariamente será aprovechado en todos los casos. Por lo tanto, la relación entre activos de la marca, fortalezas de la marca y valor financiero de la marca **no** es lineal sino condicional. Un ejemplo es la marca Michelin que —como cita Kapferer— tiene activos de marca muy superiores a su fortaleza de marca en el mercado.

Nótese que igual cantidad de activos de marca pueden producir distintos resultados en cuanto a fortaleza de marca en el mercado. Esto puede ser el resultado del ambiente competitivo donde se desenvuelve la marca o consecuencia de los procesos de distribución o inclusive de las barreras de importación. Por ejemplo, el iPhone de Apple, que si bien tiene marcados activos de marca entre los consumidores potenciales, sus canales comerciales no están distribuidos con igual intensidad en Latinoamérica, por lo cual, a pesar de la demanda potencial, su participación de mercado es baja en relación con los países desarrollados.

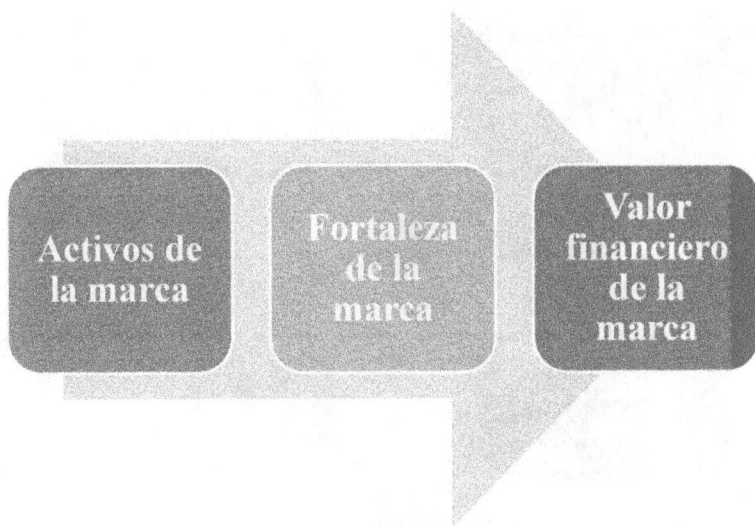

Figura 1. Relación entre activos, fortalezas y el valor financiero de la marca (adaptación a partir de Kapferer[4]).

Además, si los costos de marketing son muy elevados y al final no queda rentabilidad residual en la empresa, el valor de marca es nulo por más que exista un gran activo de marca. El famoso "Mini" de BMW nunca fue rentable hasta que la marca fue comprada y manufacturada por esta última compañía.

Activos de la marca

Estos conjugan la conciencia o notoriedad de marca, las asociaciones de marca (que describiremos en detalle luego), la imagen y la identidad de marca, y las patentes y los derechos de la marca (fig. 2).

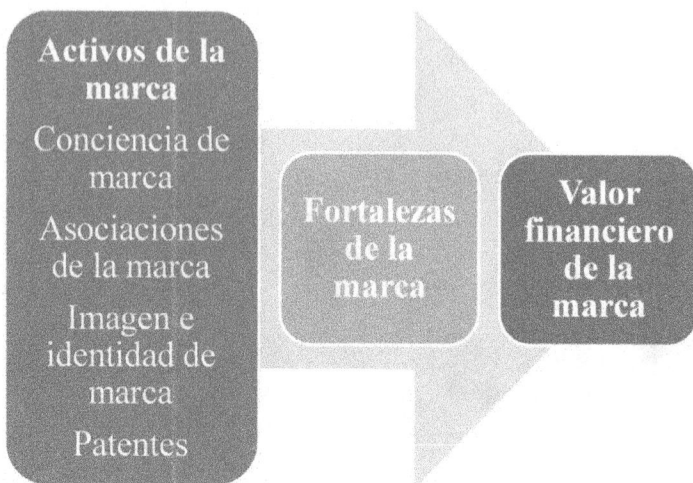

Figura 2. Activos de la marca (adaptación a partir de Kapferer[4]).

Conciencia o notoriedad de marca

Kapferer cita en la última revisión de su libro *The new strategic brand management* una investigación llevada a cabo por la agencia DDB a directores de marketing, consultándoles sobre cuáles consideraban ellos que eran las características de una marca fuerte. Las respuestas fueron las siguientes en orden de importancia:

1. Conciencia de marca (*brand awareness*): 65%
2. La fortaleza de su posicionamiento de marca, concepto, personalidad y una imagen precisa y distintiva: 39%
3. La fortaleza de los signos que reconoce el cliente (logos, *packaging*, etc.): 36%
4. Autoridad de marca con el consumidor, la estima a la marca, el estatus percibido de la marca y la lealtad de los consumidores: 24%[4]

El resultado no sorprende. La conciencia de marca tiene un rol clave en la gestión de una marca. Pareciera obvio que para que las personas elijan una marca primero deberán ser conscientes de su existencia y tener una correcta asociación de esta con los productos o servicios que representa. Sin embargo, la importancia de la conciencia de marca o *brand awareness* va más allá. Una conciencia de marca fuerte puede ser la base de una ventaja competitiva significativa. Esta fuerza nace del nivel de familiaridad que la marca genera con el consumidor y, por lo tanto, la conciencia de marca es crucial a la hora de decidir una compra. Hay dos tipos de conciencia de marca: el **recuerdo de marca** y el **reconocimiento de marca**.

En diversas situaciones las personas **reconocen** a la marca —por ejemplo, en la estantería de un supermercado— recordándole al consumidor algo que necesitaba o deseaba. En otras circunstancias, el consumidor se ve enfrentado a la necesidad —por ejemplo, la familia necesita un vehículo más seguro y confortable— y luego piensa acerca de las posibles soluciones alternativas para esa necesidad. En este caso, el nombre de la marca debe estar en la memoria del consumidor y además estar vinculado con la categoría que cubre la necesidad del cliente. Seguramente el consumidor **recordará** diversas marcas de automóviles, pero no todos ellos podrán resolver su necesidad concreta de un auto familiar y seguro. Previamente a que una marca determinada destelle en la mente del consumidor, la comunicación de marketing debe haber asociado claramente la categoría con dicha marca.

Aparece, entonces, un concepto nuevo: la prominencia de marca o **brand salience**. La prominencia de marca es la habilidad de una marca para distinguirse de todas las otras en una categoría dada y estar por encima de la competencia. La prominencia de marca mide la conciencia que se tiene de ella[6]. En un mercado competido, la habilidad para ser oídas por sobre la multitud le da a marcas como McDonald y Coca-Cola una ventaja para formar parte del limitado conjunto de marcas consideradas por el consumidor en sus respectivas categorías al momento de la compra. Lo que se conoce también como el *top of mind* o TOM de las marcas. La prominencia de una marca variará entre clientes y entre las categorías. La prominencia de marca es la primera etapa importante en la construcción del valor de marca[6]. Aaker mostró que la notoriedad de marca puede ser medida a través de algunas de las siguientes formas:

Reconocimiento de la marca: se refiere a la capacidad del consumidor para recordar la exposición previa o experiencia con la marca. Por ejemplo: "¿Has visto esta marca antes o no?"

Recordación de marca: se refiere a la capacidad del consumidor para recuperar la marca de la memoria cuando se emplea la categoría de productos como una señal. Por ejemplo: "¿Qué marcas de impresoras láser conoces?"

Dominación de marca: identifica a la marca más importante en una categoría específica de productos. Por ejemplo: "¿Qué marca de agua mineral bebe con más frecuencia?"

Conocimiento de marca: evalúa la interpretación que tienen los consumidores en relación con los valores ligados a una marca determinada. Por ejemplo: "¿Hasta qué punto está de acuerdo o no con que las siguientes marcas de calzado deportivo tienen alta durabilidad?" [7]

Conciencia de marca en la era digital

Ya que la inversión en redes sociales es una porción muy pequeña de la representada por los medios masivos, resulta muy atractivo para el comunicador de marketing emplearla para apalancar la generación de conciencia de marca. Claro, debemos tener presente que las redes sociales fueron creadas para establecer relaciones entre personas y, para tener éxito en este conjunto de medios, deberá haber una coincidencia plena entre estos y el propósito que se les asignó. En otras palabras, las personas deberán ir delante de la marca y no al revés. Como dijo Mike Arauz, un estratega del marketing digital: "Si le cuento a mis amigos en Facebook acerca de su marca, no es porque me guste su marca, sino porque me gustan mis amigos".

> *En la era de las redes sociales, las marcas deben humanizarse ya que el interés no está puesto en la marca per sé sino en la relación que se establece con esta y, por lo tanto, la propuesta de la marca no estará basada en la marca en sí, sino en el valor que la marca ofrece como resultado de establecer una relación con ella.*

Sin embargo, el resultado de elevar la conciencia de una marca a través de la identidad proyectada en forma de personalidad de marca y la creatividad como mecanismo de generación de interés, es sólo parte de un enfoque mucho más complejo pero potencialmente más gratificante: la gestión de la **reputación en línea** de la marca. Si la conciencia de marca en el mundo de las redes sociales puede resumirse en la idea central de que sus clientes actuales y potenciales tengan una conversación de valor para ellos con la marca, entonces se necesita considerar cómo se la puede apoyar en las partes positivas de esta conversación, mientras que, a la vez, hacer frente a los elementos negativos de la manera más apropiada. Creando conciencia de marca a través de las redes sociales se construye la reputación de la empresa y, al hacerlo, el número de personas que en un instante pueden publicar historias positivas pero también negativas acerca de una marca se incrementará dramáticamente. Por eso es necesario monitorear las redes sociales permanentemente.

Si el objetivo principal de la presencia en las redes sociales es lograr o aumentar la conciencia de su marca, ésta deberá necesariamente encontrar el camino para ganar el interés de su audiencia lo cual es imposible hacer ignorando de antemano lo que se dice en las redes sociales acerca de la marca. Por tanto, el proceso inicia con crear una lista de palabras clave que le permitan identificar conversaciones relevantes acerca de la marca y sus productos, la competencia y la industria donde desarrolla su negocio. Con las palabras en mano podrá recurrir a herramientas tales como Google Alerts u otras más costosas y/o sofisticadas como HootSuite Pro, por ejemplo, para estar atento a los comentarios que sucedan en las redes sociales en relación con esas palabras clave.

La campaña de Old Spice *"The man your man could smell like"* o "El hombre que huele como podría oler tu hombre", que fue sustentada en Twitter, Facebook, YouTube y Digg, es un ejemplo exitoso de comprensión del lenguaje de las comunidades a las que se dirigía —tanto hombres como mujeres, al ser ellas las responsables en los Estados Unidos de más del 50% de las compras de gel de ducha para hombres— y de los distintos canales y beneficios que podrían derivarse de cada uno de ellos.

Construida sobre el éxito de un comercial de televisión que se estrenó en el Super Bowl XLIV y que luego se volvió viral en YouTube, esta campaña —que puede verse con subtítulos en español en http://goo.gl/2pxq3k presentaba al cómico Isaiah Mustafa mostrando su trabajado torso y respondiendo con divertidos e innovadores videos personalizados, vía YouTube, a varias decenas de comentarios de personas que mencionaban la marca Old Spice en Twitter y Facebook.

Resalta el intercambio mantenido con Alyssa Milano, la conocida actriz de *Charmed* (*Hechiceras* en Latinoamérica y *Embrujadas* en España) cuyo primer comentario en Twitter y el correspondiente video de respuesta en YouTube se ven en la figura 3. En la dirección http://goo.gl/2Zf1eM encontrará el video que subtitulé para facilitar su comprensión. El intercambio con Alyssa incluyó cuatro mensajes y el envío de un ramo de rosas a su casa. La campaña ayudó al conocimiento de la marca y también a mejorar su percepción partiendo desde una marca "antigua" a otra más "fresca" y por consiguiente, apropiada para consumidores más jóvenes.

Figura 3. Campaña de Old Spice.

La acción logró resultados sorprendentes, conduciendo más de un millón de visitas en el primer día, logrando el aumento de seguidores en Twitter de manera exponencial y disparando el número de "me gusta" en Facebook a casi un millón de accesos en octubre de 2010. Apenas terminada la campaña, las ventas crecieron un 12% si se consideraban los últimos 12 meses; un 27% observando el último semestre; un 55% tomando el último trimestre y un impresionante 107% mirando el último mes[8]. Además de claros resultados financieros y no financieros, un valor clave de esta campaña fue saber, a pesar del entusiasmo que causó su impresionante éxito, cuándo parar y evitar así que la gente se hartara de ella. La campaña terminó con una nota alta, poniendo fin a las respuestas de video personalizados mediante otro especial de agradecimiento que logró más de 7 millones de visitas y cerca de 23.000 "me gusta" de acuerdo con las cifras registradas al tiempo de escribir este libro ¿Un buen cierre no?

Asociaciones principales con la marca

De acuerdo con Mark Batey, autor del libro *Brand meaning*, las asociaciones con la marca pueden adoptar formas diferentes tales como directas o indirectas, concretas o abstractas y conscientes o inconscientes[2].

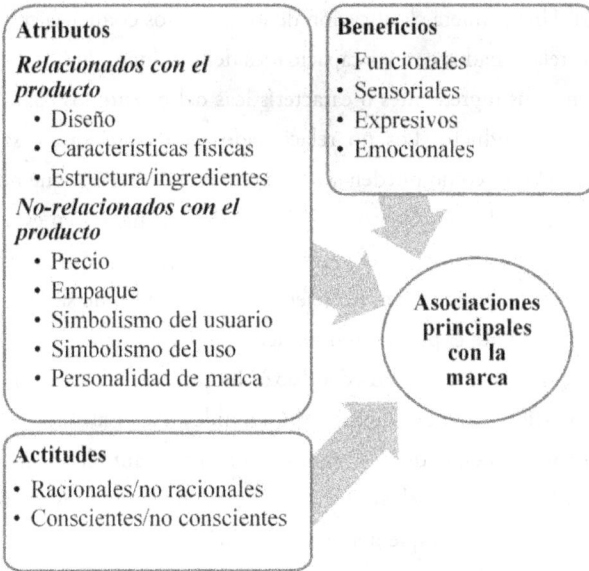

Atributos

Relacionados con el producto
• Diseño
• Características físicas
• Estructura/ingredientes

No-relacionados con el producto
• Precio
• Empaque
• Simbolismo del usuario
• Simbolismo del uso
• Personalidad de marca

Beneficios
• Funcionales
• Sensoriales
• Expresivos
• Emocionales

Asociaciones principales con la marca

Actitudes
• Racionales/no racionales
• Conscientes/no conscientes

Figura 4. Asociaciones principales con la marca
(adaptación a partir de Batey[2 (p. 123)]).

Si vemos el logo de Apple en una caja cerrada asociamos inmediatamente que su contenido es un producto de alta tecnología. Eso es una asociación directa. Por su parte, las asociaciones indirectas son un canal asociativo donde los elementos se conectan unos con otros por medio de uno o más elementos. Por tanto, Apple podría generar el siguiente canal asociativo:

Apple >> Tecnología >> Innovación >> Calidad

Según Keller, las asociaciones principales con la marca son aquellas asociaciones abstractas (atributos, beneficios y actitudes) que caracterizan los aspectos o dimensiones más importantes de una marca[9] [(p. 7)]. Se emplean en general para posicionar a partir de los puntos de semejanza y diferencia con marcas competidoras. La figura 4 sintetiza los distintos tipos de asociaciones con la marca.

Atributos

Son aquellas características descriptivas empleadas para caracterizar un producto o un servicio. Una primera clasificación de los atributos comienza con identificar si están o no relacionados con las capacidades del producto. Si lo están, en general se refieren a sus ingredientes o características del diseño, los cuales afectan la *performance* del producto. Los no relacionados con el producto son aquellos atributos extrínsecos, como pueden ser el precio o el *packaging*, que no tienen un impacto directo en el rendimiento del primero. Keller incluye en esta categoría a lo que denomina atributos simbólicos del usuario (ejemplo: qué tipo de persona usa el producto o servicio) y del uso (ejemplo: en qué tipo de situaciones y dónde se usa generalmente el producto o servicio)[9] [(p. 4)]. En el primer caso, considera factores demográficos tales como edad, sexo, ingresos, etc. y también psicográficos así como estilos de vida, intereses, inquietudes, etc. En el segundo caso, se considera el contexto en el que se emplea a la marca. Tanto los atributos simbólicos del usuario y del uso del producto o servicio pueden producir atributos de personalidad de marca, los que a su vez pueden reflejar emociones o sentimientos que ella evoca.

Beneficios

Se pueden describir los beneficios como las soluciones ofrecidas por la marca a los problemas del consumidor, haciéndole su vida más fácil, divertida, agradable o sumándole significado[2]. Los beneficios explican cómo los atributos se convierten en algo valioso y con significado para el consumidor. Los beneficios se pueden clasificar en:

Funcionales: nacen a partir de los atributos del producto. Por ejemplo, limpia sin dañar su piel o lo libera de la acidez estomacal. Tecnología aparte, suelen ser fáciles de copiar ya sea imitando el producto o brindando igual beneficio de un modo diferente. Por ejemplo, desodorantes hipoalergénicos en barra pero también en aerosol.

Sensoriales: se relacionan con la experiencia física de la marca y derivan de sus propiedades sensoriales tales como: aspecto, olor, sabor, textura, consistencia, etc. Por ejemplo, una sopa muy cremosa, el aroma de un café o un pan crocante, o la suavidad y lo cremoso de un jabón (Dove).

Expresivos: permiten al consumidor proyectar hacia los demás alguno de sus valores, reforzando así a su sentido de identidad. Por ejemplo, los aventureros podrían conducir una Land Rover y los rebeldes y libres de espíritu, una Harley-Davidson. En general estos beneficios responderán a la expresión "**cuando compro o uso esta marca *soy...*"**

Emocionales: son sentimientos positivos que emergen en los consumidores cuando adquieren o emplean una marca determinada. Por ejemplo, una consumidora podría sentirse más sexy y femenina vistiendo prendas íntimas de Victoria Secret. En general, estos beneficios responderán a la expresión "**cuando compro o uso esta marca *me siento...*"**

Si bien hay cierta cercanía entre los beneficios expresivos y los emocionales estos no deben confundirse. Los beneficios expresivos se centran **en *el acto*** de usar el producto o servicio, a diferencia de los emocionales, que se asocian con el ***resultado*** de utilizarlo.

Tal como sugiere David Aaker, un modo de evitar enfocarse únicamente en los beneficios funcionales es dotar a la marca de una fuerte personalidad de marca a la vez que pensar en combinar los beneficios emocionales y expresivos con los funcionales. Esto ha demostrado ser más efectivo que la utilización aislada de alguno de ellos.

Actitud o preferencia por la marca

Para Larry Percy, la clave para construir una marca poderosa más allá de las consideraciones obvias de contar con un producto viable, de interés del mercado y con una estrategia correcta de precio y distribución, es posicionar correctamente a la marca y construir una actitud positiva hacia esta[10]. Piense en cualquier marca que le sea familiar. ¿Qué viene a su mente cuando piensa en ella? Seguramente mucho más que el producto o servicio que asocia.

La actitud es un *constructo* psicológico. Tener una actitud hacia algo implica que se ha categorizado y se ha determinado su valor, logrando a partir de ese momento que el receptor no sea más neutral en referencia con este tópico. Por lo tanto, la actitud se aprende y al tiempo que las personas aprenden de una marca desarrollan una evaluación sobre ella. Esa evaluación representa el conocimiento, las suposiciones y todas las asociaciones emocionales que los individuos tengan en relación con dicha marca. Como resultado, las personas podrán amar, odiar, gustar o simplemente ignorar o darle mínima atención a una marca. Esto es lo que conocemos como actitud hacia la marca.

Los consumidores son más propensos a verbalizar su actitud ante una marca cuando esta se funda en elementos más racionales y funcionales. Cuando predominan los elementos emocionales y simbólicos de una marca, que son los principales productores de actitudes hacia ella, los consumidores podrían ser menos conscientes de las verdaderas razones de sus actitudes y motivaciones para con la marca.

El término **preferencia por la marca** fue citado con énfasis por Rossiter y Bellman como el más apropiado para representar y reemplazar el de actitud hacia la marca[11]. Sin embargo, autores como Rosenbaum-Elliot, Percy y Pervan continúan empleando la denominación original en textos recientes[12-13]. Rossiter sostiene que preferencia por la marca es un término más preciso porque define mejor el efecto de comunicación de marketing que se intenta lograr: la preferencia del consumidor por la marca; lo que a su juicio implica algo más que sólo una actitud positiva ante la marca.

Entendiendo que la raíz conceptual de ambos términos es la misma pero el punto de análisis difiere, utilizaré a lo largo de este libro el concepto de preferencia por la marca para representar "la actitud que tenemos hacia una marca y la evaluación que hacemos de su actual capacidad para lograr una motivación relevante basados en los beneficios que la imagen de marca comunica".

Preferencia por la marca y motivación

La motivación explica el porqué de nuestras conductas de compra. El consumidor se ve motivado a adquirir un bien o un servicio de una marca determinada ya que su preferencia o actitud hacia ella le sugiere que es la mejor solución para satisfacer su motivación. Tal como subraya Percy, es la motivación la que lleva a una persona a tomar una decisión de compra al considerar que un cierto beneficio ofrecido por la marca importa[10]. Si la motivación cambia, entonces habrá otras cosas que el consumidor pudiera encontrar importantes acerca de la marca, por lo que cambiará la evaluación que haga de la misma. Por ejemplo, suponga que precisa de un par de zapatillas para hacer *jogging* los fines de semana; ahora bien, si apareciera la oportunidad de trotar con amigos pero ya no en la ciudad sino a la vera del río, en terrenos pedregosos, unas zapatillas clásicas no serían la solución y necesitaría de un producto más sofisticado —con amortiguamiento adicional, por caso— para proteger su pie de pisadas irregulares. La motivación (para qué comprarse unas zapatillas) habrá cambiado entonces y la categoría que integra el producto deseado y la marca que exija será diferente. Rossiter y Bellman proponen un modelo que distingue entre motivaciones positivas y negativas[11].

Motivaciones positivas

Gratificación sensorial: el consumidor busca una estimulación extra (psicológica) para disfrutar del producto o servicio.

Aprobación social: el receptor ve una oportunidad de un reconocimiento personal por parte de otros (grupos de referencia social o referencia individual) a través del uso del producto o servicio.

Motivaciones negativas

La remoción de un problema: el consumidor está experimentando un problema y busca un producto o servicio que se lo resuelva.

Evitar un problema: el consumidor anticipa o teme un problema futuro y busca un producto o servicio que prevenga tal problema.

Satisfacción incompleta: el consumidor no está satisfecho con el producto o servicio actual y está motivado a buscar uno mejor.

Conflicto aproximación-rechazo: al consumidor le agradan algunas características del producto o servicio pero le desagradan otras, lo que le genera un conflicto de aproximación-rechazo y lo motiva a la búsqueda de un nuevo producto o servicio que resuelva el conflicto.

Imagen e identidad de marca

Reflejan las percepciones que los consumidores (imagen) y los empleados (identidad) tienen acerca de las características de una marca. Desde la perspectiva de la comunicación de marketing la diferencia clave entre los dos es que mientras que la identidad deriva de la "fuente" o empresa, la imagen es recibida por el receptor o consumidor. El mensaje de la marca es "empaquetado" en términos de identidad de la marca y es "desempaquetado" por el consumidor en forma de imagen de marca.

La identidad de marca representa la realidad de la empresa, mientras que la imagen es indicadora de la percepción que el consumidor tiene de ella. La relación entre la identidad de la marca, la identidad deseada transmitida por esta en su comunicación y la imagen percibida por los consumidores se puede ver en la figura 5.

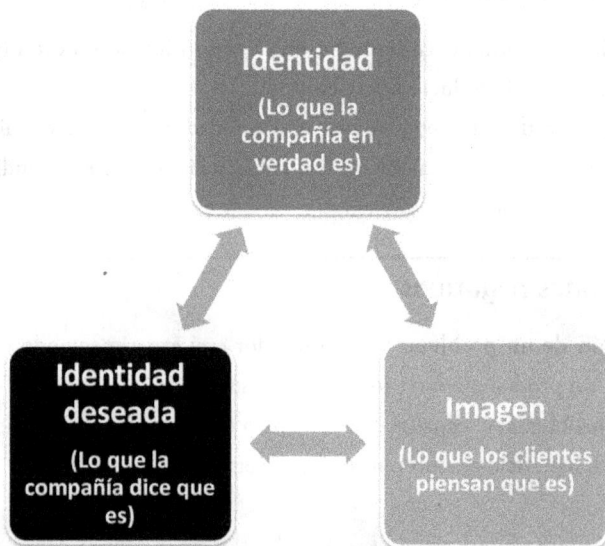

Identidad
(Lo que la compañía en verdad es)

Identidad deseada
(Lo que la compañía dice que es)

Imagen
(Lo que los clientes piensan que es)

Figura 5. La relación entre identidad, identidad deseada e imagen de marca (adaptación de Davies & Miles[14]).

Es importante resaltar que la imagen de marca sirve como mediador entre la identidad de marca y la preferencia por la marca. La identidad de marca no influencia directamente las preferencias del consumidor. En su lugar, los consumidores interpretan la identidad de la marca y la transforman en imagen de marca[9] y la imagen, a su vez, influencia la preferencia por la marca del consumidor tal como se muestra en la figura 6.

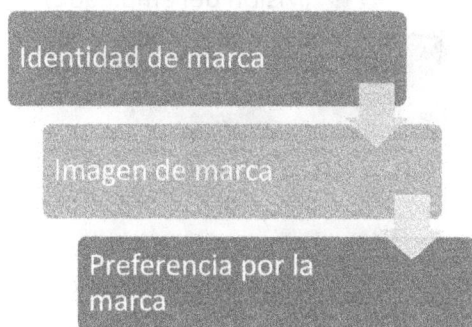

Figura 6. Marca: modelo de relación identidad-imagen-preferencia.

Relación entre imagen e identidad de marca

Supongamos ahora que un consumidor llama por un problema relacionado con su auto a una prestigiosa marca alemana de automóviles y que, luego de estar una hora al teléfono, quien lo atiende —que lo hace con evidente desgano—, no sabe cómo resolverle el problema ni siquiera aconsejarlo sobre los pasos a seguir para lograr una solución al inconveniente planteado. De hecho, el empleado expresa ante el fastidio del consumidor que "no puede hacer más con el mísero sueldo que le pagan y el escaso entrenamiento que le dan". En ese momento, resulta evidente para el consumidor la dicotomía existente entre la promesa de la marca versus su propia experiencia como cliente. Pero la realidad es que al fin del día, la afamada marca de automóviles alemana de nuestro ejemplo no puede ser ante sus clientes una empresa diferente o mejor a la que es hacia sus empleados y el consumidor tarde o temprano lo advierte. Investigadores tales como James Heskett, de la Universidad de Harvard, y Gary Davies, de la Escuela de

Negocios de Manchester, han probado una clara relación entre lo que la empresa es puertas adentro y los clientes ven puertas afuera. De hecho, en su libro *Corporate reputation competitiveness*, Davies vincula la satisfacción y lealtad de los clientes con la satisfacción y retención de los empleados (fig. 7).

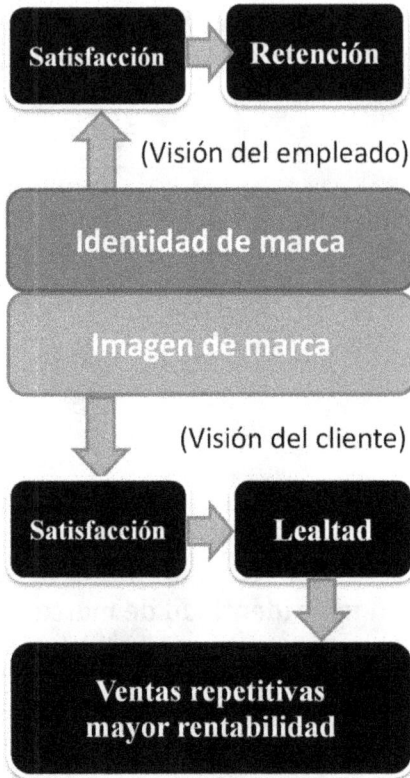

Figura 7. Relación entre identidad e imagen de marca (adaptación de Davies[15]).

En las marcas de consumo masivo, la relación entre imagen e identidad puede no ser tan evidente pero no por eso será inexistente. ¿Qué sucede cuando la marca producto enmascara a la marca corporativa que la produce? Por caso, sólo hace unos pocos años atrás (2009) Unilever decidió promover su marca corporativa, pero a lo largo del tiempo muchos consumidores no supieron, por ejemplo, que marcas con valores tan disímiles y hasta contradictorios como Axe o Dove le pertenecían a un mismo fabricante. El criterio de una marca "sombrilla" sería transmitir sus valores corporativos por medio de las acciones de las marcas producto, pero esto no siempre resulta sencillo cuando las personalidades y los valores individuales de las marcas productos colisionan. En este sentido, la cita de las marcas Axe y Dove no es casual, aunque su análisis y comparación detallada excede el marco del presente capítulo.

Por su parte, Procter & Gamble siguió igual camino y lanzó su primera campaña corporativa en 2011. Hay buenas experiencias al respecto. Basta considerar la marca Heinz, que se ha convertido en un sinónimo de productos alimenticios de alta calidad. Las decisión de Unilever o P&G en darle más preponderancia a su marca corporativa parece alineada con las demandas de los consumidores.

Un interesante estudio recientemente encargado por la consultora global de relaciones públicas Weber Shandwick y llevado adelante por KRC Research, abarcando una muestra de 1.375 consumidores y 575 ejecutivos de compañías con ingresos anuales por más de U$S 500 millones, radicadas en dos mercados desarrollados (Estados Unidos y el Reino Unido) y dos en desarrollo (China y Brasil), encontró que la compañía detrás de la marca es fundamental para las decisiones de compra de los consumidores. El 70 por ciento de los consumidores encuestados dijeron evitar la compra de productos si no les gustaba la compañía madre. Los ejecutivos acuerdan en este punto. De hecho, el 87 por ciento de ellos dice que "una marca corporativa fuerte es tan importante como las marcas de productos fuertes".

La investigación revela que los consumidores a menudo utilizan la palabra *garantía* para describir el valor de la compañía detrás de la marca. Más de la mitad de los consumidores dijeron estar revisando con mayor frecuencia las etiquetas para ver qué empresa está detrás del producto (67 por ciento) y que hacen una investigación para conocer qué empresas producen lo que compran (56 por ciento)[16].

¿Cómo analizar la imagen y la identidad de marca?

Existen diferentes herramientas para analizar la imagen y la identidad actual de una marca. Leslie de Chernatony *et al.*, en su libro *Creating powerful brands*, sugieren las siguientes:

Técnicas proyectivas: son útiles cuando los consumidores no son capaces o no están dispuestos a expresar sus sentimientos. Estas técnicas incluyen:

- *Completar frases:* "Cuando compro una *tablet* busco..."
- *Descriptores de personalidad:* "El conductor típico de una Ferrari es..."
- *Interpretación de imagen:* Un hombre estaciona un Jaguar nuevo a la entrada de un club de golf y dos jugadores lo están mirando. ¿Qué se dicen el uno al otro sobre el conductor?

Técnicas cualitativas: se utilizan para explorar posibles asociaciones a través de reuniones de grupo o entrevistas en profundidad.

Calificación de evaluaciones y creencias: se emplean para captar opiniones de los consumidores sobre los atributos clave y evaluar la fuerza de sus asociaciones con una marca en particular.

Comparación de asociaciones de marca con las de los competidores: se identifican los puntos fuertes y débiles de la marca. Por ejemplo, "De las marcas de sopas crema que usted identificó anteriormente, ¿cuál cree que es la mejor? ¿Por qué es mejor que otras marcas? ¿Qué no le gusta de ella en comparación con las otras marcas?

Técnicas cualitativas y cuantitativas: Tradicionalmente los investigadores han tomado como *cuantitativo* al proceso de enumerar y como cualitativos los procesos de hablar, escuchar, ver y leer. El investigador Ray Poynter, autor del libro *The handbook of online and social media research*, propone definir las diferencias clave entre las metodologías cuantitativa y cualitativa del siguiente modo[17]:

- Si el análisis debiera producir igual resultado con dos operadores calificados aplicando igual método a los datos y siguiendo los mismos pasos de procesamiento, entonces el método es cuantitativo. Esto significa que los resultados dependen de los datos y del método y no del operador.
- Si lo anterior no es cierto, pero el análisis se basa en una teoría de investigación aceptada o en el conocimiento existente, entonces el método es cualitativo. Los resultados dependen de los datos, el método y la interpretación del investigador.

Por caso, haciendo un parangón con la medicina, determinar el peso o la temperatura de un individuo es un proceso cuantitativo, mientras que evaluar si el individuo tiene algún déficit de atención es cualitativo. Finalmente, determinar la brillantez del aura de la persona no es ni cualitativo ni cuantitativo. Es pura charlatanería.

En relación con la evaluación de la marca, entre las técnicas cualitativas más empleadas podemos citar a:

- **Los grupos de enfoque o *focus groups*:** tanto en línea como fuera de línea.

- **Las entrevistas en profundidad:** que pueden ser conducidas cara a cara, vía telefónica o en línea, integran el grupo conocido como técnica sincrónica ya que requiere de la presencia simultánea del moderador y del entrevistado.

- **Los tablones de anuncios o *bulletin boards*:** Se trata de un enfoque del tipo conocido como asincrónico, ya que no requiere de la interacción simultánea del facilitador y los participantes al mismo tiempo y que, por tanto, no tiene un equivalente en el mundo "en línea". Es una técnica cualitativa porque el énfasis se centra en las conversaciones que se llevan a cabo aunque se puedan incluir encuestas y sondeos de opinión.

Según Poynter, la diferencia entre las técnicas sincrónicas (por ejemplo, los grupos de enfoque) y las asíncronas (tal como un tablón de anuncios) pueden potencialmente resultar muy significativas. Dicho autor pone énfasis en que las técnicas sincrónicas revelan conclusiones rápidas y espontáneas en relación con las preferencias prioritarias en la mente del consumidor. Por su parte, las técnicas asincrónicas les dan tiempo a los participantes y al moderador para pensar y organizar las respuestas, ser reflexivos e introspectivos y verter las opiniones y las reacciones con una maduración mayor.

Para de Chernatony *et al.* ninguna técnica cualitativa puede pretender ser exhaustiva ni menos infalible. Por ejemplo, resulta poco probable que una parte importante de los encuestados se muestren involucrados realmente durante el arduo proceso de las entrevistas. Por lo tanto, los resultados se limitarán a los puntos de vista de un grupo acotado. Incluso, dentro del mismo grupo, habrá ideas que no surgen en una ocasión y que podrían surgir en otra por lo que los resultados quizás no reflejen realmente las opiniones del grupo entrevistado.

Consistencia entre imagen e identidad de marca

La variabilidad potencial de los resultados de una investigación del tipo cualitativa acrecentará las dificultades a la hora de intentar comparar la imagen y la identidad de una marca dada, haciendo prácticamente imposible la generalización de los resultados que se obtengan.

Como alternativa, el profesor Gary Davies propone realizar una investigación cuantitativa de la marca en lugar de una cualitativa, lo que supondrá un beneficio adicional[15]: permitir evaluar cuantitativamente y de manera consistente la "distancia" entre imagen e identidad de marca y contar con una herramienta sobre la cual trabajar para disminuir la brecha potencialmente existente entre ellas.

Vamos a aprovechar el punto siguiente sobre personalidad de marca y su medición para conocer la metodología propuesta por Davies en detalle.

Personalidad de marca

Central al posmodernismo es el reconocimiento de que los consumidores no sólo hacen su elección de compra basándose en la utilidad que un cierto producto o servicio presta sino en el simbolismo que a estos se les asigna, en otras palabras, lo que comunican[12 (p. 48)]. Por ejemplo, basta considerar el significado transmitido **a** los consumidores y el expresado **por** los consumidores a otros cuando visten un calzado Nike o un reloj Cartier, conducen un Mercedes Benz o estudian una maestría en Kellogg. En estos casos, el significado va más allá de los atributos físicos o beneficios funcionales que estos productos y servicios ofrecen[18]. La personalidad de marca refiere a los sentimientos que las personas tienen en relación con ellas. Jennifer Aaker sostiene que la personalidad de marca es "el conjunto de características humanas relacionadas con una marca"[19 (p. 347)]. El concepto de personalidad de marca está sustentado en creencias animistas y antropomórficas asignándole a las marcas rasgos femeninos, masculinos o andróginos[20]. Por ejemplo: la marca Dove podría ser descrita como femenina, amigable, honesta, optimista y no estereotipada. BMW como masculina, emocionante, atractiva, deportiva; y finalmente la marca Victorinox, como auténtica, confiable, accesible, honesta, apasionada y con espíritu suizo.

Se cree que el desarrollo y la comunicación de una personalidad de marca es un modo de diferenciación clave para competir exitosamente en el mercado[21]. King fue precursor en esta creencia al proponer que la diferencia principal entre dos marcas competidoras, con productos similares, descansaba en las diferentes "personalidades" proyectadas por cada una de ellas[22]. De acuerdo con Solomon, "la personalidad de marca es una declaración acerca de la posición de mercado de la marca, transmite **quién es** uno a partir de dicha marca, **con quiénes** se busca ser identificado e inclusive a quiénes se desea evitar"[23].

¿Cómo emplear la personalidad de marca para medir la imagen o la identidad de la marca?

La idea de personalizar a una organización o una marca resulta tan común que su uso es a veces inconsciente[24]. Sin embargo, se debe tener presente que la expresión "personalidad de marca" no es un término sino una metáfora cuya raíz es la marca como persona y cuya utilización facilita la comprensión de la marca a partir de asociarla con algo que resulta más familiar: la personalidad del ser humano. Un riesgo relacionado con el empleo de las metáforas es no tomarlas por lo que **son**, sino por lo que **no** son, es decir, **literalmente**. Davies y Chun ponen énfasis en que "las marcas no tienen personalidad pero que, imaginando que la tienen, se puede comprender y evaluar mejor lo que significan para los individuos"[25] (p. 146). En la visión de Davies y Chun, "si los investigadores dicen que miden la personalidad de marca se engañan. Lo que en realidad miden es la imagen [o la identidad] de marca empleando la metáfora de la personificación"[25].

Ahora bien, ¿cómo se lleva a cabo esa medición? Se parte de la escala de medida inicialmente propuesta por Davies, la que consta de siete dimensiones y 49 atributos, los cuales fueron traducidos al español empleando una técnica conocida como traducción inversa o *back-translation* y luego validados a partir del empleo en distintos escenarios empresarios[26]. El resultado se puede observar a continuación:

Afabilidad: amistosa, agradable, accesible, directa sin rodeos, que muestra interés, tranquilizadora, que da apoyo, dispuesta, honesta, sincera, socialmente responsable, de confianza.

Capacidad: confiable, segura, trabajadora, ambiciosa, orientada al logro, líder, tecnológica, corporativa.

Iniciativa: genial, de moda, juvenil, imaginativa, actualizada, emocionante, innovadora, extravertida, osada.

Sofisticada: encantadora, con estilo, elegante, prestigiosa, exclusiva; refinada, esnob, elitista.

Rudeza: arrogante, agresiva, egoísta, individualista, autoritaria; dominante.

Machismo: masculina, fuerte, resistente.

Informalidad: no formal, simple, de trato fácil.

Luego, empleando una escala del 1 al 5, se consulta al encuestado su opinión en relación con cada uno de los 49 atributos y finalmente se determina un valor para cada una de las siete dimensiones. La investigación se hace con los clientes por un lado y con los empleados por el otro. De este modo se mide imagen e identidad de marca. Finalmente, se contrastan los resultados de cada dimensión empleando un diagrama del tipo radial.

En la figura 8 se observa el caso real de una universidad argentina sita en la ciudad de La Plata de la provincia de Buenos Aires, donde en el año 2011 se analizaron las respuestas en línea de 568 alumnos (imagen de marca) y 76 profesores (identidad de la marca). Nótese que en general hay bastante consistencia entre las dimensiones de personalidad, salvo por el hecho de que los alumnos perciben a la universidad con mayor **rudeza** en relación con los profesores y, por el contrario, son los profesores los que sienten a la universidad más **afable** o amigable que la percepción evidenciada por los alumnos en la investigación. Ambas dimensiones —rudeza y afabilidad— son opuestas en su contenido lo que potencialmente llevaría a la dirección de la universidad a preocuparse para clarificar y resolver la brecha existente.

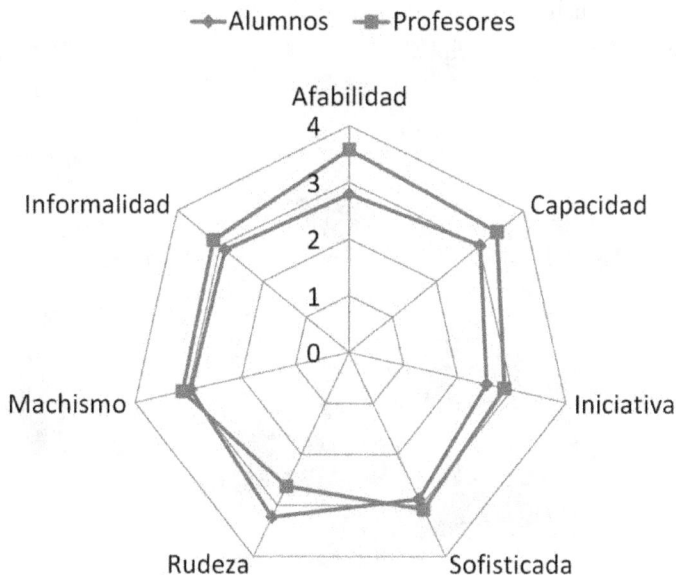

Figura 8. Comparación entre imagen e identidad de marca para una universidad argentina (fuente propia).

Fortalezas de la marca

Las fortalezas de la marca están comprendidas por la cuota de mercado, el liderazgo y la penetración en el mercado (fig. 9). Además, las tasas de crecimiento y de lealtad. Finalmente, el precio *premium*. Vamos a describir con más detalle estas fortalezas.

Cuota de mercado o *market share*

Es una medida común de la prominencia de la marca en determinados segmentos del mercado y categoría de productos y/o servicios. En consideración del mercado que se analice, la cuota de mercado se puede medir en porcentajes de facturación o en unidades de producto. Si bien es una medida muy empleada, no es la única necesaria para comprender la *performance* de una marca. De hecho, este indicador no califica a clientes ni su rentabilidad individual. Dicho de otro modo, una marca puede contar con la mayor cuota del mercado y no ser rentable. Adicionalmente este indicador puede alterarse con acciones promocionales de corto plazo, por ejemplo.

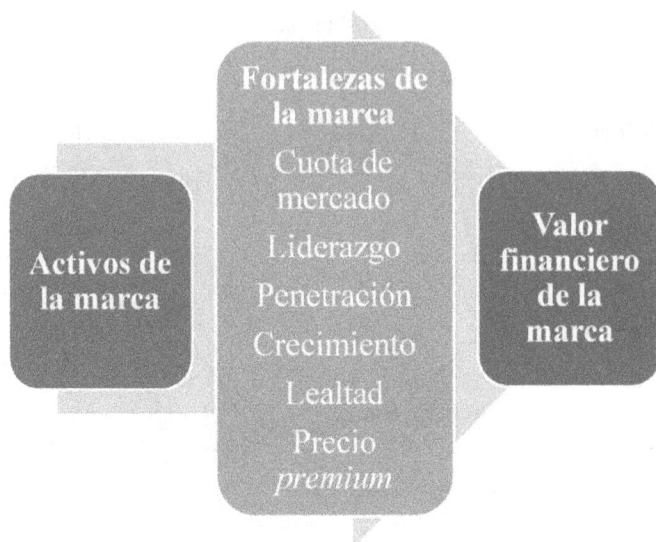

Figura 9. Fortaleza de la marca (adaptación a partir de Kapferer[4]).

Liderazgo

De Chernatony *et al.* proponen la medición de esta fortaleza mediante preguntas tales como:

- ¿Diría que la marca XYZ está liderando en lugar de la marca XXX?
- ¿Es la marca XYZ la que primero rompe con la tradición?
- ¿Es la marca XYZ la que le ofrece el último desarrollo tecnológico?
- ¿Es la marca XYZ el líder de moda en esta categoría?

Si se llevó adelante el estudio sobre personalidad de marca aplicando la escala de Davies previamente, estas preguntas serán complementarias ya que una de las siete dimensiones de la escala (iniciativa) evalúa también el liderazgo y la innovación de la marca.

Lealtad

Para la medición de la lealtad del cliente se pueden tomar los indicadores propuestos por Zeithaml[27]:

- ¿Dice cosas positivas de la marca XYZ a otras personas?
- ¿Recomendaría XYZ a otra persona que busque su consejo?
- ¿Alentaría a amigos y familiares a hacer negocios con XYZ?
- ¿Considera a XYZ como su primera opción para comprar productos (servicios) de _____ (ej. limpieza, cosmética, educación, etc.)?
- ¿Haría más negocios con XYZ en los próximos años?

Precio *premium*

Es la diferencia de precio que tiene la marca a su favor en relación con los precios de las marcas competidores debido a la preferencia que los clientes tienen para con esta. Un precio *premium* es posible cuando los mercados no están regulados por normas del gobierno. Cuando las empresas cuentan con la ventaja de ser dueñas de la patente de una droga o tecnología para la elaboración de un fármaco pueden cargar un precio mayor al promedio del mercado siempre y cuando el producto se perciba como un agregado de valor para el consumidor. Sin embargo, una parte importante de la diferenciación de una marca para reclamar un precio *premium* puede estar sustentada en su comunicación y su posicionamiento. Al efecto, observe el caso de marcas tales como Perrier o Absolut Vodka, por citar sólo algunos ejemplos.

Análisis de clientes y contexto

Una manera fácil de pensar acerca de este paso es dividirlo en dos partes principales: el análisis de situación **macro** y el **micro**. El análisis macro buscará que entienda mejor su mercado, industria y panorama competitivo y tendencias para que pueda comenzar a anticipar las fuerzas del mercado que afectan a su negocio. Las fuentes de información son generalmente secundarias, tales como publicaciones de la industria y artículos en revistas especializadas. También pueden originarse en informes pagos generados a beneficio de una industria en particular.

El análisis micro tiene foco interno y debiera permitirle entender quiénes son sus clientes actuales y potenciales de manera que le ayude a identificar las necesidades del comprador y sus preferencias. Será necesario identificar entonces, y para cada cliente, su historial de compra y las condiciones de la misma incluyendo productos o servicios involucrados, el precio pagado por el cliente a moneda constante y la rentabilidad bruta para la empresa. Se debiera consultar también la respuesta individual de cada cliente a los estímulos comunicacionales tales como una promoción de precios por tiempo limitado, la invitación a eventos, la suscripción a catálogos electrónicos, la participación en un seminario en web, etc. y finalmente, los hechos de servicio con el cliente debido a problemas comunicados por él. Muchas veces estos datos están disponibles en la empresa pero se requiere de un esfuerzo y de un conocimiento adicional para agruparlos, resolver duplicaciones e inconsistencias y ponerlos en una forma que permita el análisis del negocio. En este caso generalmente hablamos de datos primarios. Los datos faltantes pueden obtenerse utilizando herramientas tales como encuestas y entrevistas con los clientes. Por último, el análisis micro también incluirá el análisis de las audiencias.

Es interesante notar que muchas empresas, con independencia de su porte, fallan en llevar adelante este análisis a conciencia y, al momento de tomar decisiones, parten de supuestos muchas veces equivocados. Esto suele conducir a resultados no deseados o a la pérdida de oportunidades. Como dijo el premio Nobel en medicina Albert Szent-Gyorgyi (1893-1936): "investigar es ver lo que todo el mundo ha visto y pensar lo que nadie más ha pensado".

El análisis macro se puede iniciar con un análisis **PEST** (Político, Económico, Social y Tecnológico) y englobará también un análisis **FODA** (Fortalezas, Oportunidades, Debilidades y Amenazas) pero limitado a los elementos más importantes en relación con la comunicación, como ser cuáles son las estrategias que han probado ser efectivas y cuáles no. Una parte importante del análisis de situación la constituirá la revisión de la segmentación. Segmentar es dividir el mercado en grupos de clientes actuales o potenciales con necesidades, preferencias de productos y comportamientos de compra similares. ¿Cómo se ha dividido al mercado? ¿qué segmentos objetivos se han elegido? y ¿quién es el "cliente ideal" en cada segmento? El análisis de los clientes incluirá el perfil de los clientes actuales, los pasados, los no-clientes o prospectos y los clientes de la competencia.

Para la segmentación se deberá tener en cuenta el tipo de relación entre la empresa y sus clientes. Si se trata de una empresa que comercializa productos o servicios de consumo masivo o B2C, las variables de segmentación habituales serán las geográficas, las demográficas, las psicográficas o las de estilo de vida y las de conducta.

En el caso de una segmentación relacionada con una empresa que provee productos o servicios a otras empresas —el caso B2B—, las variables de segmentación de las compañías serán el rubro (generalmente nomenclado en cada país como el caso de SIC en Estados Unidos), el tamaño, la estructura, la ubicación, los proveedores actuales y el título y posición de los que deciden. Idealmente, los segmentos deben satisfacer los siguientes criterios:

Medibles. ¿Se pueden cuantificar? ¿Se pueden identificar a los compradores que cubren esta categoría o segmento?

Sustanciales. ¿Hay un número suficiente de compradores en el segmento para merecer una atención especial y focalizarlos? Nótese que si una firma que fabrica turbinas para aviones, por ejemplo, considera como un segmento a las empresas fabricantes de aviones de transporte comercial, el tamaño de dicho segmento no sumaría a muchas empresas (Boing, Airbus, Embraer, Bombardier y algunas firmas rusas y chinas). Sin embargo, no hay duda que se lo considerará como un segmento sustancial.

Accesibles. ¿Existen medios de comunicación y canales de distribución específicos que permitan acceder a este segmento? Sin la familiaridad con el segmento y los canales de acceso correctos habrá una muy baja oportunidad de tener éxito.

Relevantes. Los beneficios que la marca ofrece deben ser relevantes para el consumidor objetivo. Esto demanda conocer a los clientes de la marca.

La segmentación es un tema clave en el marketing estratégico y ha sido abordado en profundidad por varios autores tales como Philip Kotler o Roger J. Best, sólo por citar algunos, por lo que he preferido no ser redundante sobre el particular en el presente texto.

De la segmentación a las audiencias

En el capítulo 1 del presente libro definí a la comunicación de marketing como "un proceso evolutivo, coordinado y mensurable, alineado con los objetivos estratégicos del negocio y destinado a **alcanzar audiencias preestablecidas y generar en ellas conciencia y preferencia por la marca**, influenciando y afectando sus comportamientos mediante la información, la interacción, la experiencia y la persuasión".

Entonces una segmentación relevante de la audiencia deberá basarse en la conciencia y la preferencia por la marca que determinan la probable respuesta de una persona al estímulo del mensaje comunicacional.

> *Conocer la edad de una persona, dónde vive, sus preferencias deportivas, su manera de viajar y otros tantas variables de segmentación, ayudará a identificar a la audiencia objetivo pero no a definirla con claridad desde el punto de vista de la comunicación de marketing.*

Quizás esto pueda generar alguna confusión porque nos hemos acostumbrado a seleccionar la estrategia de marketing incluyendo en esa elección a los segmentos objetivo. Esto es correcto pero no alcanza para el plan de comunicación de marketing. La propuesta es dar un paso más y definir la audiencia objetivo en términos que *reflejen* la preferencia por la marca.

La elección de una marca para una categoría dada está basada, como veremos adelante, en la notoriedad o conciencia de la misma y en la preferencia que por ella evidencie el consumidor, lo cual definirá su "lealtad" hacia la marca. Rossiter y Bellman proponen una segmentación de las audiencias objetivo en términos de dicha "lealtad" sugiriendo que una marca puede ser elegida para la compra por algunos de estos cinco grupos[11] [(p. 83)]:

- Leales a su marca (LM): quienes compran regularmente su marca para una categoría dada.

- Usuarios de su marca que alternan (UM): compran su marca en relación con una categoría pero también otras de la competencia.

- Ingresantes a la marca (IM): el volumen de productos o servicios que contratan no permite considerarlos aún usuarios de la marca. En general se trata de clientes en la etapa de adquisición para una categoría dada. A mi entender, esta etapa es crítica porque la experiencia que de ella resulte para el cliente determinará su preferencia por la marca.

- Otros que alternan de marca (OM): para una categoría dada, compran otras marcas de la competencia pero no la suya.

- Leales a otra marca (LO): que compran regularmente una marca competidora para una categoría.

A esta lista agrego un sexto grupo que representa a los clientes que compran para "probar" la marca y que, si todo resulta bien, considerarán aumentar el volumen de compra de dicha marca con el tiempo. Este es un caso típico en situaciones de negocio B2B: se trata de los nuevos en la categoría (NC): quienes están entrando por primera vez o reentrando después de una largo tiempo.

Para empresas de consumo masivo, la clasificación del mercado potencial en términos de los grupos descritos se puede llevar a través de una encuesta realizada al azar entre los integrantes del mercado potencial hasta lograr un piso de alrededor de 200 cuestionarios completos. Esto permitirá determinar la prevalencia porcentual relativa de cada uno de los cinco grupos en relación con el conjunto. A la hora de completar un perfil del consumidor —desde la perspectiva de la comunicación de marketing— importará también comprender la forma en que se comportan o es probable que lo hagan en el futuro en relación con la marca y la competencia, además de cuáles pueden ser sus necesidades de información diferentes o sus motivaciones, y por último cómo "utilizan" los distintos medios de comunicación. Sin duda esto incluye a las redes sociales.

Este planteo complementa y le da sentido a la segmentación demográfica por edad, por ejemplo, ya que el hecho de tratar con un público adolescente en términos de cómo emplean los medios de comunicación tiene fuertes implicancias en toda acción de comunicación que se intente para con ellos.

Las estrategias de comunicación serán diferentes según el grupo al que se quiera comunicar. Por ejemplo, los LM demandarán una estrategia de retención mientras que los UM e IM requerirán de una estrategia que promueva aumentar la frecuencia de la compra de la marca. Los LO serán muy difíciles de atraer mientras que los UM, al estar acostumbrados a la compra de varias marcas (influenciados quizás por el ritmo de promociones u ofertas), serán difíciles de convertir en leales a la marca.

De acuerdo con una investigación en el mercado canadiense que incluyó 21 categorías de producto y 353 ítems, el crecimiento de la cuota de mercado fue atribuible, en promedio, al lanzamiento de nuevos productos o el reingreso de estos (60%) y a la mayor frecuencia de recompra entre los que ya eran compradores de la marca (40%)[28]. En ese caso, los grupos candidatos para la recompra estarían concentrados en los LM, IM y UM. El crecimiento en ventas también podrá venir de los NC, lo cual requiere de una acción comunicacional específica. Por ejemplo, la marca Activia, un yogur de Danone destinado inicialmente a mejorar los procesos digestivos en la mujer, actualmente también se promociona como una solución para niños, mujeres embarazadas y personas mayores.

Lealtad, rentabilidad y crecimiento

La segmentación basada en la lealtad de los clientes tiene profundas implicancias potenciales para la empresa. No hay duda ya —ni en la comunidad científica ni el mundo empresario— que la lealtad hacia la marca es de importancia estratégica a la hora de que las empresas obtengan una ventaja competitiva sostenible. Hay varias razones para esto entre las que citaré:

- El costo de venta es menor para estos clientes ya que reducen las inversiones de marketing necesarias para hacer negocios con ellos.
- Se asocia la lealtad con un incremento en el retorno sobre la inversión originado en ventas repetitivas y una cuota creciente de mercado.
- Las extensiones de marcas han probado ser más exitosas con marcas que exhiben una alta lealtad.
- Los clientes leales —a veces por hábito, es justo decirlo— tienden a limitar su búsqueda de alternativas en otras marcas reduciendo así el "salto" entre marca y marca.
- Un cliente leal recomienda positivamente a la marca.

- Los clientes leales son más insensibles a los esfuerzos de atracción generados por marcas competidoras.

- Los clientes leales participan con mayor frecuencia en la cocreación de productos y servicios.

Un incremento en la retención del 5% de la base de clientes puede generar una mejora de la rentabilidad en un rango de entre el 25 y el 100%[17] (p. 48).

La lealtad en empresas B2B

Hay varias maneras de analizar la lealtad de los clientes de una empresa B2B que aplican según los contextos. Le presentaré al principio dos métodos propios: el **mapa de batalla** y **la pirámide de clientes**. Luego avanzaré sobre dos métodos complementarios e igualmente efectivos como son **el valor vitalicio del cliente** (CLV) y **el índice neto de promotores o net promoter score** (NPS).

El mapa de batalla

El concepto de mapa de batalla, presentado en la grilla de la figura 10, tiene como objetivo segmentar a clientes (para el caso B2B) y a canales de distribución, por ejemplo, a efectos de determinar de modo aproximado la oportunidad por segmento (empresas locales, clientes internacionales, gobierno, educación, etc.) tanto en términos de facturación, rentabilidad y porcentaje de penetración en cada cliente o distribuidor.

La comprensión de esta grilla demanda la incorporación de nuevos conceptos:

- **El potencial de compra de un cliente o distribuidor**: este es el valor de facturación máximo (estimado) por cliente o prospecto para un período de tiempo determinado (en general, un año calendario). La estimación se puede hacer de distintas maneras. Por ejemplo, si su empresa vende fotocopiadoras, podría estimar cuántas fotocopiadoras demandan sus clientes tomando en consideración la actividad a la que se dedican, ya que la demanda será mayor para una institución bancaria que para una empresa de seguridad. Sería lo opuesto si su negocio fuera la venta de armas. Sin embargo, para una actividad empresarial dada, el consumo de fotocopiadoras aumentará con el número de empleados con los que cuente la empresa. Una gran sucursal de una compañía de seguros requerirá más fotocopiadoras que una pequeña. En otras palabras, identificando la actividad de la empresa y la cantidad de empleados con los que esta cuenta, se podrá estimar el número de fotocopiadoras que precisa la firma. En este caso el poder de compra será una función de tres variables: el número de empleados, la actividad o rubro de la empresa y el precio unitario promedio de cada fotocopiadora. Podemos pensar que cada fotocopiadora se reemplaza cada tres años, con lo cual deberá dividirse el valor del potencial de compra obtenido en tres. Si el reemplazo fuera bianual, deberá multiplicarse el potencial de compra por dos.

- **La dificultad de acceso al cliente**: en la práctica sucede que acceder a los clientes con un potencial de compra mayor, tiene un grado de complejidad equivalente. Los procesos de compra y selección podrán ser más complejos o demandar servicios o condiciones especiales. Por ejemplo, en caso de la rotura del equipamiento provisto y si la reparación tomara más de cuatro horas, el proveedor deberá sustituirlo inmediatamente por uno nuevo de iguales o mejores características que el que falló.

  Por otra parte, hay clientes que a pesar de su importancia y complejidad han establecido acuerdos con la casa matriz de su empresa que incluyen acuerdos de compra obligatorios para la filial en su país. En este caso un cliente de difícil acceso se convierte en uno de fácil llegada. Por caso, es posible que empresas con oficinas en distintos países y que pertenezcan a un conglomerado global estén más predispuestas a la compra o contratación de productos o servicios provistos por empresas globales que los ofrecidos por empresas locales. Hay varios factores en consideración para definir esta dificultad entre los que cito:

  - o   Ubicación geográfica en relación con el oferente.
  - o   Experiencias previas con el oferente y si fueron satisfactorias o no.
  - o   Complejidad o tamaño de la organización del cliente en relación con la estructura comercial y operativa (productiva) del oferente.
  - o   Los costos de ingreso a la cuenta, tales como equipos de demostración, descuentos muy agresivos, garantías especiales, etc.

o Limitación de ingreso por exigencias corporativas de las casas matrices de los clientes.

o Metodologías de compra del cliente que afecten la rentabilidad del oferente tales como la subasta inversa.

o Escasa conciencia de marca entre los clientes en relación con el oferente.

o La demanda de compra directa y no a través de los canales comerciales del oferente.

Con esto en mente, y en relación con las capacidades de su empresa, podemos categorizar a los clientes y prospectos como:

A. Clientes con alta complejidad.
B. Clientes con media complejidad.
C. Clientes con baja complejidad.

En la columna izquierda de la figura 10 he replicado la codificación de clientes en relación con su lealtad a la marca expuesta anteriormente. Nótese que para esta grilla la definición de un cliente determinado como LM, UM o IM resulta de dividir entre el *potencial de compra individual de ese cliente* para un período dado versus el *valor facturado* en igual período y multiplicarlo por cien. Si ese valor es mayor que el 60 y hasta el 100% se trata de un cliente LM, si se ubica por encima del 10% y hasta el 60%, define a un cliente UM y, por último, si se encuadra en el intervalo por encima de cero pero y hasta el 10%, estamos frente a un cliente IM. Los clientes NC/AM/LO son *prospectos*, es decir, potenciales compradores de la marca que **no** han comprado —durante el período de análisis— sus productos y/o servicios.

Mapa de Batalla - Genérico	
$ en miles	**A / B / C (*)**
LM (> 60 al 100%)	(#) Clientes ($) Facturación ($) Rentabilidad
UM (> 10 al 60%)	(#) Clientes ($) Facturación ($) Rentabilidad
IM (> 0 al 10%)	(#) Clientes ($) Facturación ($) Rentabilidad
Total Clientes Activos	(#) Clientes ($) Facturación ($) Rentabilidad ($) Potencial (%) Potencial (%) Rentabilidad
	A
NC/AM/LO/UO 0%	(#) Prospectos ($) Potencial
Total	(#) Prosp/Clientes ($) Potencial

Figura 10. El mapa de batalla (fuente propia). (*) Se deberá emplear una columna para cada categorización (A, B, C) e incluir los indicadores aquí identificados.

Nota: el potencial de compra se calcula tomando todos los productos o servicios que la marca ofrece en relación con las compras de la empresa. Por ejemplo, si se trata de una firma que brinda servicios de auditoría externa, impuestos, finanzas corporativas, relaciones humanas y tecnología aplicada, se deberá considerar para cada cliente la oportunidad y frecuencia de compra de estos servicios para calcular el potencial de compra de dicho cliente.

Mapa de Batalla - Empresa de Fotocopiadoras				
$ en miles	**Acumulado**	**A**	**B**	**C**
LM **(> 60 al 100%)**	$ 64 $ 4.288 $ 470	$ 2 $ 501 $ 80	$ 12 $ 2.037 $ 220	$ 50 $ 1.750 $ 170
UM **(> 10 al 60%)**	$ 44 $ 1.591 $ 180	$ 7 $ 847 $ 120	$ 9 $ 479 $ 40	$ 28 $ 265 $ 20
IM **(> 0 al 10%)**	$ 42 $ 420 $ 30	$ 14 $ 270 $ 10	$ 8 $ 74 $ 12	$ 20 $ 76 $ 8
Total Clientes Activos	$ 150 $ 6.299 $ 680 $ 29.310 21% 11%	$ 23 $ 1.618 $ 210 $ 16.000 10% 13%	$ 29 $ 2.590 $ 272 $ 7.770 33% 11%	$ 98 $ 2.091 $ 198 $ 5.540 38% 9%
	Acumulado	**A**	**B**	**C**
NC/AM/LO/UO **0%**	$ 358 $ 76.557	$ 45 $ 66.716	$ 15 $ 4.094	$ 298 $ 5.747
Total	$ 508 $ 105.867	$ 68 $ 82.716	$ 44 $ 11.864	$ 396 $ 11.287

Figura 11. El mapa de batalla aplicado a una empresa hipotética de ventas de fotocopiadoras (fuente propia).

Vamos a aclarar los detalles del mapa de batalla aplicándolo a la empresa que vendía fotocopiadoras tal como se muestra en la figura 11.

Hay una gran cantidad de información que se puede obtener a partir de la aplicación del mapa de batalla a la compañía del ejemplo. Primero, observamos que la oportunidad total del mercado estimada es de aproximadamente $ 106 millones distribuida entre 508 clientes y potenciales compradores. De este último total sólo 150 son clientes activos de la firma y le reportan una facturación anual de $ 6,3 millones y una rentabilidad de $ 0,68 millones. Ahora bien, para cada uno de los segmentos A, B y C tenemos 23, 29 y 98 clientes activos y 45, 15 y 298 prospectos. Los 298 potenciales del segmento C son una gran oportunidad para convertirlos en clientes. Este segmento aporta un $ 2,1 millones lo que es más de los $ 1,6 del grupo A. Sin embargo, el esfuerzo comercial de cubrir todos estos clientes requerirá de acciones de comunicación de marketing específicas pero acompañadas con los recursos comerciales —venta telefónica o presencial, según el caso— para lograr el ingreso a esas nuevas cuentas. Un total de $ 4,3 millones proviene de clientes LM, lo que pone a este grupo como una gran fuente de ingresos para la empresa considerando que la facturación total ronda los $ 6,3 millones. Esto muestra una empresa que ya tiene una historia exitosa con sus clientes y, como se observa, el grupo de la LM aporta el 69,11% del total de rentabilidad para la empresa.

La pirámide de clientes

Complementaria con el mapa de batalla, la pirámide de clientes permite visualizar cuántos de los productos o servicios del portafolio de su empresa adquiere cada cliente. El concepto de pirámide parte de que en la parte superior aparecerán los clientes que compran el 100% del portafolio de productos o servicios y, en niveles inferiores, aquellos que compran algunos hasta la última capa que ubica solamente a los compradores de un único producto o servicio. Claramente, estos últimos serán muchos más que los primeros. El concepto de la pirámide es aprovechar la oportunidad de "estar" en el cliente e intentar —desde una posición más ventajosa— la venta cruzada.

A veces los productos o servicios que una firma ofrece son complementarios. Por ejemplo, si su empresa vende *notebooks* es probable que su cliente también compre servidores para interconectarlas. De ahí, si tiene una buena venta de *notebooks* y no de servidores entonces hay una oportunidad para desarrollar una campaña enfocada en ganar terreno en ese punto.

Sin embargo, otras veces los servicios o productos ofrecidos son bastante estancos. Aún allí, y en el caso de productos, quizás haya oportunidad de vender servicios adicionales como instalación, entrenamiento o garantías extendidas para citar sólo algunas ideas (fig. 12).

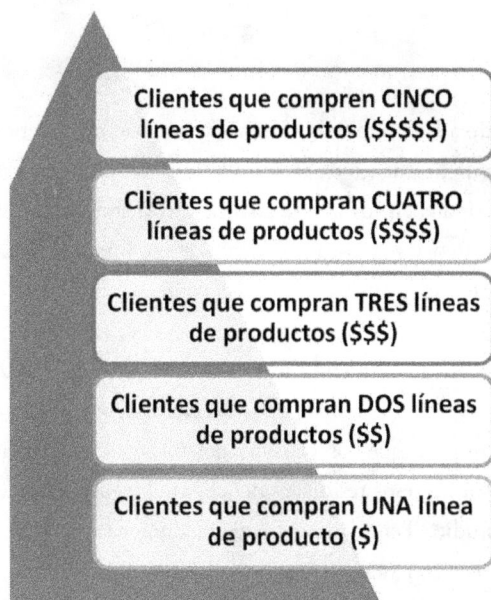

Figura 12. La pirámide de clientes aplicada a una empresa que ofrece cinco líneas de productos diferentes (fuente propia).

El valor vitalicio de un cliente (CLV)

Una medida básica de la rentabilidad del cliente es la facturación que un cliente genera durante un período de tiempo, menos los costos de atracción, venta y atención posventa. La medición del CLV no es trivial y requiere del apoyo de un departamento contable que pueda llevar un análisis individualizado de costos por actividad y por clientes.

Empresas como bancos o compañías de telefonía son algunas de las que aplican con frecuencia el concepto de relaciones de largo plazo con consumos frecuentes. Un seguro de vida es otro ejemplo.

En lo formal, se puede definir al CLV como: "el valor presente de los flujos de caja futuros que sean atribuibles a la relación con cada cliente", pudiéndose expresar algebraicamente como:

$$CLV = \sum_{n=1}^{i} \frac{Vi - Ci}{(1+d)^n}$$

Donde:

Vi = ventas durante el período i.

Ci = costo asociado a las ventas y la gestión del servicio en el período i.

d = tasa adoptada de descuento de capital.

i = número de períodos **en** los que se analiza la relación con el cliente. Suele ser un máximo de entre 5 y 7 años. Por encima de ese número el valor presente de la contribución neta es pequeño y su afectación al valor total del CLV no es significativa.

En comunicación de marketing una característica muy útil del CLV es que *permite determinar el valor máximo que se puede invertir para adquirir un cliente.* Ha de notarse también que los cálculos del CLV siempre son conservadores porque no incluyen ingresos residuales del cliente luego del número de períodos elegido para el estudio. Tenga presente que cualquier cambio en el contexto del negocio podría afectar el valor calculado del CLV. Por ejemplo, una guerra de precios motivaría a una rotación inusual de clientes lo que eventualmente afectaría el cálculo inicial del CLV. Debe tener presente que el concepto de CLV puede extenderse al análisis del costo de adquisición de distribuidores y otros canales de venta. Es por eso que a menudo se prefiere usar la sigla LTV (*lifetime value*) en lugar de la de CLV para no relacionarla únicamente con clientes.

¿En qué se diferencia el CLV con el potencial de compra? En el cálculo de CLV se toma para proyectar la historia de compra de los clientes activos de la empresa y no de los que son prospectos. ¿Cuál es la diferencia?

• Podría haber clientes con bajo o inexistente CLV pero con un potencial de compra significativa.

• El cliente podría comprar algunos productos o servicios que la empresa ofrece pero ignorar consistentemente otros y la firma no notarlo desde la perspectiva del CLV.

El índice neto de promotores (NPS)

El concepto es tan simple como poderoso. En su libro *The ultimate question 2.0*, Fred Reichheld hace referencia a la capacidad de las empresas para obtener lo que él define como rentabilidades buenas o malas. Una mala rentabilidad es aquella que se hace a costa de los clientes y una buena se logra a partir de los clientes. ¿Cómo es esto en la práctica? Si para bajar los costos su empresa aumenta los tiempos de respuesta a las demandas de los clientes o utiliza un servicio de entrega a domicilio que solo opera tres días a la semana o reduce los controles de calidad de los productos que comercializa, entonces seguramente el balance dará evidencias de —en el corto plazo— una mejora en la rentabilidad. Esta es una mala rentabilidad. Si, por otro lado, su compañía de seguros decide reducirle el valor de su póliza de seguros porque usted y otros clientes en su grupo han demostrado una baja siniestralidad a la vez que mejora el servicio de atención telefónica, o si en lugar de invertir más en publicidad decide conducir ese presupuesto a brindar entregas gratuitas, disminuir los precios y mejorar el servicio como hacen compañías como Amazon.com, entonces habrá otra forma de ganar dinero a partir de que los clientes se sientan deleitados (no sólo satisfechos) con la compañía. Estamos ante un caso de rentabilidad buena.

Algo que Reichheld hace notar es el hecho de que contablemente no es posible discernir sobre rentabilidades o ganancias buenas o malas y que es necesario una herramienta que ayude a la gerencia a determinar la diferencia entre ambas. Al efecto, propone partir de una simple pregunta: "¿qué tan probable es que usted recomendara esta empresa o este producto o servicio a un amigo o colega?"

Tomando una escala del 0 al 10 y según el rango donde caiga la respuesta, el autor identifica a los **promotores** (fieles y entusiastas con la marca con un índice entre 9 y 10), **pasivos** (fieles pero no entusiastas por la marca con un índice entre 7 y 8) y **detractores** (clientes insatisfechos que no desean comprar más la marca con un índice de 6 o menor). El índice NPS se logra restando el número de **promotores** del número de **detractores** sugiriendo que las mejores compañías tienen un NPS que va entre el 50% y el 82% mientras que para Estados Unidos el promedio queda contenido entre el 10% y el 20% con compañías con NPS negativo.

Claro que el desarrollo de una investigación basada en la pregunta anterior requiere de ciertas consideraciones que escapan al foco buscado en esta obra. Recomiendo la lectura del libro de Reichheld.

Referencias

1. Kaplan, Barry. Forever diamonds. *Gemnation*, 2002. Disponible en internet: http://www.gemnation.com/base?processor=getPage&pageName=forever_diamo nds_1.

2. Batey, Mark. *Brand meaning*. New York: Routledge, 2008.

3. Duncan, Tom & Moriarty, Sandra E. A communication-based marketing model for managing relationships. *Journal of Marketing 62* (2), 1-13, 1998.

4. Kapferer, Jean-Noël. *The new strategic brand management: advanced insights and strategic thinking* (5th ed.). London; Philadelphia: Kogan Page, 2012.

5. Feldwick, Paul. *What is brand equity, anyway?: selected papers on brands and advertising*. Oxfordshire: World Advertising Research Center, 2002.

6. Keller, Kevin Lane. *Administración estratégica de marca: branding* (3ra. ed.). México: Prentice Hall, 2008.

7. Aaker, David A. *Building strong brands*. New York: Free Press, 1996.

8. Griner, David. Hey Old Spice haters, sales are up 107%. *AdWeek*, 2010. Disponible en internet: http://www.adweek.com/adfreak/hey-old-spice-haters-sales-are-107-12422.

9. Keller, Kevin Lane. Conceptualizing, measuring, and managing customer-based brand equity. *Journal of Marketing 57* (1), 1-1, 1993.

10. Percy, Larry. *Strategic integrated marketing communications*. Oxford: Elsevier Science, 2008.

11. Rossiter, John R. & Bellman, Steven. *Marketing communications: theory and applications*. Australia: Prentice Hall, 2005.

12. Elliott, Richard H.; Percy, Larry & Pervan, Simon. *Strategic brand management*. Oxford; New York: Oxford University Press, 2011.

13. Percy, Larry & Rosenbaum-Elliott, Richard. *Strategic advertising management* (4th ed.). New York: Oxford University Press, 2012.

14. Jobber, David. *Principles and practice of marketing.* London; New York: McGraw-Hill, 1995.

15. Davies, Gary. *Corporate reputation and competitiveness.* London; New York: Routledge, 2003.

16. Shandwick, Weber. Seventy percent of consumers avoid products if they dislike parent company, Weber Shandwick survey finds. 2012. Disponible en internet: http://www.webershandwick.com/news/article/seventy-percent-of-consumers-avoid-products-if-they-dislike-parent-company.

17. Reichheld, Frederick F.; Markey, Rob & Reichheld, Frederick F. *The ultimate question 2.0: how net promoter companies thrive in a customer-driven world.* Boston: Harvard Business Press, 2011.

18. Sung, Yongjun & Tinkham, Spencer F. Brand personality structures in the United States and Korea: common and culture-specific factors. *Journal of Consumer Psychology 15* (4), 334-350, 2005.

19. Aaker, Jennifer L. Dimensions of brand personality. *Journal of Marketing Research (JMR) 34* (3), 347-356, 1997.

20. Grohmann, Bianca. Gender dimensions of brand personality. *Journal of Marketing Research (JMR) 46* (1), 105-119, 2009.

21. Solomon, Michael R. *Consumer behavior: buying, having, and being* (9th ed.). Boston; London: Pearson, 2011.

22. King, Stephen. *Developing new brands.* London: Pitman, 1973.

23. Solomon, Michael. *The truth about what customers want.* Upper Saddle River: FT Press, 2009.

24. Bromley, D. B. Psychological aspects of corporate identity, image and reputation. *Corporate Reputation Review 3* (3), 240-252, 2000.

25. Davies, Gary & Chun, Rosa. Gaps between the internal and external perceptions of the corporate brand. *Corporate Reputation Review 5* (2/3), 144, 2002.

26. Mamoria, C. B. & Joshi, Raman Lai. *Principles and practice of marketing in India* (2nd ed.). Allahabad: Kitab Mahal, 1968.

27. Zeithaml, Valarie A.; Berry, Leonard L. & Parasuraman, A. The behavioral consequences of service quality. *Journal of Marketing 60* (2), 31, 1996.

28. Nielsen Company. Paid social media advertising: industry update and best practices 2013. Disponible en internet: http://www.nielsen.com/us/en/reports/2013/the-paid-social-media-advertising-report-2013.html.

CAPÍTULO 3

Alinear la comunicación de marketing a los objetivos del negocio

"El progreso fundamental tiene que ver con la reinterpretación de ideas básicas".

Alfred North Whitehead (1861-1943)

Toda estrategia o conjunto de estrategias inicia con la definición de las correspondientes metas u objetivos. De ahí que la forma más natural de alinear la estrategia de comunicación de marketing a las metas del negocio es partir de lo que se desea lograr. Los grandes números de una empresa hablan de ventas y resultados; también, de clientes satisfechos y lealtad. Por eso, toda acción de comunicación de marketing que se emprenda, para ser comprendida y apoyada cabalmente por la gerencia, debe de afectar esas medidas. Desde la comunicación de marketing hay cuatro metas primarias a cumplir: incrementar la conciencia de marca, aumentar la preferencia por la marca, generar lealtad con la marca y lograr un número creciente de oportunidades de venta para la marca (fig. 1). Intentar hacer todo esto sin un plan y un conocimiento de las herramientas de comunicación de marketing consideradas más apropiadas para cada objetivo es una forma de fallar antes de empezar. El arribo de las redes sociales a la escena empresaria no ha hecho otra cosa que complicar aún más la toma de decisiones de los comunicadores de marketing. En parte, porque su llegada se insinuó en un principio como el reemplazo de otras herramientas más tradicionales de comunicación, pero también porque la falta de experiencia del mercado y la ausencia de mecanismos de medida del éxito en implementaciones con redes sociales dificultaron por mucho tiempo su comprensión empírica. Hoy sabemos que las redes sociales no han venido para tomar el lugar de otros medios sino para complementarlos. También sabemos que su accionar, juntamente con el resto de las herramientas en la comunicación de marketing, debe ajustarse a los objetivos empresarios y no a los de la gerencia de marketing. Para que esto sea posible, ¿por dónde empezar? Sin duda fijando objetivos claros de comunicación y de negocios.

Definición de objetivos

En el capítulo anterior hicimos un reconocimiento de la marca y su contexto. Lo que llamaré nuestro "ahora". El siguiente paso será definir la manera más específica posible hacia dónde queremos ir, es decir, debemos proponernos objetivos idealmente cuantificables y asociados con el éxito de nuestro plan. Como dijimos, la importancia de los objetivos es que a partir de ellos se generarán estrategias y luego tácticas, las que tendrán un detallado plan de implementación con fechas y responsables.

Figura 1. Los cuatro objetivos principales de la comunicación de marketing.

Es necesario el establecimiento de objetivos claros para contar con un enfoque compartido hacia la organización o división y también las agencias de comunicación. Los objetivos deben ser del tipo SMART:

- ES pecíficos (*Specific*).
- Medibles (*Measurable*).
- Alcanzables (*Achievable*).
- Relevantes (*Relevant*).
- Con Tiempos establecidos (*Timely*).

Hay dos tipos de objetivos que es importante definir en este punto: los de marketing y los de comunicación.

Objetivos de marketing

Los objetivos típicos de comercialización se refieren a las ventas, la cuota de mercado, la penetración de la distribución, el lanzamiento de una serie de nuevos productos, etc. Por ejemplo, los objetivos de marketing pueden ser:

- aumentar las ventas de unidades del producto X en un 18 por ciento durante los próximos 12 meses;
- aumentar la participación de mercado en un 7 por ciento durante los próximos 12 meses;
- generar 750 pedidos de venta cada mes;
- aumentar la tasa de clientes activos en un 12 por ciento en los próximos 6 meses.

Los objetivos de marketing también pueden perseguir el número de clientes retenidos o el aumento del ticket promedio de la venta cuando no, una mayor rentabilidad promedio por cliente.

Objetivos de comunicación

Tal lo postulado por Rossiter y Percy, los objetivos de comunicación quedarán determinados a partir de la definición de cuáles de los cuatro efectos de comunicación tradicionales —*necesidad de la categoría, conciencia de marca, preferencia por la marca y/o intención de compra*— serán necesarios[1]. Nótese que tanto la conciencia de marca como la preferencia por la marca deben estar *siempre* presentes en todo plan de comunicación de marketing. Por su parte, Micael Dahlen *et al.* hacen un agregado importante al incorporar a la **prominencia de marca** o *brand salience* como un objetivo de comunicación más y ubicarlo entre la conciencia de marca y la preferencia por la marca[2] [(p. 136)]. La prominencia es la capacidad de una marca para destacar entre el resto de marcas de una categoría por encima de la competencia como "importante, prominente y notoria"[3] [(p. 84)]. La prominencia de una marca puede variar entre clientes y categorías pero como Ehrenberg y Goodhart expresan, "todo lo que importa para el éxito de una marca es el número de consumidores que la consideren prominente"[4] [(p. 7)]. A partir de las ideas expresadas por Rossiter y Percy[1] [(p. 168)] podemos establecer los objetivos de comunicación que se corresponden con los cinco efectos de comunicación buscados:

1. **Necesidad de la categoría:**
    Objetivos:
    -   Omitirla si se asume presente.
    -   Recordarla si está latente.
    -   Venderla si se apunta a nuevos usuarios para la categoría.

2. **Conciencia de marca:**
    Objetivos:
    -   Reconocimiento de la marca si la elección es hecha en el punto de venta.
    -   Recordación de la marca si la elección es previa a la compra.
    -   Ambos si se justifica.

3. **Prominencia de marca:**
    Objetivo:

- Aumentar la facilidad y frecuencia con la que se evoca a la marca.

4. **Preferencia por la marca:**

Objetivos:

- Crearla si no existe.
- Incrementarla si es moderadamente favorable.
- Mantenerla si es altamente favorable.
- Cambiarla si es negativa.

5. **Intención de compra de la marca:**

Objetivo:

- Generarla cuando la preferencia de marca es positiva y se necesita de una "razón para comprar".

Ofrecemos algunos ejemplos prácticos de objetivos de comunicación:

- Incrementar el conocimiento de la marca XYZ desde un 20 a un 35 por ciento en un plazo de 7 semanas de lanzada la campaña entre hombres del segmento ABC1 con edades en el rango de los 25 a los 35 años.

- Posicionar el servicio de reparación y ajuste de bicicletas como el más amigable del mercado, entre el 70 por ciento de los usuarios intensivos de bicicletas de paseo y durante los próximos 12 meses.

- Mantener a la marca ZYX como la preferida (o la primera) de computadoras portátiles entre al menos el 50% de los compradores argentinos de compañías con 400 o más empleados.

Necesidad de la categoría

La necesidad de la categoría refiere a los sentimientos de las audiencias objetivo a quienes les gustaría un determinado producto o servicio para satisfacer una necesidad específica. Rossiter y Rosembaum-Elliot hacen notar que la necesidad de la categoría es una *percepción*, por lo tanto, puede ser establecida por la acción de la comunicación publicitaria[5] [(p. 170)]. Este efecto de comunicación genera la necesidad y demanda primaria de productos o servicios pero su influencia es sobre la categoría en su conjunto y no solamente sobre una marca determinada. Por ejemplo, promover el consumo de sopa afectará favorablemente no solo a Knorr sino a otras marcas. De igual modo, la adopción de teléfonos inteligentes, si bien fue promovida inicialmente por Apple —a través de su legendario iPhone— hoy se observa como un incremento en la demanda del cual se benefician otras marcas. Para lograr una demanda selectiva o secundaria la comunicación de marketing debe afectar los otros tres objetivos de comunicación antes citados y que son específicos de las marcas. Hay dos momentos en los cuales la necesidad de la categoría es un objetivo de comunicación. El primero, cuando se trata de recordar al cliente sobre una categoría latente u olvidada que haya sido previamente establecida. Los *traveler checks* de American Express son un ejemplo típico. El caso antes citado de la sopa Knorr es igualmente útil para describir la elección de este objetivo.

En caso de que la categoría no haya sido aún establecida en la mente de la audiencia objetivo, se necesitará de una campaña de comunicación publicitaria que estará respaldada eventualmente por una promocional para vender la necesidad asociada a un cambio de actitud o comportamiento del consumidor. Considere el lanzamiento de la iPad de Apple. Era en ese momento un producto nuevo, posicionado de un modo distinto de una *netbook* o *notebook* ultraliviana, buscando atraer consumidores de estos productos hacia una nueva categoría: la *tablet*. Aquí la venta de la categoría es claramente un objetivo comunicacional. Como Rossiter y Bellman expresan, la conciencia de la categoría, la preferencia o actitud hacia la categoría y la intención de compra —que deben considerarse cuando se hace la venta de la categoría— no tienen diferencias conceptuales con sus equivalentes en la marca, pero son objetivos de comunicación distintos que hay que decidir en conjunto con los objetivos de comunicación al nivel de la marca.

Conciencia y preferencia por la marca

Rossiter y Percy desarrollaron un modelo estratégico al que llamaron la **Grilla de Rossiter y Percy** o GRP (tabla 1). Este esquema comienza distinguiendo dos componentes para la **conciencia de marca**: la recordación y el reconocimiento de marca, haciendo énfasis en que, con independencia de la estrategia de **preferencia por la marca** elegida, se deberá asociar una estrategia apropiada de conciencia de marca[6]. La fortaleza de la grilla está, a diferencia de otras como la FCB[7], en que permite pensar en un producto o servicio en términos del **involu-**

cramiento de la audiencia objetivo. En otras palabras, el mismo producto o servicio puede recibir un distinto nivel de involucramiento en función de los públicos a los que se destina. Una golosina puede ser de alto involucramiento para un niño pero de bajo involucramiento para los padres que la compran.

Conciencia de marca	
Reconocimiento de marca (en el punto de venta)	Recordación de marca (previo a la compra)
Preferencia por la marca	
Bajo involucramiento informacional	Bajo involucramiento transformacional
Alto involucramiento informacional	Alto involucramiento transformacional

Tabla 1. Grilla Rossiter-Percy (adaptación a partir de Rossiter y Bellman[8])

Comprender el nivel de involucramiento de la audiencia objetivo es clave porque afecta a los requisitos necesarios para el procesamiento efectivo del mensaje publicitario. Cuando se trata de decisiones de bajo involucramiento, para lograr una preferencia positiva hacia la marca se requiere que la audiencia objetivo atienda el mensaje y aprenda algo positivo en relación con ella. Se presupone que con esto se lograría generar en el consumidor la intención de probar el producto o servicio y que, al experimentarlo, desarrollará una actitud o preferencia hacia la marca.

Por otra parte, cuando se trata de decisiones de alto involucramiento, sumado a lo requerido para lograr una preferencia positiva hacia la marca en una situación de bajo involucramiento, el consumidor deberá también *aceptar* y *creer* en el contenido del mensaje para generar la intención de compra. Me referiré con mayor detalle al involucramiento en el capítulo siguiente.

La importancia de la motivación

La importancia de la motivación radica en que si ignoramos por qué el consumidor desea comprar un producto o usar un servicio no estaremos en condiciones de identificar de manera clara y concreta su comportamiento. Mientras que para un consumidor la razón de compra de un producto o servicio puede originarse en la necesidad de resolver un problema (motivación negativa), para otro la motivación por la compra de igual producto o servicio puede originarse en una necesidad de inclusión social (motivación positiva). Por ejemplo, la mayoría de las personas comprarán una *notebook*, *netbook* y hasta una *tablet* para ayudarse a trabajar mejor y tener más movilidad y flexibilidad a la hora de decidir hacerlo en su empresa, en una cafetería o en su hogar. En este caso, el consumidor tendrá una motivación negativa. Sin embargo, nunca olvido lo que dijo un disertante que invité en una oportunidad a mis clases. Un joven y exitoso graduado que llevaba las riendas de una PyME cuyo negocio era bastante inusual y muy lucrativo: la venta de pirotecnia. Al tiempo de iniciar su charla y ante un auditorio numeroso, el muchacho sacó de su morral la computadora portátil Mac más sofisticada que yo había visto hasta ese momento, pero, ¡oh, sorpresa! no supo ni siquiera encenderla ni mucho menos mostrar su presentación. Quedó claro que esa muestra exuberante de tecnología solamente era para impresionar al público y que sus motivos estaban más cerca de la aceptación social (quizás por su origen muy humilde) que en la necesidad de una herramienta para la charla. Su motivación era, por lo tanto, positiva.

¿Qué motiva a una persona a controlar su peso? Los estudios muestran que las mujeres en general lo hacen para verse mejor, un motivo positivo para ganar, por ejemplo, la aprobación social. Los hombres, por su lado, tienden a elegir una dieta para evitar los efectos del sobrepeso detectados en situaciones tales como subir una escalera o correr unos metros. En este caso, el motivo es sin duda negativo y busca la resolución de un problema. Está claro, entonces, que la ejecución creativa del mensaje sobre un plan de dieta distará bastante si está dirigido a hombres o a mujeres. Mientras que un *smartphone* puede ser una herramienta de trabajo para algunos adultos, para otros —al igual que para la mayoría de los adolescentes— puede ser visto como un artículo de culto e inclusión social. En el primer caso la motivación de compra será negativa; en el segundo, positiva. Hasta la compra de un lujoso Rolls Royce puede ser de bajo involucramiento para un millonario que tenga varias decenas de autos en su cochera.

Piense en una golosina para un niño. La motivación de compra del niño será en general positiva (el imaginario asociado con la golosina, por ejemplo, que es divertida), mientras que para los padres, que deben "aprobar" la compra, bastará con saber que no daña la salud del niño y por lo tanto su motivación será negativa. Estas consideraciones tienen una fuerte implicancia en el desarrollo de la estrategia creativa y la elección de los medios empleados para transmitir el mensaje de la marca, como veremos en el capítulo siguiente.

En el lenguaje de la GRP, las motivaciones positivas se identifican como *transformacionales* (transforman el estado de ánimo del consumidor) y las motivaciones negativas se definen como *informacionales* (informan sobre cómo solucionar o evitar un problema). Los puntos siguientes sintetizan claramente —y de acuerdo con el profesor Larry Percy— los beneficios de emplear la GRP en la planificación de la comunicación de marketing:

- Ayuda a dirigir el pensamiento del responsable de la comunicación de marketing en términos de participación del público objetivo con la decisión y la motivación que impulsa su comportamiento.

- Cuando el involucramiento es bajo y la motivación es negativa (informacional) se abre una amplia variedad de opciones debido a que el público objetivo no tiene que ser convencido (sólo se debe lograr su interés) y la clave está en la información proporcionada.

- Cuando el involucramiento es alto y la motivación es negativa, el público objetivo deberá ser "persuadido" por el mensaje, por lo que las opciones de comunicación consideradas deberán ser capaces de lograr esto.

- Cuando la motivación es positiva (transformacional), la "autenticidad emocional" es la clave del éxito de la comunicación, no importa si el involucramiento sea alto o bajo; por lo tanto, las opciones de comunicación consideradas deben ser capaces de responder a este desafío.

Intención de compra de la marca

Este objetivo busca influir la *intención* de compra del consumidor. Como resultado, el consumidor podría decirse a sí mismo: "en verdad, debiera probar la marca XYZ". En el cumplimiento de este objetivo la herramienta que más se emplea es la venta promocional.

El proceso de compra del consumidor

Asociado con los objetivos de comunicación y marketing está la comprensión del proceso de compra de un cliente, que en definitiva es al que se debe afectar para lograr los objetivos antes citados. Para que quede claro: si yo tengo que vender una buena cantidad de un producto producido por una marca que el público desconoce, debo comenzar por hacerla conocida para luego generar preferencia por ella y finalmente, si el producto se percibe como una solución de valor para la categoría, podré aspirar a entusiasmar a un conjunto de consumidores a que lo prueben y hasta lo compre. Nunca iniciaría intentando vender el producto y luego haciendo conocida a la marca. Esto prueba que los eventos de comunicación de marketing deben de suceder en una cierta secuencia y esa secuencia es la que postula el modelo de causa-efecto conocido como AIDA y que fue establecido en el año 1898 por Elías St. Elmo Lewis. Su nombre se forma a partir de las letras que identifican cada una de las partes del proceso de compra: **A**tención, **I**nterés, **D**eseo y **A**cción, y encuentro a este modelo muy útil por su simpleza. El modelo AIDA define un camino a recorrer que en general aplica no a todos los productos o servicios, sino a aquellos que generan un mayor involucramiento en el consumidor. Para tener una perspectiva de adónde hemos llegado digamos que:

- Al contar con un análisis de la marca y su contexto tenemos un punto de partida.
- Al definir los objetivos de marketing y comunicación en relación con los objetivos del negocio sabemos adonde queremos ir.
- Al establecer un modelo como el AIDA planteamos un camino que cada cliente potencial y su oportunidad asociada recorrerá antes de convertirse en una venta.
- Identificado el camino, debemos establecer las acciones, los mecanismos de comunicación, los medios y el posicionamiento necesario para lograr la mayor conversión posible de oportunidades en negocio a la vez que logramos una base creciente de clientes leales.

Primeramente necesitamos revisar el modelo AIDA y adecuarlo al cumplimiento de los pasos antes citados. Para ello, recordemos que cuando formulamos la definición de comunicación de marketing en el capítulo 1, hicimos hincapié en que resultaba de la intersección de dos disciplinas: la comunicación y el relacionamiento en marketing. Sería justo entonces sumar al modelo AIDA una letra más que, al momento de su desarrollo, seguramente no se percibió como necesaria. Es que si bien la adopción del concepto de retención de clientes es bastante más reciente que el nacimiento del modelo, el concepto se ha impuesto indiscutiblemente en el mundo profesional y académico del marketing. La letra faltante bien podría ser una "**R**" por lo de **R**elación, siempre pensando con la misma lógica con las que fueron definidas las cuatro anteriores: el impacto que generan en los clientes.

Ahora, y por un momento, preguntémonos qué debemos generar desde la comunicación de marketing para lograr **A**tención, **I**nterés, **D**eseo, **A**cción y **R**elación. Mi respuesta será:

Atención: equivale a lograr conciencia de marca aumentando el alcance de la marca. Para ello se requiere *difundir* la marca a través de diferentes mecanismos de comunicación ya sean digitales o no, y asociarla con la categoría correspondiente.

Interés: es un concepto más profundo que el simple conocimiento de la marca al que se llega, por ejemplo, a partir de la popularidad que la marca tiene entre los consumidores y, particularmente, de la voz de apoyo de los seguidores de la marca que actúan como *inspiradores* contagiando su entusiasmo por descubrir y saber más de la marca y de sus capacidades. Estos inspiradores son a veces anónimos consumidores que aportan su experiencia satisfactoria con la marca mencionándola favorablemente en una red social como en Tripadvisor.com (en relación con sus vivencias en diversos hoteles) o en Amazon.com (vinculados con libros o productos adquiridos allí o no). Otras veces, toman forma en personas o instituciones expertas y respetadas en relación con la categoría de la marca y que hablan favorablemente y con convicción acerca de ella promoviendo sus beneficios. Estos inspiradores tienen seguidores fieles de sus blogs, sitios web o redes sociales en general, y su influencia es clave para generar el interés en el producto o servicio. Están en la mejor posición para inspirar a la audiencia de la marca ya que son creíbles, conocedores y los consumidores los ven como imparciales.

Deseo: el deseo es donde el consumidor comienza a fantasear con la idea de tener el producto o disfrutar del servicio. Hay una visualización de la solución de la marca en acción y un imaginario de cómo afectará la vida del consumidor. Existe en este punto un mayor vínculo emocional entre la marca y el consumidor, y desde la perspectiva de la comunicación de marketing, todo lo que permita *"enganchar"* al consumidor con la marca a partir, por ejemplo, de lograr experiencias con ella, será de gran ayuda en esta etapa. De acuerdo con el diccionario de la RAE, enganchar es "atraer a alguien con arte, captar su afecto o su voluntad" pero también, "captar intensamente la atención de alguien". Una síntesis de ambas definiciones podría decir que enganchar es: "con arte, captar intensamente la atención de alguien ganando su afecto o voluntad". De acuerdo con Jason Falls, del sitio Social Media Explorer, *"enganchar es comunicar tan bien que la audiencia ponga atención"*. La Advertising Research Foundation lo define como: "activar en el cliente potencial la idea de la marca con el refuerzo del contexto que lo rodea"[9] (p. 355). Cautivar o enganchar al público es lograr y mantener su atención. Si bien no se requiere de su reacción, la existencia de aquella ciertamente da evidencia de un nivel de compromiso mayor con la marca. De acuerdo con Calder y Malthouse de la Universidad Kellogg, el *engagement* es el resultado de *experimentar* de algún modo el contenido presentado por un medio, ya sea un diario, una revista o un programa de televisión[10]. Hay una tendencia reciente a pensar que el *engagement* es más efectivo a través de los nuevos medios de comunicación. Es cierto que antes se pensaba que el medio era solo un camino para que los consumidores recibieran el mensaje y hoy sabemos que el medio provee no sólo un camino, sino un *contexto*, y si un medio en sí engancha más al consumidor que otro, causará que la recepción del aviso o mensaje sea más efectiva. Note que estamos aquí hablando del enganche con el medio para facilitar la recepción del mensaje pero no hacemos mención al enganche con la marca, que puede suceder o no.

En el año 2006 American Express lanzó una recordada campaña publicitaria televisiva en coincidencia con el *US Open Grand Slam*. La misma tenía como centro al famoso tenista Andy Roddick jugando un imaginario partido de tenis con Pong, un personaje de ficción extraído de un videojuego de la primera generación de videoconsolas desarrolladas por la firma Atari. American Express tomó ese aviso como disparador, mientras insertó una nota en línea en un periódico deportivo hablando acerca de Andy Roddick, mostrando a la vez en esa nota una invitación a ingresar a una aplicación en línea y jugar tenis contra Pong tomando el lugar de Roddick. Con independencia de lo imaginativo de la campaña, es posible aseverar que este esfuerzo de comunicación podría tener posibilidades de generar un mayor *engagement* con la audiencia. Al menos es lo que se desprende de un interesante trabajo de investigación conducido por Alex Wang, quien concluye que el empleo de la relevancia contextual (la nota sobre Roddick en este caso) para disparar el *engagement* no sólo ayuda a que los avisos en línea de las marcas (AmEx en el ejemplo) sean efectivamente percibidos por los consumidores, sino que además pueden crear un involucramiento mayor del consumidor con el mensaje[9]. Los anunciantes pueden generar el efecto del *engagement* mediante el uso de las tecnologías de internet y recursos tales como *Google Adsense* para llegar a los consumidores con anuncios altamente relevantes en función de lo que leen o hacen. El concepto de asociar contenidos y avisos es igualmente válido para situaciones fuera de línea como la aplicación de un aviso en una revista o un diario en un lugar cercano a un contenido relacionado con el tema del aviso. Por otra parte, el trabajo de Ephron, como así también el de Harvey, sugieren que el enganche con la publicidad no sólo depende del enganche con el medio sino, más aún, de la creatividad y del contenido de los mensajes[11-12]. A tales expresiones se les puede dar forma mediante acciones interactivas entre el consumidor y la marca, como por ejemplo participar en una conferencia vía web, entrar en un proceso interactivo para la elección del marco y de los cristales de sus lentes recetados tal como el que ofrece Lenscrafter.com. Es aquí, en esta etapa, donde las redes sociales brillan y superan a otros mecanismos de comunicación de marketing tales como la televisión tradicional, cuya única interacción posible es responder al aviso publicitario o ingresar al sitio o red social que la marca sugiere.

Acción: en este punto buscamos que el deseo del cliente se convierta en una compra. Es decir, buscamos *convertir* los deseos en ventas. Ya pusimos énfasis en que puede ser *per se* un objetivo de comunicación que puede exteriorizarse en una promoción de precio o en cederle al usuario el uso gratuito del producto por un período acotado de tiempo para extender su *enganche* con la marca, pero también generar un concepto de "deuda" hacia el proveedor en base a la psicología social que actúa como un acelerador para la compra del producto bajo el principio de la reciprocidad. Muy típico esto último cuando se oferta un *software* en internet.

Relación: si la experiencia del cliente con la marca ha sido todo lo satisfactoria que esperaba o más, es muy probable que el nuevo cliente mantenga el vínculo con la marca y siga participando de sus actividades; por ejemplo, quedando suscrito al *newsletter* u opinando sobre lo que compró. Esta relación de largo plazo requerirá herramientas para *retener* al consumidor. Una actividad clave ya que, como vimos, un consumidor fiel puede ser fuente de un boca a boca positivo y actuar entonces como quien recomienda en las redes sociales pero también, un comprador potencial de otros productos de la misma marca. Si uno mantiene un contacto con estos clientes, sosteniendo la relación y reforzándola con la oferta de distintas actividades y recursos, las posibilidades de llevarlos nuevamente al comienzo del ciclo de negocios aumentarán fuertemente. Además, como ya es un cliente experimentado, el avance por cada una de las etapas descritas en el modelo será mucho más rápido para lograr una nueva venta. De ahí que el modelo AIDA, bajo la premisa de la inclusión de una letra adicional que representa la retención de clientes, se cerrará en sí mismo y, como todo proceso de mejora continua, se podrá aprender de él, midiéndolo y ajustándolo a cada paso.

El modelo AIDA y la comunicación de marca

El análisis previamente desarrollado puede visualizarse fácilmente considerando el gráfico de la figura 2. Los elementos principales del modelo AIDA están ahora presentes *pero en la forma del escalonamiento necesario en la comunicación de marketing para alcanzar la venta*. Como bien dice James D. Lenskold, autor de *Marketing ROI*, "es totalmente razonable, y muy beneficioso, esperar un retorno a la inversión por cada dólar incremental invertido en marketing"[13] [(p. 3)] y lo que se busca aquí es el retorno a la inversión de las acciones de comunicación de marketing. Si bien el modelo ha sido desarrollado para la comunicación de marca en general, puede aplicarse fácilmente a redes sociales en particular. Nótese que en su reciente libro *How to measure social media*, Nichole Kelly presenta un modelo con algunos puntos de cercanía con el que propongo, pero en su caso está enfocado exclusivamente en redes sociales[14]. La presentación de Kelly no ahonda en los orígenes o el sustento teórico de su modelo, lo que impide consideraciones más profundas sobre sus principales similitudes y diferencias con el modelo que presento y que bautizaré como **AIDA modificado**.

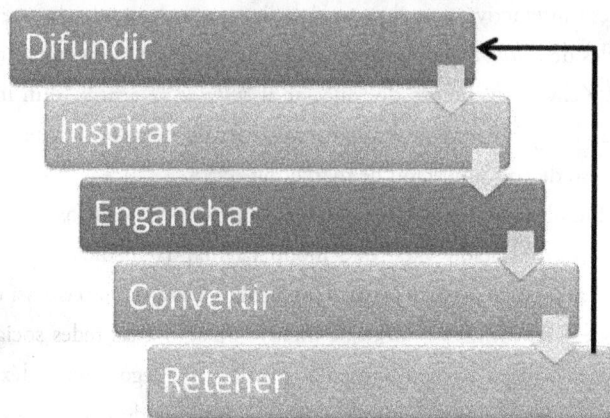

Figura 2. El modelo AIDA modificado.

Partiendo del modelo AIDA modificado es factible pensar la comunicación de marca aplicada a la *integración de estrategias y medios de comunicación*. En el mundo de la comunicación de marcas, las redes sociales *no* operan aisladas de otras formas de comunicación y de ahí la necesidad de evitar el tratamiento de *silo* para las redes sociales que tanto ha perjudicado la integración al momento. Por otra parte, como he descrito previamente en este libro, la comunicación de marketing conlleva, al menos en su ejecución, el cumplimiento de dos objetivos clave de comunicación que deben estar siempre presentes: conciencia y preferencia por la marca. Es un punto relevante porque las estrategias para la conciencia de marca difieren marcadamente de las empleadas para aumentar la preferencia por la marca. Esta última considera el tipo de motivación e involucramiento del cliente con la marca y la categoría. El modelo AIDA modificado facilita esta consideración, ya que las herramientas de comunicación necesarias para, por ejemplo, *enganchar* a un consumidor que aspire a comprarse unas vacaciones serían muy diferentes a las que se puedan requerir para la venta de una maquinaria industrial. Dicho de otro modo, es posible *enganchar* a un consumidor con la marca de una golosina haciendo que participe en un juego interactivo en Facebook. En cambio, difícilmente un juego interactivo por sí solo pueda *enganchar* a un cliente potencial cuando se trate de la venta de un producto o servicio complejo o costoso, es decir, de alto involucramiento. En este caso, la preferencia por la marca se reforzará con una efectiva participación de la fuerza de ventas en el proceso interactivo con el potencial cliente, aumentando de este modo las posibilidades de *convertir* la oportunidad en una venta. Un aspecto atractivo del planteo de Kelly es su intento de conectar al *embudo de ventas* —un mecanismo típico para el seguimiento de las oportunidades de negocio de una empresa— con el proceso de comunicación de marketing.

El destino último de esta idea es que los objetivos de negocios estén alineados con los de comunicación y de este modo facilitar la medición pero también gestionar el avance de etapa a etapa. Una ventaja clara de hacerlo así es "conectar" el modelo de comunicación, que incluye no sólo a las redes sociales sino a todos los mecanismos de comunicación puestos en juego, con el léxico de los ejecutivos, que se expresan naturalmente en términos de clientes adquiridos y clientes retenidos. El modelo AIDA modificado contiene a ambos en su conceptualización.

El embudo tradicional de ventas cuenta con cuatro segmentos relevantes pensados para agrupar las oportunidades en relación con la posibilidad que tienen en concretarse en ventas. El primer segmento lo componen el **universo** de consumidores potenciales del producto como un todo, es decir aquellos en el segmento objetivo que conocen la categoría y les interesa y que no están de momento interesados en la marca, ya sea porque compran otra o porque desconocen su existencia. También están aquellos que compraron la marca alguna vez pero que tuvieron una mala experiencia con el producto o servicio y dejaron de ser clientes. La metáfora del embudo presupone que la cantidad de potenciales clientes irá bajando en cantidad conforme la posibilidad de éxito aumente hasta llegar a la parte baja del embudo donde se concentran aquellos clientes que están cercanos a cerrar la compra y con altas posibilidades de hacerlo. Las etapas del embudo de negocio se pueden observar en la figura 3.

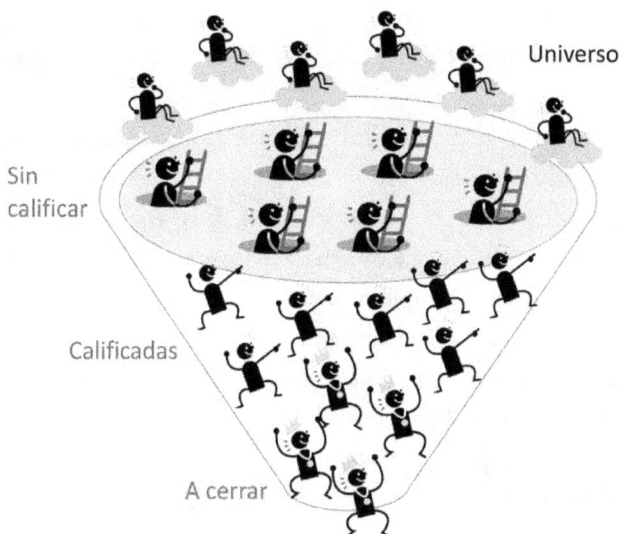

Figura 3. El tradicional embudo de ventas.

Los clientes potenciales o prospectos que muestran algún interés inician en el grupo que se denomina **sin calificar** y a medida que se evalúa la oportunidad y se interactúa con él se puede clarificar y *calificar* la oportunidad asociada el [o "al"] prospecto. En una primera etapa, el cliente potencial será llevado a interactuar con la marca mediante acciones de enganche e inspiración, las que en función del camino que siga el candidato y su oportunidad nos permitirá saber de su convicción con la marca y los productos y servicios de su interés, así como también si tiene o no una necesidad cercana de compra. En caso de tenerla, se impulsará la venta contactando al cliente potencial con un vendedor o realizando alguna actividad promocional. Aquí nos encontramos frente a lo que habitualmente llamamos un *lead.* Si la doble validación desde ventas —una llamada de teléfono confirmatoria, por ejemplo, o el pedido de una cotización en línea— confirma la posibilidad cercana de la compra, solemos referirnos a la oportunidad como un *sales lead.* En este momento, el equipo de ventas toma en firme la oportunidad y la agrega a su lista de clientes con chances fuertes de completar la transacción. Es entonces donde la oportunidad recibe su máxima atención. No hay una manera única de codificar con una herramienta de seguimiento —que bien podría ser una planilla Excel o un CRM— la oportunidad del cierre del negocio en el último tramo. Una idea sería emplear la codificación siguiente:

A. El cliente envió ya la orden de compra formal y se espera la aprobación de crédito por parte de la empresa.

B. Una persona con autoridad para la toma de las decisiones de la empresa nos anticipó por teléfono que compraría y enviaría la orden de compra.

C. El usuario nos anticipó que enviaría la orden de compra.

Cuando el interés es genuino pero aún no hay una necesidad concreta para la compra, si se trata de una oportunidad calificada se podrá mantener al prospecto y su oportunidad en el embudo mediante distintas herramientas de interacción hasta que se logre un *lead*. El tiempo promedio que tarda en desarrollarse una oportunidad desde un extremo del embudo al otro —donde se convierte en una venta— se llama *ciclo de ventas*. Note que para algunos productos puede llevar horas y para otros, en B2B, meses.

El modelo AIDA modificado y el embudo de ventas

Se puede asociar conceptualmente a los clientes potenciales del *universo* y a los *no calificados* con la etapa del modelo AIDA modificado que lleva a **difundir** la marca. Aquí la mayor energía estará dada en lograr el conocimiento de la marca y generar el interés de saber más de ella. Durante este proceso el cliente potencial se irá formando una impresión sobre la marca dando lugar a que comience a desarrollar una actitud o preferencia por ella. La etapa de calificación del negocio se acompañará en paralelo con actividades que llevarán al potencial cliente para *inspirarlo* y *engancharlo*. A este punto, el potencial cliente, aun cuando se considere interesado en el producto o servicio, puede no estar resuelto a comprarlo todavía. Se trata de un cliente potencial calificado, que podría comprar algún día pero todavía no está en condiciones de ser "transferido" al área de ventas. La calificación refiere a que se trata de la persona correcta para la toma de la decisión de compra, trabajando para una empresa que se corresponda con las expectativas del proveedor (por ejemplo, que no tenga problemas de pago o que demande condiciones financieras o descuentos fuera de lo que el proveedor está dispuesto a brindar).

Sin embargo, otros prospectos pueden mostrar interés suficiente o un comportamiento que predice la compra cercana de modo tal que la fuerza de ventas de la empresa se verá tentada a llamarlo o, en caso de que la venta no requiera de la intervención de vendedores, enviarle por email una oferta especial que "acelere" la decisión de compra. En este caso, si las acciones resultan exitosas, una buena parte de los clientes potenciales calificados e interesados por la compra cercana (o *sales leads*) adquirirán el bien o el servicio ofrecido. En otras palabras, estas acciones *convertirán* la oportunidad en una venta concreta. Luego, mediante otras acciones tales como un simple mensaje de agradecimiento, por ejemplo, y/o una carta de bienvenida, darán comienzo a un ciclo de la comunicación orientado a *retener* al cliente. La vinculación conceptual entre el ciclo de compra del cliente y el de comunicación se puede ver en el diagrama de la figura 4.

Note que las acciones para *difundir* la marca, es decir, generar conocimiento y recordación de marca, son claves en la parte superior del embudo de ventas. Como dijimos, la metáfora del embudo induce a pensar que las oportunidades de negocio avanzan desde arriba hacia abajo hasta concretarse en ventas. Claro que no todas las oportunidades que ingresan por la parte superior del embudo se convierten en ventas. De hecho, solo una porción avanza hacia la nueva etapa y el resto puede salir del embudo o retomar, a veces, una etapa anterior.

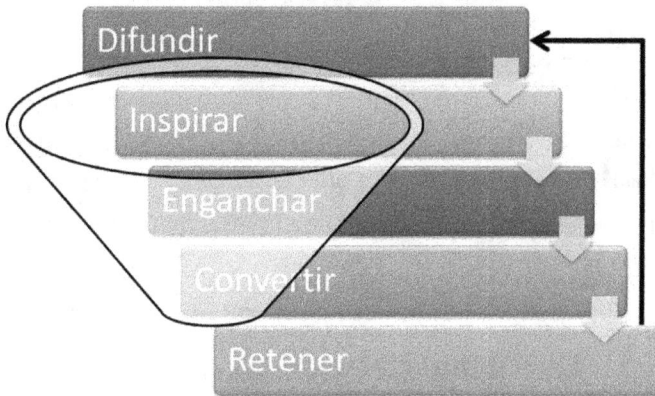

Figura 4. El modelo AIDA modificado y su complementación con el embudo de ventas (fuente propia).

Es interesante que observe que el embudo de oportunidades de negocio cierra con la venta, ya que es ahí donde generalmente se comisiona o premia a los vendedores cuando son parte del proceso de influencia y persuasión del cliente. Los mecanismos de *retención* están presentes pero suelen ser una responsabilidad de varias oficinas: la de marketing, la de servicio, la de entrega al cliente, etc. Por supuesto, hay programas completos de comunicación de marketing enfocados a esta etapa.

Ahora bien, medir las respectivas conversiones o pasos desde una etapa a la otra podría ayudarnos a comprender cuál paso requiere de una estrategia de comunicación mejor para asegurar una conversión más exitosa o menos costosa. Una mejor calificación del cliente por etapa también reducirá el costo de "empujar" una oportunidad en el ciclo de negocios que, a primera vista, no pareciera factible por razones, por ejemplo, del presupuesto con el que el cliente potencial cuenta o con los tiempos de entrega que demanda.

Mientras buscamos mecanismos de comunicación y ventas que ayuden a disminuir la pérdida de oportunidades calificadas de negocios en el embudo, debemos trabajar proactivamente en recuperar, al menos en parte, a aquellos clientes potenciales que abandonaron el ciclo de ventas antes de completarlo. Finalmente, conocer dónde enfocaremos los esfuerzos para disminuir la pérdida de clientes del embudo es clave para la rentabilidad de la empresa y para esto se requiere de una monitorización frecuente de las conversiones en cada etapa.

También es preciso identificar cuando nos encontramos frente a prospectos que no califican. En marketing en general solemos enfocarnos en la *efectividad* de las acciones de comunicación y ventas, pero sin dudas, hay también una oportunidad en lograr mayores *eficiencias* en el proceso. Identificar aquellos clientes potenciales que no son tales y que en verdad no califican, es una forma de enfocar esfuerzos y recursos en aquellos que sí.

Un mundo de negocios complejo

Hasta aquí hemos considerado que hipotéticamente el cliente potencial —aunque sea una empresa— está representado por un único individuo pero la vida real es bastante más compleja. Si bien los conceptos expresados previamente acerca del modelo AIDA modificado siguen siendo válidos, en una venta compleja —la que involucra al menos a dos individuos para la toma de decisión— es necesario llevar control de las actividades de comunicación de marketing de acuerdo con la etapa en la que cada individuo se encuentre, a efectos de influenciar su decisión ya sea informándolo, interactuando, persuadiéndolo y haciéndolo vivir una experiencia tal como habíamos definido a la comunicación de marca. Es decir, no hay un solo modelo AIDA modificado en juego, sino tantos como individuos participen en la compra. Los distintos roles que estos participantes pueden adoptar son:

- **Iniciador:** propone la categoría. Es quien tiene la necesidad y la manifiesta.
- **Influyente:** favorece criterios donde la marca se destaca y la recomienda.
- **Decisor:** elige la marca.
- **Comprador:** compra la marca.
- **Usuario:** emplea la marca.

Cuando creamos una campaña de comunicación de marketing la clave es determinar qué etapa y a quién se debe influenciar en el proceso de toma de decisión. Uno de los participantes seguramente será quien nos ayudará a "navegar" en el negocio y a conocer a los otros involucrados. También en general habrá uno que actúe como inspirador clave sin que necesariamente sea el funcionario de mayor responsabilidad en la compra. En mi experiencia, por ejemplo, la decisión de compra de equipamiento tecnológico de última generación para una sala de cuidados intensivos de un hospital suele estar fuertemente influenciada por la postura del cuerpo de enfermeras que son quienes están al comando del equipamiento las 24 horas, los 365 días del año. Notemos que el contenido de la comunicación deberá variar según el funcionario que se contacte. No será lo mismo influenciar a un CEO que a un CFO o a un experto en tecnología. Los argumentos y los recursos necesarios para influenciarlos seguramente serán diferentes.

Modelos de determinación de presupuestos para la comunicación de marketing

Hablamos en el capítulo 1 de las tres P necesarias para complementar al modelo M-A-P-E-A-R*. El presupuesto es una de ellas. Los plazos y las personas, las otras.

Los criterios para la determinación de los presupuestos de comunicación de marketing son siempre motivo de debate en las organizaciones. Algunos de los métodos probados y a los que se suele apelar son los siguientes:

Libre: tiene su mayor ventaja en la flexibilidad que ofrece y su mayor debilidad está en su dificultad para su control. Su determinación no está preestablecida y se adecúa a las condiciones y demandas del mercado. Técnicamente no es un presupuesto sino una determinación *ad-hoc* de acuerdo con el contexto y con las posibilidades de la empresa.

Histórico: para su determinación toma como referencia lo invertido en períodos anteriores, sin considerar cambios de contexto o dinámicas de los mercados que demanden una reelaboración de la inversión en marketing, a la vez que una mejor locación de fondos en función de un análisis exhaustivo sobre dónde, cuándo y cómo se los aplica.

Porcentaje sobre las ventas proyectadas: es un método muy popular pero arbitrario. Asume una linealidad entre la causa y el efecto y queda condicionado al error de estimación de las ventas. Aplicado a organizaciones regionales, suele causar que el presupuesto se despliegue en función de las ventas esperadas, por ejemplo, en cada país de la región. Sin embargo este planteo ignora que el ambiente competitivo en cada lugar puede ser diferente, la conciencia de la marca particularmente baja, etc., llevando a sobreinvertir en algunas geografías y a subinvertir en otras. Tiene la ventaja de la claridad del criterio con el que se asigna el presupuesto. En los mercados de B2B, el porcentaje suele variar entre el 0,5 al 2 por ciento y en los mercados B2C, en el rango del 5 al 20 por ciento.

Objetivo y tarea: identifica los objetivos generales de comunicación y luego los descompone en tareas específicas para construir el presupuesto. Por ejemplo, para vender **X** miles de cajas de un nuevo jabón para lavar la ropa se requeriría un **Y** por ciento de conciencia de marca en las audiencias objetivo, lo que demandará un número **Z** de impresiones, requiriendo esto —a su vez— de una cantidad **W** de publicidad, que costaría unos $$$$ dólares.

Disponibilidad: es todo lo contrario al método de objetivo y tarea. Se basa en asignar lo que es asequible después de considerar previamente todos los gastos y la rentabilidad esperada. No es un método científico y su debilidad radica en que se pierde el punto de que la comunicación de marketing es una inversión para ayudar a conseguir clientes, mantener los actuales y lograr el cumplimiento de los objetivos de venta tanto en el corto como en el largo plazo.

Referencias

1. Rossiter, John R. & Percy, Larry. *Advertising communications & promotion management* (2nd ed.). New York: McGraw-Hill Companies, 1997.

2. Dahlén, Micael; Lange, Fredrik & Smith, Terry. *Marketing communications: a brand narrative approach*. Hoboken: Wiley, 2010.

3. Egan, John. *Marketing communications*. London: Thomson Learning, 2007.

4. Ehrenberg, Andrew & Goodhardt, Gerald. New brands: near-instant loyalty. *Journal of Marketing Management 16* (6), 607-617, 2000.

5. Percy, Larry & Rosenbaum-Elliott, Richard. *Strategic advertising management* (4th ed.). New York: Oxford University Press, 2012.

6. Percy, Larry & Rossiter, John R. A model of brand awareness and brand attitude advertising strategies. *Psychology & Marketing 9* (4), 263-274, 1992.

7. Vaughn, Richard. How advertising works: a planning model. *Journal of Advertising Research 20* (5), 27, 1980.

8. Rossiter, John R. & Bellman, Steven. *Marketing communications: theory and applications*. Australia: Prentice Hall, 2005.

9. Wang, Alex. Advertising engagement: a driver of message involvement on message effects. *Journal of Advertising Research 46* (4), 355-368, 2006.

10. Calder, Bobby J. *Kellogg on advertising & media: the Kellogg School of management*. Hoboken: John Wiley & Sons, 2008.

11. Ephron, Erwin. Delivering the message: how consumer involvement flows from magazine content to advertising. *Mediaweek*, 2005. Disponible en internet: http://www.magazinescanada.ca/uploads/File/files/planninginfo/HowMagazine ContentFlowstoAds-ErwinEphron.pdf.

12. Harvey, Bill. The expanded ARF model: bridge to the accountable advertising future. *Journal of Advertising Research 37* (2), 11-20, 1997.

13. Lenskold, James. *Marketing ROI: the path to campaign, customer, and corporate profitability*. New York: McGraw-Hill, 2003.

14. Kelly, Nichole. *How to measure social media: a step-by-step guide to developing and assessing social media ROI*. Indianapolis: Que, 2013.

CAPÍTULO 4

Posicionar y desarrollar un mensaje persuasivo

"Si vale la pena hacerlo, vale la pena hacerlo bien.
Si no puede hacerse bien, no vale la pena en absoluto hacerlo".

Proverbio anónimo

Igualmente importante para la determinación de las estrategias publicitaria y promocional de la marca es establecer en forma clara su posicionamiento. Si se quisiera poner en palabras muy simples, diría que esencialmente la comunicación de marketing es el arte de posicionar una marca. Sin un buen posicionamiento no hay ventas y si las hay, no serán rentables, y si son rentables no será por mucho tiempo. Haciendo un paralelismo con la música —que es el arte de combinar los sonidos— podríamos decir que posicionar es promover determinados atributos y beneficios (sonidos) los cuales, en combinación justa, resultan en una melodía (posición) armoniosa, distintiva, única y que será de la preferencia de nuestra audiencia objetivo. Las marcas más fuertes en el mundo se han ganado un posicionamiento universal único en la mente de los consumidores. Al punto que muchas veces es fácilmente articulado por los propios consumidores. Por caso, la marca 3M se asocia indudablemente con la innovación; FedEx, por su parte, con la entrega garantizada (si usted se pone a recordar identificará un film —con el famoso actor Tom Hanks— hecho sólo para poner énfasis en este atributo). Si hablamos de diversión familiar, Disney vendrá rápidamente a la mente. Virgin es el símbolo de una marca irreverente y Raid un insecticida que "las mata bien muertas" (o "Kills bugs dead" en su versión original). Es muy importante notar que posicionar, si bien se basa en la comunicación de marketing, se sostendrá en lo que la empresa hace y no en lo que dice que es capaz de hacer. La esencia de una marca es su promesa. La promesa define expectativas de lo que los consumidores esperan que ocurra cuando usen el producto o servicio. Pero cuidado, las promesas no significan nada si el producto no logra cumplir con las expectativas. Por años, la comunicación de marketing se ha empleado para hacer promesas a cambio de lograr el compromiso de compra de los consumidores y también por años muchas marcas han fallado en cumplir sus promesas. Por eso es importante hacer promesas realistas que la empresa pueda cumplir, pero también no sobredimensionar la promesa por medio de una comunicación de marketing demasiado entusiasta.

Posicionar una marca significa resaltar las características distintivas que la hacen diferente de la competencia y atractiva a sus audiencias. El posicionamiento de marca define el ángulo empleado por los productos o servicios de la marca para abordar el mercado y ganar una mayor cuota de mercado frente a su competencia.

El posicionamiento es un concepto clave y subraya que la elección del cliente es el resultado de un proceso comparativo. La primera función del posicionamiento de marca es establecer en la mente del consumidor un vínculo entre la marca y las necesidades de la categoría.

Esto sirve para que cuando la necesidad ocurra, la marca venga naturalmente a su mente. En mi experiencia, muchos de mis estudiantes pueden responder en clase "Volvo" cuando se los interroga por el auto más seguro. Sin embargo, casi ninguno de ellos ni sus familiares y/o amigos condujeron esa marca de automóvil alguna vez. Nótese que cuando la necesidad aparece se responde a la pregunta ¿qué ofrece? estableciendo un vínculo en la memoria del consumidor y conectando a la marca con su beneficio principal: la seguridad, en nuestro ejemplo. Jobber sugiere que la clave para el posicionamiento exitoso de una marca se basa en la:

Claridad: tiene que haber claridad en la relación entre el segmento de mercado seleccionado y el producto/servicio ofrecido.

Consistencia: debe haber una integración de todos los mensajes de la marca.

Competitividad: la propuesta de valor debe ser comparable o inclusive mejor que la de los principales competidores.

Credibilidad: la oferta y las argumentaciones a favor de la marca deben ser comprobables y superar un análisis detallado[1].

Se pueden establecer dos tipos de posicionamiento: el central y el diferencial. Cuando una marca está posicionada centralmente debe entregar todos los beneficios principales asociados con la categoría del producto. En otras palabras, se puede describir a la marca posicionada centralmente como la mejor marca de la categoría porque es percibida como la que contiene todos los beneficios que las personas buscan para este tipo de producto o servicio. Sería el caso de las sopas Knorr de Unilever.

Cuando se trata de marcas posicionadas de manera diferencial, adoptarán un posicionamiento con un beneficio importante que los consumidores creen que la marca puede brindar y en el que supera a las demás marcas de la categoría. Keller hace referencia a estos posicionamientos respectivamente como "puntos de paridad" y "puntos de diferencia"[2]. También hay que considerar que existen dos niveles de posicionamiento. Uno genérico que define a la marca en términos del plan de marketing. Por ejemplo, ¿Es una marca costo/beneficio o lujosa? ¿Llegará a una audiencia amplia o simplemente estará acotada a un nicho en particular? El otro, enfocado, tiene que ver específicamente con el producto o servicio y su relación con el mercado competitivo. Por ejemplo, una universidad como Harvard seguramente buscará un público de élite, con amplias capacidades intelectuales y con cierto nivel de ingresos que le permita afrontar la inversión de estudiar una carrera en sus aulas. Sin embargo, cuando Harvard compite a nivel de sus programas (MBA, por ejemplo) deberá considerar además los beneficios clave que quiera posicionar frente a los competidores en esta categoría. Uno puede ayudarse en relación con una posición determinada con estas preguntas:

- ¿La posición de la marca ha sido transmitida tan claramente que los consumidores serían capaces de describirla por sí mismos?
- ¿La describirían los empleados de la marca?
- ¿Es la posición distintiva y específica?

- ¿Es sostenible o podría ser copiada por los competidores?
- ¿Creemos en verdad en el posicionamiento asignado a la marca?
- ¿Puede la marca cumplir con la promesa que hace, a la vez de hacerlo mejor que los competidores?

El 7 de abril de 1971, David Ogilvy, en nombre de su agencia Ogilvy & Mather, firmó personalmente un anuncio a página completa en el *New York Times* que resaltaba: "La decisión más importante. Hemos aprendido que el efecto de la publicidad en sus ventas depende más de esta decisión que de ninguna otra: ¿cómo debería usted posicionar su producto? ... Los resultados de su campaña dependerán menos de cómo escribimos su aviso que de cómo su producto esté posicionado".

¿Recuerda que habíamos considerado a todo plan como un viaje de un punto al otro? Como sabemos ya, el significado es el corazón de las marcas. Como bien dice Bobby Calder: no importa cuán tangible, técnico o mundano es un producto, el producto no es la marca[3]. Supongamos que usted tiene una heladería y vende cremas heladas de distintos sabores a los transeúntes. A priori, el suyo será un helado como otros. Puede hacer que su helado parezca diferente quizás decorándolo o bañándolo con chocolate derretido. Podría acondicionar el ambiente en el local, atender a los clientes siempre con una sonrisa o hacer entregas a domicilio. Los clientes podrían encontrar que el producto es lo suficientemente significativo para comprarlo. Pero finalmente estará dejando que el consumidor descubra o le asigne significado al producto por su propia cuenta. En verdad, usted simplemente estará vendiendo un producto. Como dice Kapferer, es un error suponer que los clientes encontrarán respuestas por sí mismos: hay demasiadas opciones disponibles hoy en día para que los clientes hagan el esfuerzo de averiguar qué hace a una marca determinada[3 (p. 248)]. Comunicar esta información es la responsabilidad de la marca. Recuerde que los productos aumentan las opciones del cliente, las marcas las simplifican. Por ello, una marca que no quiere significar algo termina significando nada. Si desea desarrollar una marca para sus cremas heladas deberá ir más allá que la venta del producto. La marca de un producto se desarrolla para darle a este significado. Deberá crear y transmitir el significado del producto de modo que la idea del consumidor acerca del producto sea el resultado de la idea que usted quiere que ellos tengan de él. Es como hacer un viaje desde el dominio de lo tangible al de lo intangible. El posiciona-miento será el camino que recorrerá entre estos dos puntos para darle en forma práctica un significado deseado a la marca. La forma práctica y natural de expre-sar en palabras el significado de una marca es conocida como la *declaración de posicionamiento*. La construcción de esta declaración envuelve tres partes: lo que la marca es, qué valores están asociados con ella y el significado que tiene para el público objetivo. Dice Bobby Calder "en la formulación de un posicionamiento de la marca… el objetivo es articular un concepto, que es la idea de la marca: su significado. Es la *idea* o el *concepto* que los consumidores tendrán basados en su experiencia con el producto. Si esta experiencia es lo suficientemente rica, el concepto tendrá un fuerte *significado*… Sin embargo, debido a que nuestro trabajo como profesionales del marketing es *guiar* la experiencia de nuestro consumidor objetivo, es necesario anticipar cuál debiera ser dicha [idea o] con-cepto para luego expresarlo en palabras, convirtiéndolo en la *declaración de posi-cionamiento de la marca*"[4 (p. 188)]. [La itálica pertenece al original].

Un formato típico de esta declaración de posicionamiento es el propuesto por Rosenbaum-Elliot, Percy y Pervan que tiene la forma:

…XYZ es la marca para (la audiencia objetivo),

…que satisface (necesidad de la categoría);

…ofreciendo (beneficio o punto de diferencia de la marca)[5 (p. 119)].

Adicionalmente, Kapferer propone un último elemento: "la razón para creer"[3 (p. 249)] que Calder identifica como la *declaración de apoyo*[4]. Por ejemplo, en el caso de la marca Dove, que promete ser la más humidificante, la razón para ello es que todos sus productos contienen un 25% de crema hidratante. Para una cerveza, la justificación de su buen sabor podría sostenerse en que "grandes per-sonalidades así lo afirman". La declaración de posicionamiento de marca articula los tres componentes en forma simultánea. Nótese que la declaración de soporte será opcional. Si bien hay un mecanismo de construcción ordenado de la decla-ración: primero, la caracterización de la audiencia objetivo; luego, establecer la categoría y finalmente, el punto de diferenciación; sería recomendable recorrer los tres componentes de ida y de vuelta para lograr el ajuste más apropiado. Un punto de diferenciación, por ejemplo, podría llevar a una redefinición más deta-llada de la audiencia objetivo. Veamos un ejemplo para el posicionamiento de una medicina hipotética que alivia los efectos de la desadaptación horaria o el *jet-lag. Neovigil es la medicina para el ejecutivo que viaja frecuentemente, que actúa para remediar los síntomas del jet-lag, le permite mantenerse saludable durante todo el vuelo y llegar a su destino sintiéndose activo y con energías para retomar el trabajo inmediatamente.* Es crítico resaltar que, con independencia de cómo se posicione la marca, la declaración de posicionamiento debe reflejar las *experiencias* que llevarán a los consumidores a pensar en el producto de una manera *significativa.* Pero, ¿qué es una experiencia? Es el sentido de hacer algo en la vida que lo conduce a alguna parte y que se puede describir en términos de los sentimientos y pensamientos que los consumidores tienen —en relación con lo que está sucediendo— mientras hacen algo determinado. Notemos que hay varias formas de posicionar una misma marca y esto generará declaraciones de posicionamiento de marca diferentes. Tomemos el ejemplo anterior y démosle una nueva forma: *Neovigil es la medicina para el ejecutivo que viaja frecuentemente, que actúa para remediar los síntomas del jet-lag. De fácil administración, le permite sentirse mejor y realizar un muy buen trabajo al llegar a destino.* En este caso se han empleado palabras de contenido genérico tal como "fácil", "mejor" y "muy buen" lo que no se recomienda porque se pierde la oportunidad de darle un fuerte significado a la marca. Para evaluar la ventaja de una marca sobre otra, Rossiter y Bellman proponen la determinación de un índice de preferencia de marca al que denominan BPREF[6]. Para su cálculo se deben considerar primeramente dos indicadores relacionados con los atributos o beneficios de la marca bajo estudio. El grado de **Atractivo (A)** (o **importancia** en caso de tratarse de atributos funcionales) de los atributos y beneficios de la marca para una categoría dada. Para ello los autores sugieren mostrar a los encuestados los productos competitivos y, en caso de servicios, los logos de las marcas asociadas. Además, los avisos publicitarios para cada producto y/o servicio. El objetivo es que el estímulo no solo identifique atributos funcionales sino también emocionales. Para el estudio se propone el empleo de una escala bipolar de nueve puntos de atractivo como se muestra en la figura 1.

(+4) Extremadamente deseable	(-1) Apenas indeseable
(+3) Muy deseable	(-2) Algo indeseable
(+2) Algo deseable	(-3) Muy indeseable
(+1) Apenas deseable	(-4) Extremadamente indeseable
(0) Ni deseable ni indeseable	

Figura 1. Escala bipolar con 9 puntos de atractivo.

El segundo paso es identificar cuán bien se percibe cada marca como capaz de **entregar (E)** los atributos principales de la categoría. En este caso los autores sugieren presentar a los entrevistados una lista de marcas (pero no los productos) con los atributos principales identificados anteriormente y solicitarles que califiquen del 1 al 5 la capacidad que perciban de cada marca en relación con cada uno de ellos (siendo 1 la calificación más baja y 5, la mayor). Veamos un ejemplo. Supongamos que ponemos en consideración los atributos principales, tanto funcionales como emocionales, para tres marcas de indumentaria femenina de la Argentina. Si bien las marcas son verdaderas, los valores considerados son solo supuestos al efecto del presente ejercicio. Primeramente consideramos los atributos emocionales preferidos por las consumidoras y luego los funcionales. En el ejemplo tomaremos las dimensiones principales de la personalidad de marca en relación con la indumentaria femenina. Los valores se calificarán de acuerdo con la capacidad percibida de entrega (E) de estos atributos para cada una de las marcas y luego se ponderarán por el atractivo que le atribuyen las consumidoras en un rango que, como vimos, irá entre -4 y +4. Nótese que el valor máximo sobre el que se compara cada valor relativo resulta de multiplicar el **valor máximo posible** a asignar a los atributos funcionales o emocionales (5 en este caso) por su **atractivo o importancia** y luego sumar los resultados (fig. 2).

Atributos Emocionales	Yagmour	VER	PortSaid	Atractivo (A)	Yagmour	VER	PortSaid
Amigable	4	3	3	2	8	6	6
Sabe lo que hace	4	3	4	4	16	12	16
Innovadora	3	2	3	4	12	8	12
Sofisticada	3	2	4	5	15	10	20
Total					51	36	54
Ratio vs. valor máximo					68%	48%	72%

Atributos Funcionales	Yagmour	VER	PortSaid	Atractivo (A)	Yagmour	VER	PortSaid
Precio / beneficio	4	3	3	5	20	15	15
Calidad de la tela	3	2	5	4	12	8	20
Variedad de talles	4	3	4	3	12	9	12
Se adapta a mi cuerpo	4	2	4	5	20	10	20
Total					64	42	67
Ratio vs. valor máximo					75%	49%	79%

Ponderación Funcional / Emocional: 30%/70%	70%	48%	74%

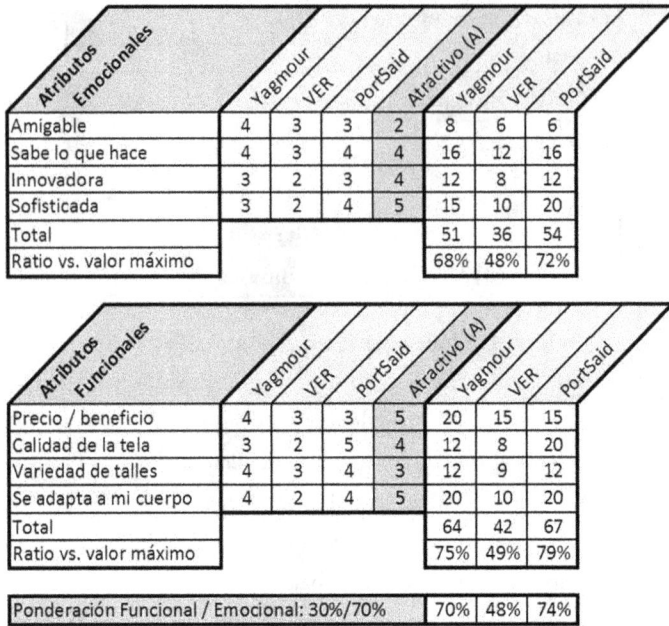

Figura 2. Atributos emocionales y funcionales (fuente propia).

Como podrá comprobar fácilmente, para el caso de los atributos funcionales el valor máximo es 85 y para los emocionales la suma da 75. Ahora debemos considerar, además, el "peso" relativo de los atributos emocionales y funcionales ponderados anteriormente. Asumimos que los atributos emocionales "pesan" un 70% y que solo lo hacen un 30% los funcionales (la suma de los pesos siempre tiene que dar 100%). Este balance toma en consideración el valor emocional de la indumentaria femenina frente al funcional. Por supuesto que la asignación de pesos dependerá del tipo de motivación de compra predominante del producto o servicio del que se trate (informacional o transformacional). Para obtener el índice BPREF multiplicamos el resultado de la suma de cada columna en cada una de las dos tablas por su respectivo "peso". Por ejemplo: para Yagmour, en la tabla de atributos funcionales, tendríamos 75 x 30, y para la misma marca en la tabla de atributos emocionales el producto será 68 x 70. La suma de ambos productos dará como resultado final 70%, tal como se observa bajo el título "Ponderación Funcional/Emocional" al pie de la figura 2. Para las marcas VER y

PortSaid las cuentas serán 48% y 74% respectivamente. Notamos que, de acuerdo con el resultado, la marca PortSaid tiene la mayor preferencia de marca o BPREF. Obviamente, la marca ideal tendría un índice del 100%.

Ahora bien, el atributo "se adapta a mi cuerpo" es esencial para cierto tipo de productos como un *jean*, al punto que las consumidoras no considerarían siquiera la prenda si no les gustara la forma que les sienta a su cuerpo.

En nuestro ejercicio imaginaremos que la marca Yagmour busca superar a PortSaid. El camino sugerido sería enfocarse en los atributos que generan mayor atractivo para las clientas. Si, por ejemplo, aumentara en un punto la percepción de "sofisticada", se podría pasar de un índice de preferencia de marca del 70% al otro del 80% logrando el objetivo de superar a la marca competidora PortSaid (fig. 3). Para lograr el cambio de percepción en el atributo "sofisticada" se podría comunicar la marca de otro modo, desarrollar algunas prendas que den evidencia del cambio de tendencia, a la vez que exhibir la ropa en los locales de venta de una manera más atractiva y que realce el cambio.

Atributos Emocionales	Yagmour	VER	PortSaid	Atractivo (A) Yagmour	VER	PortSaid
Amigable	4	3	3	2	8	6	6
Sabe lo que hace	4	3	4	4	16	12	16
Innovadora	3	2	3	4	12	8	12
Sofisticada	5	2	4	5	25	10	20
Total					61	36	54
Ratio vs. valor máximo					81%	48%	72%

Atributos Funcionales	Yagmour	VER	PortSaid	Atractivo (A) Yagmour	VER	PortSaid
Precio / beneficio	4	3	3	5	20	15	15
Calidad de la tela	3	2	5	4	12	8	20
Variedad de talles	4	3	4	3	12	9	12
Se adapta a mi cuerpo	4	2	4	5	20	10	20
Total					64	42	67
Ratio vs. valor máximo					75%	49%	79%
Ponderación Funcional / Emocional: 30%/70%					80%	48%	74%

Figura 3. Escenario competitivo con ajustes para Yagmour.

Procesamiento del mensaje

Laura y Andrés habían constituido una pareja estable hacía ya cuatro años. Apenas egresados de sus respectivas carreras universitarias y con una proyección profesional que los hacía sentir tranquilos y confiados en su futuro cercano, tenían entre manos una decisión importante: la compra de su primera vivienda, las raíces de una familia que ambos soñaban hacer crecer. Laura se había enamorado de una propiedad en un barrio privado. La casa era nueva, los dueños habían estado solo un par de años habitándola y cada espacio parecía haber sido diseñado a su gusto. Si bien el sitio estaba en un lugar apartado, había un transporte frecuente a la ciudad cada media hora durante el día y cada hora durante la noche. El barrio, por su diseño cuidado y armonioso con la naturaleza originaria del lugar, había sido premiado en más de una oportunidad por el Colegio de Arquitectos. Andrés se había sentido muy atraído por la casa tan solo de imaginar el día a día de sus niños jugando en los jardines y espacios libres del emprendimiento. Sin embargo, la búsqueda había sido agotadora y variopinta. Entre las opciones, la pareja también consideraba una vivienda en la ciudad. Luego de visitar más de una veintena de sitios, Andrés y Laura habían encontrado finalmente un departamento hermoso, confortable y con un gran parque en los fondos. Entrar allí era olvidarse de que uno vivía entre el bullicio capitalino. El canto de los pájaros, los árboles frondosos y los frutales, sumados a la tranquilidad que se respiraba en el aire, alejaban al habitante del lugar de la locura de las grandes urbes. La construcción, de corte tradicional y lujosa, rayaba los cien años de existencia. Paredes sólidas y con una historia que sumaba a la vida del lugar. Era lunes por la noche. Laura y Andrés sentados frente a frente en la cena buscaban acordar por alguna de estas dos alternativas a las que habían llegado luego de meses de recorrida. —Bueno, la situación es esta, comenzó Laura diciendo, y agregó: La casa en el barrio privado es simplemente de ensueño. Recién construida, con seguridad las 24 horas y con un servicio de transporte frecuente que no nos demandará el empleo del auto propio. Este es un punto importante porque si alguna vez ambos tenemos que salir en horarios diferentes, no precisaríamos de dos vehículos particulares. Por otro lado, al ser una obra nueva tiene aún la garantía del constructor por diez años. El problema es su precio. Es muy elevado, mientras que el departamento del centro, si bien tiene algunas comodidades menos, alcanza y sobra para lo que precisamos. Y esto lo digo, aun pensando cuando llegue nuestro primer vástago. Nos costaría mucho menos y tendríamos gastos comunes similares. Sin embargo, no perderíamos ninguna de las comodidades que nos ofrece la casa en el barrio privado con la ventaja de estar cerca de nuestros empleos.

Andrés, quien escuchaba atentamente, agregó: "Bueno, la verdad es que más, allá del precio, si la casa en el barrio privado ha sido premiada por el Colegio de Arquitectos y además tiene garantía varios años más... sería sin dudarlo mi elección. De paso, el vendedor del barrio privado, Jorge creo que era su nombre... fue muy amable y profesional. Por el contrario, la antipática del departamento en el centro dejó de prestarnos atención tan pronto le dijimos que necesitábamos unos días para decidirlo..." —Y hay algo más —acotó Laura con una sonrisa. La casa en el barrio privado estará muy cerca de la de nuestros hermanos. "Es cierto", correspondió Andrés, "y el día de mañana nuestros hijos podrán jugar con los suyos... será un paraíso la vida allí".

Esta historia, imaginaria por cierto, pone en evidencia dos formas diferentes de procesar la información. Por una parte, el análisis concienzudo de las alternativas y su impacto (Laura) y por el otro, la evaluación superficial de la información y el empleo de "pistas" simples (Andrés) a la hora de la elección. De igual modo, uno puede comprar una cámara de fotos basándose en sus características técnicas, servicio de posventa, capacidades de expansión y accesorios o simplemente comprar la marca que más usan nuestros amigos o que nos recomendó el fotógrafo en la última fiesta de cumpleaños en la que participamos. Las teorías modernas se sustentan sobre este modelo de procesamiento donde hay dos rutas de persuasión: una de pensamiento exhaustivo, enfocada en los argumentos principales del mensaje, y la otra, superficial y caracterizada por el intento de la toma rápida de decisiones.

Cambio de actitudes y modelos persuasivos

Uno de los aspectos más relevantes de las actitudes es su presunta influencia en el comportamiento ulterior. Las actitudes han sido conceptualizadas por diversos autores como un mediador importante del comportamiento. Por ejemplo, si usted tiene una actitud positiva hacia su seguridad personal, entonces es probable que emplee el cinturón de seguridad cuando conduce un automóvil y esto con independencia de las normas que lo obligan a ello en muchos países. Si se deseara que usted emplease el cinturón de seguridad sin pensarlo, no debería ofrecérsele un mejor producto (que no le moleste cuando maneja o que no arrugue su ropa), sino que se debería trabajar en cambiar su actitud hacia su seguridad personal; por ejemplo, recordándole que si algo malo le sucediera a usted por no llevar el cinturón puesto, afectaría irremediablemente a su familia y a sus amigos. De igual modo, si se quisiera que comprara un producto determinado, se deberá primero lograr que tenga una actitud positiva o preferencia hacia la marca del producto, tal como lo habíamos anticipado en el capítulo 1.

La investigación de Carl Hovland (Yale)

A mediados de 1900, Carl Hovland y su equipo de investigadores de la universidad de Yale fueron los primeros en brindar un acercamiento programático y experimental para comprender el proceso de comunicación persuasiva. El enfoque propuesto por estos investigadores, basado en la teoría y comprometido con la prueba de hipótesis, proporcionó datos acerca de los efectos que tenían la credibilidad del comunicador, el atractivo de los mensajes y los rasgos de personalidad de los miembros del público sobre las actitudes. Los investigadores hipotetizaron que los elementos básicos en relación con el proceso de persuasión eran la atención, la comprensión, la aceptación y la retención, concibiendo a estos elementos como cuatro pasos necesarios y secuenciales para que la persuasión ocurra. Dicho de otro modo, un individuo para ser persuadido debería atender la información persuasiva recibida, comprenderla, aprender de ella, aceptarla y luego retenerla a lo largo del tiempo. Aunque el trabajo desarrollado por el *Hovland-Yale Communication and Persuasion group* (HYCP) fue un gran avance, no estuvo exento de limitaciones[7]. En particular, el grupo HYCP teorizaba que la comprensión y el aprendizaje de la información provista por el mensaje persuasivo era lo que inducía al cambio de comportamiento. Hoy en día hay evidencia considerable que sugiere que cuanto más se aprenden y comprenden los argumentos del mensaje persuasivo, el individuo estará más dispuesto a aceptar la posición ofrecida[8]. El modelo propuesto por Hovland suena perfectamente lógico, aunque omite el hecho de que el receptor estará lejos de ser una esponja que absorba pasivamente el mensaje persuasivo. Piense por un minuto en su reacción, por ejemplo, a los argumentos de venta de algún aviso publicitario del tipo "llame ya". ¿Será pasiva? ¿Aceptará sin dudarlo todo lo que le dicen y/o muestran? Seguramente recordará algunos de esos argumentos y hasta pueda tener presente con gran precisión su posición favorable o desfavorable en relación con ellos. Se puede presumir, por tanto, que la reacción mental de las personas al mensaje juega un rol decisivo en el proceso de persuasión. Esta visión de la persuasión, donde el receptor toma un rol relevante, fue desarrollada en los años que siguieron a la investigación de Hovland y se conoce como el *cognitive response approach* o análisis de la respuesta cognitiva. El modelo, que aparece claramente representado por Shakespeare cuando en *Hamlet* enuncia que "no hay nada bueno o malo, sino que el pensar lo hace así", nació como una teoría alternativa para resolver las inconsistencias presentes en el modelo propuesto por el grupo HYCP y parte de la idea de que el individuo, al recibir el mensaje, lo intenta relacionar con su base de conocimientos. Estos pensamientos que resultan de la participación activa del receptor son los que finalmente median en el cambio de actitud. En otras palabras, el cambio de actitud resultará de la respuesta cognitiva del individuo al mensaje en lugar de su aprendizaje a partir del mismo. Entonces, la persuasión se produce si el comunicador induce a un miembro de la audiencia a generar respuestas cognitivas favorables con respecto del comunicador o al mensaje. El campo de la persuasión recibió un gran empuje entre los años 50, 60 y 70; sin embargo, lejos de lograr una consistencia marcada en los resultados de las investigaciones, este período estuvo plagado de inconsistencias. Por ejemplo ¿quién podría dudar que una mayor confianza en el orador condujese a una mayor persuasión? Se hizo una serie de estudios para validar esta predicción, aparentemente obvia, sin embargo los resultados de las investigaciones sugirieron que no siempre la confianza en el orador lleva a una mayor persuasión. A veces genera el efecto contrario y en ciertos casos no influencia en nada el cambio de actitud. Era evidente que aún quedaban espacios de oportunidad para continuar investigando y tratando de comprender mejor el procesamiento y el impacto del mensaje persuasivo. De hecho, el enfoque que propone el análisis de la respuesta cognitiva tenía al menos dos limitaciones. Por una parte, asume que los individuos analizan concienzudamente todos los mensajes que reciben. Por otro lado, no arroja demasiada claridad con relación a cómo los mensajes influyen en las personas y no aporta mucho al conocimiento sobre cómo podemos diseñar mensajes que aprovechen las respuestas cognitivas para cambiar así las actitudes y de ahí el comportamiento de la gente.

El modelo persuasivo de elaboración probable del mensaje

El modelo persuasivo de elaboración probable del mensaje o, como se lo conoce en inglés, *the elaboration likelihood model of persuasion* (ELM), es el resultado del trabajo de los científicos Richard Petty y John Cacioppo (1986). Considera que las actitudes pueden cambiarse como resultado de dos procesos psicológicos diferentes y claramente definidos: por un lado, aquel en que el cambio de las actitudes resulta de una elaboración concienzuda y, por el otro, en el que las actitudes cambian como resultado de una elaboración relativamente menos exigida. Al primer grupo lo denominaron la ruta central y al segundo, la ruta periférica. Nótese que la elaboración es el grado en el que un individuo piensa acerca de los argumentos contenidos en la comunicación o mentalmente los modifica. Cuando uno desea expresar un pensamiento complejo en términos simples es habitual recurrir a las metáforas. Por ejemplo, "el átomo es como el sistema solar" permite imaginarlo frente a las dificultades que existen para observarlo directamente. El empleo del término "ruta" es, de hecho, una metáfora y, puesto que lo peor que uno puede hacer con una metáfora es pensar que su significado textual es verdadero, entonces usted deberá tener en claro que nadie puede demostrar que tal "ruta" exista, al menos en la forma que la conocemos. Hay en el empleo de la palabra "ruta" como metáfora el deseo de describir un fenómeno cognitivo y de comportamiento a todas luces complejo. El concepto de "probabilidad" enunciada en el título del modelo se vincula con establecer cuándo los individuos estarán interesados en elaborar (pensar acerca de los argumentos relevantes del mensaje persuasivo) o no hacerlo. El ELM predice que la motivación y la habilidad de una persona para elaborar un mensaje ejercen influencia en la ruta que guiará el proceso de persuasión.

La ruta central

Por naturaleza, es de alta elaboración cognitiva y los mensajes que se procesan en ella se evaluarán por sus argumentos, ponderando las implicancias de las ideas expuestas por el comunicador y vinculando la información recibida con el conocimiento actual del individuo y sus valores. Para que el procesamiento ocurra por la ruta central, el individuo deberá contar con la motivación y la habilidad para elaborar el mensaje. En ese caso, tiene la posibilidad de analizar en qué medida el mensaje persuasivo aporta información fundamental que sostenga la posición por la que se aboga. De no ser así, el procesamiento se hará por la ruta periférica. Por supuesto que la valoración de los méritos expuestos sobre un tema en particular puede variar entre individuos y de una situación a la otra. Por ejemplo, cuando algunas personas evalúan la publicidad de un producto de consumo, puede que el mayor interés esté centrado en la forma en que dicho producto afecta la imagen que proyecta mientras que, para otras, esta dimensión simplemente no tendrá importancia[9]. Se ha demostrado que los cambios de actitud resultante del procesamiento de un mensaje persuasivo por la ruta central persisten a lo largo del tiempo y son más resistentes al cambio al menos que se vean desafiados por información fundada y coherente adversa[7 (p. 134)].

La ruta periférica

Lejos de hacer un análisis concienzudo de argumentos (elaboración), cuando el proceso sucede en la ruta periférica, el individuo lleva adelante un análisis rápido del mensaje o simplemente se basa en "pistas" que le permiten decidir cuándo aceptar o no la posición presentada. A este efecto, el receptor puede tomar como cierto, por ejemplo, que "la palabra del maestro o el experto cuenta" y por lo tanto aceptar su recomendación sin que medie otra razón. La ruta periférica ofrece un "atajo" mental para aceptar o rechazar un mensaje sin un pensamiento o consideración activa en relación con los atributos del problema o el objeto bajo evaluación. El profesor Robert Cialdini de la Universidad del Estado de Arizona en los Estados Unidos, uno de los psicólogos sociales más renombrados en estos tiempos, detalla seis "atajos" que disparan una respuesta automática y programada en el receptor y que presento aquí. Para un mayor detalle le sugiero la lectura de su libro *Influence: the pshychology of persuasion*.

Reciprocidad: "Me debes una...". Ejemplo: los programas de *software* que se ofrecen por 30 días sin cargo pero con todas las funcionalidades, dan evidencia de una "concesión" del proveedor que tiende a ser devuelta con la compra en reciprocidad por parte del cliente.

Consistencia: "Si ya dije que lo haría así, no voy a cambiar". En su libro sobre influencia, Cialdini explica que comportarse coherentemente con nuestros pensamientos y creencias es a menudo mucho más fácil que tener que cambiar nuestra forma de pensar. Ejemplo: uno visita un comercio en busca de la oferta publicada de un producto en el matutino local. Al llegar, el vendedor le anuncia que la oferta fue tan exitosa que se acabó casi al instante pero que le ofrece a cambio un producto ligeramente superior a un precio algo mayor. Es muy probable que uno finalmente termine comprando el producto de reemplazo.

Aprobación social: "Si todos lo están haciendo ¿por qué no hacerlo también yo?" Ejemplo: la idea de tener muchos "me gusta" en Facebook motiva a copiar la decisión de otros. Igual con el *ranking* de los libros publicitado en Amazon.com.

Simpatía: "Si te simpatizo, simpatiza igualmente con mis ideas". Ejemplo: la venta de cosmética o productos en las casas de familia son una manera de aprovechar las relaciones personales de la vendedora para facilitar así la venta de los productos (Tupperware).

Autoridad: "Hazlo solo porque yo lo digo". Ejemplo: el empleo de uniformes, títulos e indicadores de estatus pueden conferir mayor autoridad a una persona ante los demás. Una agencia de comunicación con sede en la Argentina y España entrena a sus empleados y ejecutivos a vestirse siempre muy formalmente —traje y corbata para los varones— y así mostrar un estilo profesional distinto al ejecutivo típico en el área de comunicación y marketing, que por su naturaleza es más informal con su atuendo.

Escasez: "Rápido, antes que se acabe". Ejemplo: las liquidaciones, ofertas por tiempo limitado, invitación exclusiva, etc. son algunas utilizaciones comunes de este principio.

Los investigadores han demostrado que los cambios de actitud fundados en el procesamiento del mensaje persuasivo por la ruta periférica tienden a ser menos duraderos y resistentes que los cambios de actitud originados en una elaboración exhaustiva del mensaje persuasivo a través de la ruta central[7] (p. 135). La figura 4 muestra una versión simplificada del ELM. Pese a que la idea de dos rutas independientes de persuasión pareciera sugerir que son mutuamente excluyentes, los investigadores ponen énfasis en que la ruta central y la periférica son extremos de un proceso cognitivo continuo que muestra el grado mental del esfuerzo realizado por la persona para evaluar el mensaje. La mayoría de los mensajes reciben una atención que se encuadra en un punto entre estos dos polos.

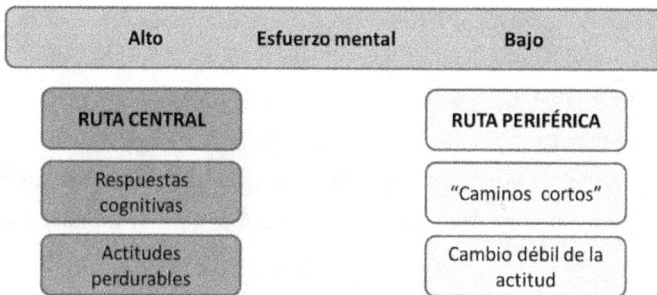

Figura 4. El ELM.

Factores motivacionales

Involucramiento: Un individuo puede examinar un número limitado de ideas al tiempo que se expone a una gran variedad de mensajes persuasivos. Por lo tanto, la única forma de gestionar mentalmente tamaña sobrecarga de información es ser "vagos" en relación con la consideración de los ítems identificados como menos importantes. Es como si la mente tuviera un filtro selectivo que solamente capturara aquellos elementos que son importantes para el individuo. En la terminología de la teoría del discernimiento social, el hombre está motivado a elaborar sólo ideas con las cuales tiene un alto involucramiento del ego, es decir, podrían tener un impacto crucial en él y en su existencia. De acuerdo con Perloff, las personas se involucran de manera diferente con los temas en función de cuán relevante sea el asunto para ellas. En general, muestran un alto compromiso cuando perciben que un problema es relevante en lo personal o incide directamente en sus propias vidas. Por el contrario, muestran un involucramiento bajo cuando creen que un problema tiene poco o ningún impacto para sí. Petty y Cacioppo sostienen que mientras las personas corran un riesgo personal en aceptar o rechazar una idea estarán más influenciadas por el contenido del mensaje persuasivo que por la persona que lo transmite. Pero cuando el tema deja de ser relevante, será tratado en la periferia de la mente probablemente con mínima elaboración. Como Perloff hace notar, pareciera que con un alto involucramiento el principio sería "qué se dice", pero con un bajo compromiso lo importante sería "quién lo dice". Si bien es una simplificación del problema, la frase se ajusta a la realidad. La enseñanza clave es que las personas hacen una elaboración mental del mensaje en condiciones de alto involucramiento, mientras que con baja implicancia se enfocan en pistas o atajos simples que son periféricos al problema principal. Es de notar que los investigadores han sugerido que el compromiso puede ser manipulado en muchas formas, algunas de ellas, sutiles. Por ejemplo, una nota que diga "le contamos que hay un nuevo beneficio para usted" generará una atención mayor que otra nota que dijese "le contamos que hay un nuevo beneficio para los clientes de nuestra empresa".

La necesidad cognitiva o de cognición: se refiere a la motivación y preferencia que muestran las personas hacia la actividad de pensar. Los individuos con una elevada necesidad cognitiva disfrutan de la elaboración del mensaje persuasivo, aun cuando su involucramiento con el objeto del mensaje no sugeriría tamaña atención. Por el contrario, los individuos con una baja necesidad cognitiva no disfrutan del mensaje y tienden a darle un tratamiento periférico. Si bien estos últimos pueden elaborar el mensaje cuando el involucramiento con el objeto de la comunicación es alto, y aquellos individuos con una alta necesidad cognitiva pueden no elaborar cuando el involucramiento es bajo, *ceteris paribus*, las personas con una mayor necesidad cognitiva son más proclives a una elaboración concienzuda del mensaje persuasivo.

A efectos de evaluar la necesidad cognitiva de las personas presento una escala que, entre otras, determina las cuatro afirmaciones siguientes:

- Me gusta mucho una tarea que implica encontrar soluciones a nuevos problemas.
- Prefiero una vida llena de enigmas que deba resolver.

- Me gustan las tareas que requieren de poca atención una vez que las he aprendido.

- Pensar no es mi idea de diversión.

Petty y Cacioppo pueden anticipar que si usted acuerda fuertemente con las primeras dos aseveraciones y no está de acuerdo con las siguientes, es una persona que procesa en detalle muchas de las ideas y los argumentos que escucha.

Factores que afectan la capacidad de procesamiento

Una vez que el individuo ha mostrado su interés a considerar y pensar en el contenido del mensaje persuasivo, el próximo paso es determinar si es capaz de hacerlo. La elaboración del mensaje demanda no solo inteligencia sino también concentración. Las personas son menos capaces de procesar un mensaje cuando están distraídas. Particularmente interesante es el hecho de que el hombre procesa el mensaje por la ruta central o periférica en función de su capacidad cognitiva o conocimiento. Cuando una persona conoce mucho sobre un tema —no importa cuál— procesa el mensaje persuasivo relacionado con ese asunto en profundidad y con destreza, separando "la paja del trigo" en el mensaje con habilidad propia del conocedor. De hecho, las personas conocedoras procesan el mensaje por la ruta central y son más difíciles de persuadir. Mientras que las que tienen conocimientos mínimos sobre un tema determinado carecerán de los recursos intelectuales necesarios para un análisis cognitivo detallado del mensaje que le permita sostener o rebatir un argumento dado. Estas personas son proclives a procesar la información por la ruta periférica a la vez que son persuadidas con mayor facilidad. Por un momento, imagínese a sí mismo como un experimentado pescador que ha dedicado una buena parte de su vida a este deporte. Cuando va a la tienda especializada por una caña nueva, su análisis de las opciones y los argumentos que esgrima el vendedor será exhaustivo y seguramente le resultará sencillo contraargumentar. Suponga ahora que el vendedor, en contra de sus creencias, le hace ver lo beneficioso que será para usted adquirir una caña construida íntegramente en grafito. Eventualmente, los argumentos del vendedor lo ayudarán a cambiar su actitud frente a "estos nuevos materiales" y así decidir la compra.

Ahora, imagínese que está en la búsqueda de una *tablet* para su novia o esposa. Usted nunca ha usado una, ni siquiera está interesado en tenerla pero cree que es un regalo de aniversario apropiado para su compañera. Va a la tienda y el vendedor lo llena de detalles sobre la calidad de la pantalla, la memoria, las fortalezas y debilidades entre sistemas operativos Android de Google y iOS de Apple, la duración de la batería, las aplicaciones, etc. Dada su ignorancia sobre el asunto es difícil que repare en estos argumentos. Sin embargo, es probable que si el vendedor luce experto y confiable, si la tienda tiene una trayectoria probada en la venta de equipamiento electrónico y una marca respetada, la sola sugerencia de que por cada persona que compra una *tablet* con Android tres compran una fabricada por Apple con iOS —a pesar de ser la más costosa— acabe con toda duda y vuelque su decisión hacia esta última.

Persuasión ¿central o periférica?

Me voy a referir a una experiencia que viví hace algunos años cuando tenía a mi cargo la comunicación de marketing para la empresa Dell Inc. Los clientes a los que nos enfocábamos —empresas de 400 o más empleados— se habían acostumbrado a recibir de sus proveedores potenciales de tecnología ofertas de productos cubiertos con una garantía de 3 años (HP, IBM, Toshiba y Dell, por supuesto). Los tres años de garantía se habían convertido en un genérico, un *commodity*, algo que una vez ofrecido era percibido como de igual valor no importando el proveedor que lo comunicara. Dell tenía en ese momento un modelo de negocios que le permitía brindar —bajo esta garantía estándar de tres años— servicios únicos, innovadores y de gran valor para el consumidor. Ejemplo de sus diferencias era el hecho de que Dell atendía la garantía de sus *notebooks* en "la casa" del cliente, no importaba si esto era en un hotel donde el ejecutivo se hospedaba durante un viaje de negocios, ni tampoco si ese viaje era a un país distinto de donde el cliente había comprado su portátil. Por otra parte, ya que lo más importante para un usuario empresario de estos dispositivos son sus datos y la confidencialidad de los mismos, cuando el técnico reparaba el producto ante los ojos del cliente, existían mínimas posibilidades de copia de datos, cambio de discos, etc. Por el contrario, otros proveedores demandaban generalmente el envío del equipo a su taller de reparaciones con los consiguientes riesgos de pérdida o robo de información. Para ganar una ventaja competitiva aquí había que salir de la idea de que los tres años de garantía era sinónimo de *commodity* y para esto se debía hacer analizar al cliente a conciencia las diferencias y los beneficios de la garantía estándar de Dell. Estaba claro que tanto la folletería como el sitio web eran una alternativa correcta pero no necesariamente eficiente. Nadie los leería en profundidad, más aún si anticipadamente imaginaban encontrar la misma oferta de servicios. Otra alternativa era visitar a los clientes uno a uno, pero sería igualmente ineficiente, con un alcance limitado en relación con las personas contactadas y altamente costoso porque debía ser llevado adelante por un ejecutivo de cuenta o un experto en servicios. Apoyados entonces por nuestra agencia de marketing directo, decidimos armar una campaña interactiva personalizada, un juego interactivo basado en web y presentado por email, donde invitábamos/desafiábamos al cliente a ganarse algo de valor para él si demostraban ser capaces de completar el entrenamiento/juego como puede verse en la figura 5. Debía ser algo de alto valor percibido pero no de alto valor real para evitar afectar las políticas que las empresas tienen habitualmente en relación con los regalos empresarios. El juego consistía en educar a los clientes y prospectos sobre las capacidades de los servicios de Dell y luego interrogarlos sobre lo aprendido. Las preguntas habían sido elaboradas de modo tal que no fueran demasiado difíciles pero tampoco que permitieran que el jugador superase la etapa sin entender el tema. Si el cliente fallaba en la respuesta podía volver a estudiar e intentar nuevamente. Lo interesante de este proceso es que, a sabiendas que el cliente o prospecto procesaba el mensaje de los tres años de garantía por la ruta periférica, se buscó llevar al cliente a un pensamiento cognitivo por la ruta central mediante el empleo de un juego educativo que tenía una recompensa para el jugador (y no para su empresa) ¿Cuánto tiempo puede dedicarle un ejecutivo a un juego como este? La experiencia mostró que al menos serían 20 minutos. Además, un asombroso 38% de los ejecutivos invitados jugaron y ganaron su premio. El 70% solicitó información adicional y un 12% pidió que se los llamase y para ello nos proveyó de un número de teléfono directo para el contacto. La experiencia luego se replicó a escala latinoamericana y en Estados Unidos (traducida ya al inglés) con muy buen éxito. Nótese algo muy importante. En este juego la motivación del cliente se logra a través de dos incentivos, el regalo y el desafío, convirtiendo a la actividad de aprendizaje en un proceso de alto involucramiento. Para validar lo dicho se hicieron pruebas enviando el mismo juego pero cambiando el incentivo por uno de muy bajo valor percibido (un curso interactivo de MS Word ofrecido por la firma Microsoft). Sin embargo, de un total de 17.164 envíos hubo un 4,18% de ganadores y un 6,97% de personas que participaron en el juego. Esto prueba que el desafío de ganar era un incentivo en sí mismo.

Figura 5. Vista parcial de un email enviado para invitar a los clientes corporativos de Dell a participar en un juego interactivo/educativo (gentileza de la agencia de marketing directo di Paola y Asociados, Argentina).

El ELM y las emociones

Había llegado a la consideración de la compra de mi primera cama articulada luego de buscar alternativas que me ayudaran a descansar mejor por las noches. No hay nada más placentero que relajarse luego de un largo día de trabajo. Ya en la tienda y enfrentado con el producto de mis sueños, la cama era más sencilla —aunque no menos costosa— de lo que podría haber pensado antes de interiorizarme de sus detalles. Se podía acomodar el respaldo a gusto del usuario al igual que la altura de las piernas para una mejor circulación sanguínea. Esto podía hacerse manualmente, lo que requería de un mínimo esfuerzo o, más cómodo aún, mediante motores que hacían el trabajo con tan solo apretar botones de colores.

Todo venía de maravillas hasta que comencé a consultar sobre la dureza y la "memoria" del colchón que iría sobre mi cama y su capacidad de adaptarse a mi modo de dormir. De allí, siguieron largas horas hasta probar uno por uno todo el stock de colchones de una plaza y determinar, con certeza, el que me gustaba. A usted le puede parecer un poco exagerado probar un colchón y más exagerado probar varios, pero si va a pasar no menos de seis horas de cada día de su vida en él, bien vale estar seguro de elegir el que necesita. El vendedor me miraba azorado mientras yo ponía a prueba su paciencia. Cuánto más tiempo invertía en mí, más difícil le resultaba perder la venta y por tanto más tolerancia demostraba. Esto lo había aprendido años atrás en mi primer curso de negociación, pero también de la lectura de un libro muy ameno: *You can negotiate anything*, de Herb Cohen. Pero eso es tema de otro asunto. Vuelvo a mi colchón y a mi cama articulada. La venta había llegado a un punto donde no necesitaba de explicación ni lógica para elegirlos. No había procesamiento central aquí de acuerdo con el ELM; sólo quería encontrar el colchón que me hiciera sentir placer al recostarme sobre él. Hablamos de sensaciones, algo muy personal, que cuando cerraba mis ojos hacían imaginarme en casa descansando y disfrutándolo. Acordará conmigo que comprar algo que lleva horas de su tiempo para la elección puede ser considerado por el comprador como importante. Lo que en términos formales definiríamos como de alto involucramiento. Ahora bien, mi decisión de compra —que, aunque no crea, finalmente tomé— estuvo basada en sensaciones y estas, a su vez, influenciadas por la "memoria" de hechos y situaciones del pasado donde me sentí cómodo en una cama. No compré ese colchón ni la cama articulada porque el vendedor me hubiera convencido ni porque otros amigos lo habían hecho, ni siquiera por la publicidad (todas posibles opciones de procesamiento central o periférico); lo compré porque viví la experiencia del colchón en el salón de ventas y me hizo sentir bien. Pero, ¿no es contradictorio con el ELM haber hecho una elección de un producto de alto compromiso sin haber elaborado cognitivamente por la ruta central sus características diferenciales? Esta pregunta empuja a la superficie una de las limitaciones implícitas del ELM que intentaré clarificar con la ayuda de la una ciencia moderna en crecimiento: la neurociencia.

El error de Descartes

Las decisiones nunca son perfectamente racionales. El neurólogo portugués António Damásio, en su libro *Descartes' error: emotion, reason and the human brain*, donde el tópico principal es la relación entre emoción y razón, demuestra que la emoción está enlazada con la razón y que la primera no necesariamente perturba a la segunda sino que la ayuda. Como el mismo Damásio hace notar, esto no significa que la emoción sea siempre un sustituto de la razón, aunque a veces termine siéndolo. Su propuesta es que el sistema de razonamiento evolucionó como una extensión del sistema emocional automático, con lo que las emociones juegan un papel variado en el proceso de razonamiento. Por ejemplo, las emociones pueden ayudar a conservar en la mente una diversidad de hechos que deberán ser considerados para tomar una decisión. En este contexto, las emociones son participantes obligadas del proceso de razonamiento.

El paradigma que presenta el autor contradice al tradicional paradigma cartesiano en el sentido de que las emociones no están en conflicto con el comportamiento racional sino que lo provocan. Como a Descartes se le atribuye el paradigma cartesiano, de allí el título del libro de Damásio.

A este punto usted se preguntará sobre los merecimientos de dicho autor para enfrentar una de las bases fundacionales de la filosofía. De acuerdo con Wikipedia "António C. R. Damásio (Lisboa, 25 de febrero de 1944) es un famoso médico neurólogo de origen portugués. Estudió medicina en la Facultad de

Medicina de la Universidad de Lisboa, donde realizó también su rotación como residente y completó su doctorado. Más tarde, se trasladó a los Estados Unidos como investigador visitante durante seis meses en el Aphasia Research Center (Centro para la Investigación de las Afasias) en Boston. Allí, su trabajo sobre neurología del comportamiento estuvo bajo la supervisión de Norman Geschwind.

Es profesor de la cátedra David Dornsife de Psicología, Neurociencia y Neurología en la Universidad del Sur de California, donde dirige el Institute for the Neurological Study of Emotion and Creativity de Estados Unidos (Instituto para el estudio neurológico de la emoción y de la creatividad). Antes de llegar a este puesto universitario, en 2005, Damásio fue profesor de la cátedra M. W. Van Allen y jefe de Neurología en el Centro Médico de la Universidad de Iowa. Su carrera en Iowa se prolongó entre 1976 y 2005. Además de ser un conocido investigador en varias áreas de las neurociencias, es un autor de éxito de libros sobre divulgación de la ciencia.

Su libro Descartes' error: emotion, reason and the human brain (El error de Descartes: emoción, razón y cerebro humano) fue nominado para Los Angeles Times Book Award. Su segundo libro, The feeling of what happens: body and emotion in the making of consciousness (El sentimiento de lo que ocurre: cuerpo y emoción en la construcción de la conciencia) fue considerado como uno de los diez mejores libros de 2001 por The New York Times Book Review, además de otros reconocimientos por parte de otras publicaciones. Es miembro de la Academia Estadounidense de las Artes y las Ciencias, de la Academia Nacional de las Ciencias y de la Academia Europea de las Artes y las Ciencias. Damásio ha recibido numerosos premios, entre los que se incluye el Príncipe de Asturias de Investigación Científica y Técnica de 2005, otorgado también a su esposa".

El trabajo de Damásio se basa en estudios de casos y la investigación médica sobre del desarrollo del cerebro. De acuerdo con el modelo presentado por el neurocientífico Paul McLean en la década de 1970, el cerebro humano cuenta con tres niveles o capas que resultaron de la evolución y que funcionan interconectados entre sí, pero conservando sus características específicas. Estos niveles se desarrollaron en forma acumulativa, es decir, cada una sobre la capa anterior como los anillos de crecimiento en los troncos de un árbol. Básicamente estas capas son responsables del instinto (cerebro reptiliano), emociones (el sistema límbico) y la razón (corteza cerebral o cerebro pensante) respectivamente. La última es la más joven y se ha desarrollado durante los últimos 80.000 a 100.000 años. Esto parece mucho tiempo pero no lo es tanto si se considera que las capas más antiguas tomaron entre 4 y 5 millones de años para su desarrollo. Fue Damásio quien hizo notar que debido a la forma como nuestro cerebro fue construido, razón y emoción están vinculadas intrínsecamente entre sí.

Damásio señaló que la emoción es un proceso cognitivo que en realidad conduce al pensamiento lógico[10]. Aseveró que los mecanismos de razonamiento son influenciados significativamente tanto por señales conscientes como inconscientes de las redes neuronales vinculadas con la emoción.

La propuesta citada en el ELM que afirma que el procesamiento de información es una ruta separada y más directa a la persuasión que el camino de los afectos, aparece como contradictoria con los hallazgos presentados por Damásio. La hipótesis de que el sistema límbico sea la base de las emociones y la corteza cerebral el sitial de la cognición ha sido rechazada en estudios de neurociencia. Los investigadores han establecido el hecho de que los circuitos de la mente, tanto de la emoción como la cognición, no están separados[11]. De hecho, ninguna parte de la mente está dedicada exclusivamente a la cognición o a la emoción. Hay que tener en cuenta que al momento del desarrollo del ELM, el rol de las emociones en el proceso de comunicación no había sido claramente comprendido por la comunidad científica y sin duda el ELM subestima el papel que juegan las emociones en la persuasión. Estudios recientes han demostrado que el procesamiento cognitivo tiene un corazón emocional[12], sugiriendo que el ELM no debiera relegar las emociones a la ruta periférica solamente, sino darles un rol en la ruta central y las relaciones entre lo afectivo y la intención conductual. Esto es consistente con lo que postula la grilla Rossiter-Percy (GRP) de la que hablaré luego.

El rol cambiante de las variables

Hemos mencionado previamente las complicaciones de estudios anteriores a la aparición del ELM al momento de analizar una variable tal como la confianza y su impacto en el cambio de actitudes. Justamente, una de las características más notables del ELM es que propone que una variable puede influenciar la persuasión asumiendo roles diferentes. De acuerdo con el postulado número 3 (de un total de 7 enunciados para el ELM por Petty y Cacioppo)[13], "las variables pueden afectar la cantidad y la dirección del cambio de actitud: (a) sirviendo como argumento persuasivo, (b) sirviendo como una pista periférica y/o (c) afectando el grado o la dirección de la elaboración del tema y los argumentos.

Considere como ejemplo el atractivo físico. Por lo visto hasta el momento, esta variable debiera servir como una "pista" para el procesamiento por la ruta periférica. Se podría pensar que, cuando una persona no está muy interesada en un tema o conoce poco sobre el mismo tenderá —como en nuestro caso de la compra de una *tablet*— a confiar en el aspecto físico (profesional) del vendedor y del local de compra.

Ahora imagine a una| mujer en búsqueda de un producto cosmético que disimule las "señales" propias del paso de los años. La famosa modelo Cindy Crawford promociona su propia línea de productos para el cuidado y rejuvenecimiento de la piel basada en el trabajo de investigación de un científico europeo y a partir del uso de un melón que solamente se produce en un lugar de Francia. Si la mujer que citamos observa la publicidad donde aparece la modelo y, de hecho, compara fotos antiguas con su rostro actual no mostrando diferencias con el paso de los años, la pregunta sería: en este aviso, ¿juega la variable aspecto personal un rol periférico o central para la compradora potencial? Y la respuesta es sin duda que dicha variable es clave en el procesamiento central del mensaje persuasivo.

Por último, considere una entrevista de trabajo para un puesto ejecutivo. ¿Tendría posibilidades un candidato de ser escuchado honestamente si se presentara vestido inapropiadamente para el puesto? Por otra parte, ¿alcanzaría su aspecto cuidado y charla impactante para que lo contraten? Seguramente la repuesta es no a ambas preguntas. En este caso el entrevistador considerará el aspecto personal como una variable importante, pero también el contenido de la conversación (los argumentos) y la experiencia del candidato en relación con las demandas del potencial empleador. Con seguridad le dará a los argumentos de este candidato una evaluación más profunda que la que le hubiera dado a otro con una presencia menos atractiva.

Referencias

1. Jobber, David. *Principles and practice of marketing*. London; New York: McGraw-Hill, 1995.

2. Keller, Kevin Lane. The brand report card. *Harvard Business Review 78* (1), 147-157, 2000.

3. Kapferer, Jean-Noël. *The new strategic brand management: advanced insights and strategic thinking* (5th ed.). London; Philadelphia: Kogan Page, 2012.

4. Calder, Bobby J. Writing a brand positioning statement and translating it into brand design. En: Tybout, Alice M. & Calder, Bobby J. (eds.). *Kellogg on marketing* (2nd ed.). Hoboken: Wiley, 2010.

5. Elliott, Richard H.; Percy, Larry & Pervan, Simon. *Strategic brand management*. Oxford; New York: Oxford University Press, 2011.

6. Rossiter, John R. & Bellman, Steven. *Marketing communications: theory and applications*. Australia: Prentice Hall, 2005.

7. Petty, Richard E.; Priester, Joseph R. & Briñol, Pablo. Mass media and attitude change: advances in the ELM. En: Bryant, Jennings & Zillmann, Dolf (eds.). *Media effects: advances in theory and research* (2nd ed.). Mahwah: L. Elbaum Associates, 2002.

8. Chaiken, Shelly; Wood, Wendy & Eagly, Alice. Principles of persuasion. En: Higgins, E. Tory & Kruglanski, Arie W. (eds.). *Social psychology: handbook of basic principles*. New York: Guilford Press, 1996.

9. Debono, Kenneth G. & Packer, Michelle The effects of advertising appeal on perceptions of product quality. *Personality and Social Psychology Bulletin 17*, 194-200, 1991.

10. Damasio, Antonio R. *Descartes' error: emotion, reason and the human brain*. London: Vintage, 2006.

11. Davidson, Richard J. Cognitive neuroscience needs affective neuroscience (and vice versa). *Brain and Cognition 42* (1), 89-92, 2000.

12. Morris, Jon D.; Chongmoo, Woo & Singh, A. J. Elaboration likelihood model: a missing intrinsic emotional implication. *Journal of Targeting, Measurement & Analysis for Marketing 14* (1), 79-98, 2005.

13. Petty, Richard E.; Cacioppo, John T.; Strathman, Alan J. & Priester, Joseph R. To think or not to think: exploring two routes to persuasion. En: Shavitt, Sharon & Brock, Timothy C. (eds.). *Persuasion: psychological insights and perspectives* (2nd ed.). London: Sage, 2005.

CAPÍTULO 5

Elaborar estrategias de difusión del mensaje

> *Es un hecho que la cultura saborea a la estrategia en el almuerzo... Usted puede tener una buena estrategia, pero si no cuenta con la cultura ni los sistemas que permitan poner en práctica esa estrategia...la cultura de la organización derrotará a la estrategia.*
>
> Dick Clark, ex director general de Merck.

Estrategia publicitaria

En los comienzos de mi carrera profesional, cuando aún la práctica del marketing estaba lejos de ser mi principal actividad, solía invertir diariamente un par de horas de mi tiempo en correr al aire libre. Con esto no me proponía ser un atleta famoso sino simplemente mejorar mi aptitud física en general y fundamentalmente controlar el estrés. Comencé en ese entonces corriendo alrededor de un lago cercano a casa, más precisamente, en los bosques de Palermo ubicados en la ciudad de Buenos Aires. Aunque corrí durante meses, curiosamente no lograba dar más de una vuelta al lago cada vez y quedaba exhausto. No era lógico, lo sabía, pero por más que me predispusiese a superar la marca, al fin de la primera vuelta me detenía. Un sábado por la mañana en lugar de hacer mi práctica tradicional, pensé que mi problema se relacionaba con el calzado que usaba. Fui entonces en la búsqueda del mejor par de zapatillas deportivas que pudiera encontrar. Retorné un rato más tarde con mis relucientes y costosas *Nike air* diseñadas especialmente para corredores. Entusiasmado por la novedad, sólo pasaron pocos minutos hasta que llegué al lago a probarlas y ¿saben qué?, di ocho vueltas, sí, ocho vueltas al lago —con una periferia de 2 kilómetros— al que por meses no había podido darle más que una. En ese entonces no lo sabía pero había caído rendido al poder publicitario de una marca. El *"Just do it"* de Nike, que contagiaba adrenalina desde un cartel de vía pública gigante ubicado justo a mi paso, había calado hondo en mí aun sin yo saberlo. Ese aviso me había convencido de algo que yo que no fui capaz de describir en esos tiempos en palabras, pero que Nike entendía muy bien. Ese cartel había tocado mis sentimientos y había influido, a través de la utilización de sus productos, en la confianza que tenía en mí mismo.

La publicidad es una de las herramientas de comunicación de marketing que las marcas pueden utilizar para alcanzar sus objetivos comunicacionales. Históricamente, la publicidad ha desempeñado un rol significativo en términos de su injerencia dentro del conjunto de actividades de comunicación de marketing tal como las promociones y el marketing directo. Sin embargo, ese balance fue cambiando a lo largo de los tiempos.

Hay, claro, diferentes formas publicitarias. Una manera sencilla de distinguir entre ellas es examinar el público objetivo al que se dirige el mensaje publicitario, al igual que considerar la fuente que lo genera. Podemos distinguir entonces entre la publicidad dirigida a los consumidores individuales o empresarios, como así también la originada en empresas o canales comerciales de reventa. En este sentido y con independencia del o de los medios de los que se trate, Rossiter y Bellman y Larry Percy proponen la existencia de cuatro tipos de formas publicitarias claramente definidas[1-2]:

- **PMOC,** por sus siglas, o **P**ublicidad de **M**arca **O**rientada al **C**onsumidor: refiere a lo que habitualmente las personas piensan cuando evocan el concepto publicitario. Se enfoca fuertemente en la marca buscando contribuir a su conocimiento y al desarrollo o refuerzo de una preferencia positiva hacia ella.

- **Publicidad del canal minorista** (*retail advertising*): lo que hace a este tipo de publicidad única es el hecho que en general implica al menos dos marcas: la propia y la del o de los productos o servicios que se ofrecen en la tienda o cadena comercial. Se puede orientar a la "imagen" del canal comercial ante sus audiencias objetivo, reforzando el conocimiento de la marca y buscando el desarrollo de actitudes positivas hacia ésta. Por otra parte, la publicidad también puede buscar aumentar el reconocimiento de marca de los productos o servicios ofrecidos por el canal minorista, alimentando así una actitud positiva hacia ellos. De este modo mejorará también el conocimiento y las actitudes favorables hacia la marca del propio canal de ventas minorista.

- **Publicidad B2B:** este tipo de publicidad no sólo puede enfocar al desarrollo del conocimiento de la marca o cultivar su mejor percepción entre clientes sino también distribuidores y otros entes, como por ejemplo, los órganos reguladores de gobierno. Esta clase de avisos publicitarios suele hacer sentido en medios enfocados (una revista o un blog especializado, por ejemplo) y cuando la audiencia es limitada en tamaño puede no ser necesaria y ser reemplazada por la llamada telefónica o por visitas de vendedores de la marca o sus distribuidores. En este último caso, la publicidad se reducirá a folletos comerciales o al empleo de *tablets* que permitan mostrar los folletos y los productos en acción frente al cliente actual o potencial.

- **Publicidad de imagen corporativa:** tradicionalmente es la publicidad que promueve a la marca corporativa en sí en lugar de los productos o servicios que comercializa. La marca busca ser *reconocida* e intenta que las personas *gusten* de ella. El tratamiento de una marca corporativa involucrará casi siempre una estrategia transformacional o de motivación positiva de alto compromiso[3] (p. 195) y esto deberá tomarse en cuenta a la hora de seleccionar los medios apropiados para su comunicación. Se buscará fundamentalmente sumar valor a la percepción positiva, la relevancia y la preferencia hacia la marca. Al igual que en el caso anterior, el público objetivo no se limita a los clientes finales sino a instituciones financieras, de gobierno, etc.

De acuerdo con Tony Yeshin, podemos decir que en general son tres los objetivos principales que el comunicador de marketing se propone lograr a través del empleo de la publicidad: a) informar, b) persuadir y c) vender[4]. En todos los casos, buscando alcanzar a un público objetivo determinado.

Informar. En algunos casos, la publicidad servirá principalmente para proporcionar al público información relevante o específica. Se trata de los anuncios públicos o ciertas formas de publicidad oficial. En otros casos, los fabricantes pueden utilizar la publicidad para informar a los consumidores de una falla en sus productos e invitar, por ejemplo, a recambio sin costo alguno como un todo o alguna de sus partes. Es algo bastante común en el mercado automotriz, donde se invita a los consumidores a pasar por un taller autorizado de la marca si su vehículo se encuadra dentro de una serie de fabricación determinada por números o fechas de elaboración. En un lanzamiento hay una oportunidad para informar a los clientes y potenciales consumidores sobre un nuevo producto o servicio y sus características y/o beneficios principales. Un cambio de precios es también una oportunidad para informar. Si se trata de generar mayor valor percibido a un producto ya existente, la publicidad puede sugerir nuevos usos para este. La publicidad puede explicar las diferencias de un modelo de atención a clientes versus las empresas competidoras. Este fue el caso cuando Dell tuvo que "explicar" a sus consumidores empresariales acerca de su innovador modelo de venta directa, sin intermediarios, que incluía la fabricación "a pedido" y de acuerdo con los requerimientos de configuración del cliente. La publicidad puede ayudar a clarificar eventuales confusiones del consumidor acerca de las capacidades de los productos o servicios.

Persuadir. Como ya vimos, la publicidad trata principalmente de persuadir a los consumidores a cambiar su actitud o preferencia por una marca. Hay un maravilloso anuncio de Coca-Cola que he mostrado en clase durante años y que nunca deja de traer sonrisas y de provocar reacciones positivas entre los estudiantes que lo ven. El aviso comienza con dos soldados de países diferentes —y aparentemente rivales— que tienen como objetivo custodiar una frontera solitaria en medio del desierto y donde ellos son los únicos seres humanos en kilómetros a la redonda. El sol agobia y los soldados, enfundados en tradicionales y antiguos uniformes, caminan de un lado al otro de la valla que divide, a modo de frontera, los dos países. Uno de los soldados abre una conservadora con hielo y saca una Coca-Cola bien helada. Entonces, entrecruza miradas cómplices pero no palabras con el otro soldado quien con su mirada le ruega una bebida. Lo que sigue es una serie de "enredos" y acciones sutiles emprendidas por ambos para lograr "pasar" la botella de un lado al otro de la frontera sin afectar la soberanía del otro país y sin perder nunca la compostura ni la marcialidad de sus actos. El comercial cierra con los dos soldados que, luego del intercambio, siguen caminando lado a lado, indiferentes uno del otro y con una inmensa soledad como testigo. Fue solo un instante de cercanía y de encuentro, un momento único en sus vidas donde con picardía e ingenio superaron fronteras y culturas para compartir algo que era del gusto de ambos. Un momento en el que se permitieron, a pesar de las distancias culturales, mostrarse generosos, sensibles y compañeros y donde Coca-Cola fue la motivación y también la excusa. El anuncio http://goo.gl/fFYCiH ilustra el principio de asociación vinculando las buenas sensaciones producidas por este sutil intercambio con la marca Coca-Cola. El aviso no habla del sabor de Coca-Cola ni de sus beneficios para el organismo humano. Pero tras esta simple historia, Coca-Cola se ha valido del rico lenguaje de las emociones para asociar su marca con una imagen agradable y positiva que tendrá un procesamiento periférico de acuerdo con el modelo del ELM.

Vender. La mayoría de los avisos publicitarios tienen como objetivo promover la venta de bienes o servicios por lo cual brindan información y generan asociaciones con la marca a clientes existentes o potenciales. La publicidad buscará reforzar las actitudes positivas hacia la marca, explicando cómo el producto o servicio se adecúa a las necesidades y el estilo de vida de los usuarios actuales y potenciales. La publicidad también ayuda a crear una personalidad única para la marca. Piense en Disney, por ejemplo. Es innegable que la personalidad de la marca es un elemento clave que impulsa el deseo del consumidor hacia la compra de un producto o servicio. La publicidad también puede actuar como un mecanismo para motivar la recordación y el uso de un producto o servicio vigente pero cuya demanda por parte del consumidor no es constante. Tal el caso de los *Traveler checks* de American Express.

En su libro *Marketing communications: integrating offline and online with social media*, Paul R. Smith y Ze Zook han sintetizado claramente —como se presenta a continuación— las ventajas y desventajas generales y principales a considerar en el momento de decidir si se debe aumentar o reducir el empleo de la publicidad en la comunicación de marketing[5]. Luego veremos que además hay que considerar el hecho de que no todo medio publicitario sirve de igual forma para productos o servicios de alto o bajo involucramiento o que generen motivaciones positivas o negativas.

Ventajas

La publicidad es muy buena para llevar mensajes rápidamente a grandes audiencias. Sin embargo, hoy en día se pueden dirigir los anuncios también a nichos diferentes de mercado. Por supuesto, los anuncios del tipo pago-por-clic se pueden adaptar con mucha facilidad al contexto permitiendo llegar a audiencias con intereses particulares. La publicidad basada en la ubicación o *geo-localización* lleva esta capacidad a un paso más allá. La publicidad resulta útil para la construcción de la conciencia de marca, pero como es de esperar, no es muy efectiva en general para el cierre de la venta. A diferencia de la prensa o de las redes sociales, la publicidad permite el control del mensaje.

Desventajas

La credibilidad del mensaje es menor que en el caso de la prensa, las relaciones públicas o las redes sociales, ya que se ve a la publicidad como "un intento de venta", aunque la credibilidad puede aumentar en función de la fuente. Algunos medios de publicidad como la televisión requieren de presupuestos relativamente grandes para la creación de los anuncios. La publicidad en los medios tradicionales es menos atractiva que las redes sociales o un sitio web interactivo. Esta debilidad ha ido en descenso en la medida en que los avisos por los medios tradicionales se integraron de forma variada con las redes sociales. Finalmente, los anuncios publicitarios por lo general son difíciles aún de personalizar.

Publicidad en medios digitales

La aparición de Google, Facebook y finalmente Twitter han alterado el mundo de las empresas, de los consumidores y el de nosotros mismos, los comunicadores de marketing. El cambio que estas empresas impulsaron es como haber subido de una vez varios peldaños en la escalera de la comunicación. Tanto que hoy hay muchos colegas a quienes este cambio les genera vértigo y por supuesto, temor. En los últimos años el despegue y la masificación progresiva de nuevas tecnologías como la del teléfono inteligente o *smartphone* y las *tablets* ha sumado sinérgicamente a los desarrollos ya hechos en el mundo de la comunicación digital. En mi rol de jurado del premio de marketing directo más reconocido a escala global, el ECHO Award, que otorga anualmente la *Direct Marketing Association* o DMA en Nueva York, he vivido en los últimos seis años la creciente inclusión de estos elementos y conceptos en las campañas de comunicación de marketing, sin importar el lugar del mundo de donde vinieran. En esta nueva era, el seguimiento y las herramientas de optimización de los medios de comunicación en línea proporcionan una respuesta granular y en tiempo real acerca de la reacción del consumidor a los estímulos y, por lo tanto, hacen más fácil la medición de los resultados. A la vez, la experiencia para el consumidor resulta ser más personalizada y de mayor calidad e impacto. Las búsquedas en internet son la fuente de información que más a la mano tienen las personas y es un factor que influye claramente a la hora de tomar las decisiones de compra. El crecimiento de la movilidad digital no hace más que reforzar la importancia de las búsquedas en línea. La publicidad hoy no se concibe sin los medios digitales. Sin embargo, y puesto que estos cambios le han otorgado un rol relevante al consumidor, no los aceptará sin pactar sus condiciones. Por ejemplo, una encuesta de Apple para usuarios de iPad en Estados Unidos mostró que el 86% de los ellos estaría dispuesto a ver avisos en sus dispositivos a cambio de contenido gratuito, tal como programas de televisión, revistas y artículos de periódicos (todo digitalizado, por supuesto). No obstante, y a pesar de que aceptan el trueque, un 78% opina que la publicidad "los aleja del placer de disfrutar de su iPad"[6].

La larga cola de los medios

En un artículo muy interesante de la revista *Wire*, Chris Anderson —su editor en jefe— presentó en octubre de 2004 el concepto de "Larga cola" o *Long tail*, que luego llenó las páginas de un libro. La idea principal de Anderson era describir un nuevo modelo de negocios para las industrias de medios y entretenimiento en el mundo digital. Tomando su nombre de conceptos estadísticos, "la larga cola" expresa que la demanda por los productos de "nicho" es, en conjunto, mayor que la demanda para los productos más populares. Por ejemplo, en una librería, los libros impresos generalmente expuestos corresponden a los que se prevén tengan la mayor salida o demanda ¿Qué sucede con los lectores que buscan obras sobre temas muy específicos o de interés marginal? Históricamente esos lectores no tenían modo de encontrar lo que buscaban. El advenimiento de los *ebooks* o libros digitales y la impresión de libros "a demanda" han hecho posible que autores y lectores se encuentren en un espacio de interés común, aun cuando el intercambio de unidades vendidas o compradas sea muy acotado en cada caso; pero tanto la suma de títulos ofrecidos así como la de los potenciales compradores será mayor. Este es un resultado concreto de la teoría presentada por Chris Anderson llevada a la acción, pero también lo son *Google Adwords* y *Adsense*, los sistemas publicitados *on-line* desarrollados por Google que cambiaron su modelo de negocio y se convirtieron en la fuente principal de sus ingresos. *Google Adwords* ha puesto una herramienta publicitaria significativa al alcance de empresas de todo tamaño. *Google Adsense* permitió democratizar la elección de empresas de todo porte para que reciban avisos a publicar en su sitio web o en su blog, premiando —gracias a un algoritmo guardado como un secreto de estado— la calidad, la relevancia del contenido y el número de visitantes al momento de la elección. El CEO de Google, Eric Schmidt, al describir la estrategia de Google en 2005 dijo: "Lo sorprendente de la *larga cola* es cuán larga es y cuántas empresas no se han beneficiado por ventas originadas en la publicidad tradicional". En ese sentido, es notable ver el "alargamiento" de la cola debido, en este caso, a la utilización de internet. Es que a medida que pasa el tiempo y las tecnologías progresan, las barreras que limitan el cruce entre oferta y demanda se van desvaneciendo poco a poco.Hoy en día no hay discusión de que "la larga cola" de los medios presenta grandes oportunidades y singulares desafíos. Los casos de aplicación exitosa del concepto (ejemplo: Nike) acaparan más prensa que los fracasos. Sin embargo, la gloria de los primeros no debiera opacar la importancia de los segundos. En el año 2006, General Motors lanzó un concurso para promover su utilitario *Chevy Tahoe* utilizando el sitio Chevyapprentice.com. Se puso a disposición de los visitantes videos y música que, sumados a los textos que aportaban, permitían crear publicidades digitales personalizadas que luego competían. La respuesta no fue del todo positiva. Durante el primer fin de semana aparecieron videos responsabilizando a la firma GM por contribuir al calentamiento global, protestando por la guerra en Irak, haciendo referencias sexuales explícitas o simplemente quejándose de la calidad del *Chevy Tahoe*. La respuesta de la empresa fue seguir adelante con la campaña pero filtrar los avisos que tuvieran contenido "ofensivo o difamatorio". Esto no fue un impedimento para que muchos de los 3.000 videos considerados inapropiados por la firma escaparan y se difundieran en YouTube, pero tampoco para que se crearan más de 21.000 videos en el sitio de GM y su contenido se difundiera a través de unos 40.000 emails. Tal como dijo Melisa Tezanos, vocera de GM: "Reconocemos que hay muchas opiniones distintas de personas diferentes" acerca del resultado de esta campaña. Seguramente se podría haber hecho mejor. Es importante notar que los conceptos de "la larga cola" no solo aplican al mundo digital. De hecho, Chris Anderson narra en su libro la historia de la "la larga cola" aplicada a Sears & Roebuck y a la revolución que causó en 1906 en sus tiendas la venta por correo a través de catálogos. Estamos viviendo el crecimiento de "la larga cola" para los medios pero no debemos olvidar que puede contener a su vez a otras, lo que hace exponencial el resultado. Como consecuencia esperable y a medida que consumen más medios de comunicación, los canales de comunicación existentes se están fragmentando. En otras palabras, el tiempo aplicado por el espectador a cada canal es cada vez menor. Las campañas ahora no solo tienen que ser multimedio sino multicanal. No es anormal que una persona que mire televisión a la vez esté navegando por internet o intercambiando mensajes en su celular. Ejemplo de lo dicho es un informe reciente de la compañía Nielsen sobre el consumidor estadounidense (Q2, 2012) que indica que el 41% de las personas usan su teléfono inteligente (*smartphone*) y el 39%, su *tablet* al menos una vez al día mientras mira TV[7]. El hecho de compartir la atención entre distintos medios impacta directamente en la efectividad del mensaje publicitario. La consultora McKinsey estima que la publicidad en televisión es solamente el 35% de eficaz que lo que fue en el año 1990[8].

La publicidad en las redes sociales

Mientras la TV sigue siendo aún el medio de preferencia para hacer publicidad, el 64% de los anunciantes en los Estados Unidos dijo que planeaban incrementar su inversión en publicidad aplicada a redes sociales (*social media*) para 2013, aunque la mayor parte del aumento esperado sea aún modesto y siempre a costa de reducir la inversión en otros medios. En general, el 70% de las firmas que publicitan en redes sociales invirtió hasta un 10% de su presupuesto total de publicidad digital en este destino[9]. Es interesante ver cómo la utilización del medio fue cambiando a medida que se ganó experiencia y comprensión de sus capacidades. En el año 2010 la utilización de *social media* para generar conocimiento de marca tenía por lejos la ventaja (57%) (fig. 1). En 2012 sigue siendo aún un objetivo importante (35%) pero ha perdido relevancia en proporción con la atención del servicio y la satisfacción de clientes, que ha crecido desde el 8% al 20% en igual período. Notemos que el conocimiento de marca es un objetivo publicitario típico; sin embargo, la satisfacción y la mejora del servicio serán experiencias del cliente que debieran contribuir al desarrollo de una actitud o preferencia positiva hacia la marca, pero que no se encuadran en el criterio publicitario del medio, aunque sí contribuyen a la comunicación con la marca como un todo. En ese sentido, mientras el objetivo de generación de oportunidades se mantiene inalterable en relación con el año 2011, hay un mayor interés en lograr más tráfico al sitio web de la marca (fig. 1).

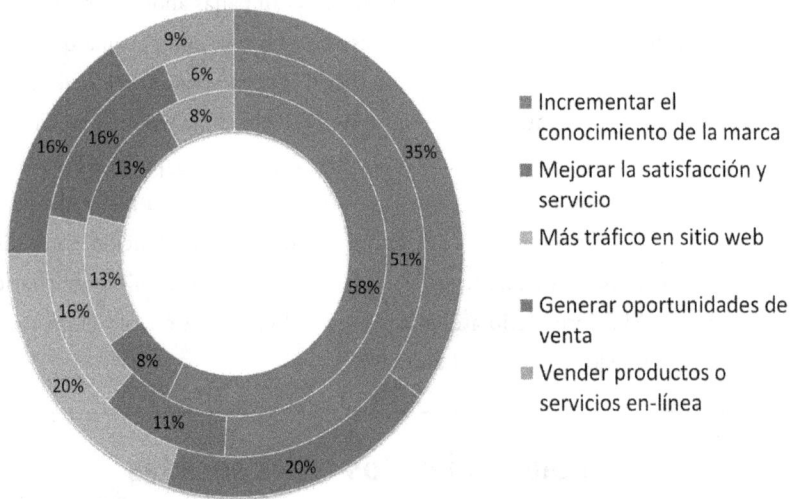

Figura 5. Objetivos buscados en la utilización de *social media* adaptado a partir del DMA 2013 Statistical fact book[11 (p. 138)]. Note que en el círculo interior se visualiza el año 2010, el 2011 en el siguiente y el 2012 en el círculo más externo.

En cuanto al crecimiento futuro en el uso de las distintas plataformas de redes sociales, las empresas planean incrementar el uso de YouTube/video (76%), Facebook (72%), Twitter (69%), blogs (68%), Google (67%) y LinkedIn

(66%), en ese orden, de acuerdo con el *2012 Social media marketing industry report: how marketers are using social media to grow their businesses*"[10].

La publicidad en móviles

La proliferación de los teléfonos inteligentes y aplicaciones, redes 3G y 4G, planes de datos más asequibles y la incorporación de vistas "móviles" para las páginas y aplicaciones web, han contribuido al crecimiento de las actividades en redes sociales vía dispositivos móviles. Hoy en día, los teléfonos inteligentes y las *tablets* permiten utilizar una red celular o wi-fi para el acceso a internet. La integración de redes sociales con dispositivos móviles crea más oportunidades para llegar al público objetivo, además de desafíos para la gestión y la integración de sus campañas de marketing. El crecimiento de la movilidad a través de aparatos diversos que van desde los teléfonos hasta las *tablets*, está ayudando a que los consumidores estén cada vez más tiempo en línea que fuera de la red. Y esta tendencia es firme. Ya nadie duda que el mundo se encamine a la utilización creciente de soportes móviles. Esta realidad también está cambiando la forma de búsqueda del usuario, la cual ahora se puede realizar, por ejemplo, en el punto de venta o antes de decidirse a cenar en un restaurante determinado. En relación con la publicidad en dispositivos móviles hay sin duda una gran expectativa de crecimiento aun cuando hoy, si uno revisa la estimación para el año 2016 de la inversión total publicitaria a escala global de acuerdo con eMarketer (U$S 628,21 miles de millones)[12] y la contrasta con la inversión publicitaria estimada para 2016 en U$S 24,5 miles de millones por Gartner[13], resulta que esta última estará cerca del 4% del total de la inversión publicitaria estimada para el año 2016. Esto demuestra que la publicidad en dispositivos móviles seguirá siendo por un tiempo una porción muy reducida del total de la inversión publicitaria global. El contraste de estos números no debiera disminuir su interés en su aplicación. Note por ejemplo que la encuesta anual realizada por la firma Hipcricket para el año 2012 en Estados Unidos[14] mostró que el 46% de los propietarios de teléfonos inteligentes ha visto al menos un anuncio para móviles y, de entre ellos, el 64% hizo al menos una compra como resultado de la aparición de dicho aviso. Entre los que han hecho una compra por ver un anuncio para móviles, el 45% ha referido un producto o servicio a un amigo o colega. Notablemente, el

74% de los usuarios de teléfonos inteligentes dice que sus marcas favoritas aún no se han anunciado a través de estos soportes y, finalmente, entre los adultos en el rango de 25 a 34 años un 48% piensa más positivamente acerca de sus marcas favoritas luego de interactuar con ellas a través de su dispositivo. En síntesis, este medio es toda una promesa. Si tiene dudas al respecto, le hago saber que Facebook, según su propia medición, cuenta al 31 de marzo de 2013 con 751 millones de usuarios activos en dispositivos móviles, lo que implica un crecimiento del 54% en un año. Lo notable es que, de acuerdo con la revista *Forbes*, el 30% de los ingresos en publicidad de Facebook en el primer trimestre de 2013 se originó en avisos publicados en dispositivos móviles[15].

Estrategia promocional

Mientras los mensajes publicitarios apuntan estratégicamente a crear conciencia y una preferencia positiva por la marca, los mensajes promocionales se enfocan en impulsar las ventas a corto plazo o al uso de la marca. A pesar de que la intención de compra de la marca es el objetivo principal de la promoción —al igual que todas las comunicaciones de marketing—, debe además contribuir a construir conciencia y preferencia hacia la marca. Sin embargo, las promociones son una manera costosa de generar conciencia y deberán estar apoyados siempre por la publicidad, la prensa y las redes sociales.

El término promoción se relaciona naturalmente con el concepto de "venta promocional" y, en ese contexto, hace referencia específicamente a un incentivo para la acción pronta o inmediata del consumidor como respuesta a la acción promocional. La promoción toma formas diversas como concursos, reducciones de precio, regalos, cupones, muestras, demostraciones, tienden a complementarse con la publicidad influenciando en las últimas etapas del proceso de compra y desencadenan en general la acción del consumidor. Queda entonces reservada para la publicidad la tarea de influenciar al destinatario del mensaje en las etapas anteriores en modelos teóricos de comportamiento del consumidor tales como el popular AIDA (por atención, interés, deseo y acción). Las promociones se suelen asumir como dirigidas exclusivamente a los consumidores pero, de hecho, se invierte mucho más dinero en la promoción a los comercios que al consumidor. Hay tres tipos fundamentales de promociones: las dirigidas a distribuidores, al consumidor y a la fuerza de ventas. Las primeras suelen nacer de los fabricantes del producto y están orientadas a su canal de distribución mayorista o, de este último, hacia el canal minorista. Adoptan formas diferentes incluyendo sorteos, concursos, descuentos de precio, etc.

Las promociones al consumidor se pueden originar en el productor y pueden estar destinadas a incrementar la venta de productos a través de descuentos de precios dentro de un período acotado de tiempo. Al igual que en el caso anterior, se exteriorizan como concursos, sorteos, regalos, acumulación de puntos, etc.

Finalmente, la promoción a la fuerza de ventas, tanto en empresas B2B como en el canal minorista y la venta directa, implica incentivos tales como viajes u otra forma de recompensa, ya sea monetaria o de otro tipo.

En general, y como Dahlen subraya: "la promoción de ventas tiene que ver con conseguir que los consumidores hagan cosas. Su influencia en la mezcla de comunicación de marketing no se limita a la respuesta económica inmediata… sino también a la construcción de relaciones a largo plazo"[16 (p. 539)]. Claramente el concepto promocional puede extenderse a otras actividades como cuando se trata de mercados B2B, por ejemplo. En el año 2006 como director de marketing de Dell, tenía la responsabilidad de organizar eventos enfocados a distintos tipos de clientes y prospectos. Era evidente que los clientes, cuando se comprometían a participar en un evento, solían tener una asistencia bastante alta en el rango del 70 al 80 por ciento. Por el contrario, aquellos prospectos que nunca habían asistido a un evento de la marca y que no eran clientes aún, cuando se comprometían en asistir, solían tener una tasa de aparición muy baja en la actividad que rayaba el 20% en promedio. Entonces, decidimos ofrecerles un premio a los prospectos que efectivamente asistieran al evento. Esto no fue comunicado al principio, sino solamente cuando el invitado confirmaba que asistiría. Queríamos que aceptase porque le interesaba el evento y no por el premio, pero al mismo tiempo anhelábamos que se comprometiera y que viniera. Así, contra el pedido de confirmación, el invitado recibía inmediatamente una respuesta automática aceptándola y reservándole un lugar y a la vez se le ofrecía recién entonces un incentivo si efectivamente asistía (un regalo, participar en un sorteo para un fin de semana en un lugar exclusivo, etc.). Ajustando el valor percibido del incentivo —y no el dinero invertido en él— se logró que un sorprendente 100% de los confirmados participara efectivamente en una actividad dada y esta experiencia se replicó en varios países de Latinoamérica con igual éxito. Sin duda, el incentivo era una inversión menor para contar con prospectos calificados que se relacionaban cara a cara con nuestra fuerza de ventas en la reunión. Haber enviado a los vendedores para entrevistas personales empresa por empresa hubiera sido mucho más costoso, difícil e ineficiente. Como imaginará, este incentivo nunca se dio a los clientes que no necesitaban de él para asistir a las actividades que organizábamos. Por supuesto, esto mejoraba la calidad de nuestra inversión en marketing.

Todas las promociones deben ser parte de una estrategia mayor y de más largo plazo. A diferencia de las ventas tácticas de corta duración, las estrategias de promoción de ventas largas tratan de construir y reforzar la imagen de marca a la vez que fidelizar al usuario actual e incluso motivar a nuevos usuarios a unirse a la marca. Ya sea que se las planifique sobre una base táctica para una acción única o de modo más estructurado con un enfoque estratégico, la promoción de ventas tendrá seguramente un impacto en la marca o en la imagen global de la organización. Es de vital importancia entonces definir con precisión lo que se espera de una campaña promocional así como su duración.

Ventajas

Sin lugar a dudas, la promoción de ventas ofrece a las empresas una serie de ventajas que pocas otras formas de comunicación de marketing pueden lograr. Por ejemplo, las promociones de precios permiten a las empresas productoras adaptarse a las variaciones en la oferta y la demanda sin necesidad de cambiar los precios de lista. Se puede constituir en mecanismo acelerador de ventas en momentos que por alguna razón entran en período de laxitud. El hecho de que los costos asociados a la promoción de ventas son variables con el volumen hace más adaptable este mecanismo a las posibilidades de empresas de todo porte, en especial a aquellas pequeñas o medianas que no tienen grandes presupuestos de comunicación de marketing para competir con campañas publicitarias de compañías grandes. La flexibilidad del instrumento permite una diferenciación clara en las góndolas o estantes del supermercado, por ejemplo. Su vigencia acotada contribuye a la rotación de ofertas a los ojos del consumidor, quien encuentra aquí un proceso más emocionante y motivante para la elección de proveedor.

Para productos poco diferenciados, la promoción de ventas puede ser el meca-nismo diferenciador en precio por excelencia. La promoción de ventas es tam-bién un recurso para que el consumidor "pruebe" la marca con la expectativa que la continúe empleando cuando la promoción haya concluido.

Desventajas

Hay un riesgo inherente en la utilización continuada de una promoción de ven-tas que resultará en un nivel creciente de compra "promiscua" por parte de los consumidores. De hecho, algunos consumidores no estarán dispuestos a la com-pra a menos que el producto esté en oferta y tenderán a abastecerse durante el período que dure la promoción en lugar de comprar durante el ciclo normal, con el resultado de que, si bien la marca gozará de un aumento de ventas a corto plazo y hasta una mayor cuota de mercado, se afectará con seguridad la rentabi-lidad en el mediano y largo plazo.

Figura 2. Promoción "Super miércoles mujer" (©2013 Banco Santander Río, Ar-gentina. Todos los derechos reservados).

Finalmente, una promoción errada puede dar acceso a la marca a un público diferente al que se apunta afectando, por ejemplo, su valor de "exclusividad". En la Argentina, y por efecto de una devastadora crisis económica en el año 2002, los bancos principales comenzaron a ofrecer descuentos en ciertos rubros a través de alianzas con comercios según los días de la semana. Estos descuentos eran significativos: entre el 20% y el 30% promedio. Por ejemplo, los "Super miérco-les mujer" del banco Santander Río. Esta política de descuentos promocionales se mantuvo por años causando que los consumidores asumieran que era parte de los "beneficios" ofrecidos por los bancos y los comercios haciendo entonces muy difícil cancelarlas una vez que la economía había reencauzado su rumbo (fig. 2).

Promoción: planteo estratégico

En su libro *Marketing communications: integrating offline and online with social media*, Paul R. Smith y Ze Zook proponen una lista de acciones para lograr un enfoque estratégico en toda promoción[5], la que puede presentarse del modo siguiente:

1. Identificar qué quieren realmente los clientes actuales y potenciales en términos de promociones.

2. Identificar los objetivos de comunicación de la marca y la estrategia de marketing de largo plazo.

3. Definir las directrices para cada producto o servicio, que evidencien el estilo de la promoción de ventas más adecuado para la salud de la marca a largo plazo. Asegúrese de que este estilo contribuya a los objetivos estratégicos de marketing.

4. Determinar exactamente cuánto del presupuesto total de comunicaciones de marketing estará disponible para ser aplicado a las promociones de venta.

5. Asegurar que existe un apoyo y un compromiso de la alta dirección con las promociones elegidas, de modo que se cuente con la experiencia suficiente y los fondos necesarios para que las promociones se lleven adelante profesionalmente.

6. Desarrollar un archivo que recoja las ideas y los costos de las promociones a lo largo de todo el año. Este archivo será una herramienta de apoyo al momento de la planificación del año siguiente.

7. Pronosticar con antelación los resultados de las promociones de venta planificadas. Obviamente, esto es difícil de hacer, sobre todo la primera vez. Por lo general, el planteo de escenarios de mínima y máxima (incluyendo los costos en los que se incurra) ayudarán al control de la gestión y a establecer criterios para el éxito o el fracaso de las promociones.

La visión de corto plazo impregnada intrínsecamente en una promoción pareciera entrar en disonancia con la visión de largo plazo implícita en el desarrollo de marca a través de la publicidad. En realidad, se podría hacer una analogía entre la publicidad y la promoción y sus contrapartes, el marketing y la venta. El marketing y la publicidad trabajan para el hoy pero también para el mañana. La venta y la promoción procuran que los ingresos de la compañía se mantengan en un nivel que le permita su operación continuada. El valor de cotización en la bolsa de una empresa no depende de su plan de marketing, sino de los resultados (en general trimestrales) tanto de ventas como de rentabilidad. Por eso la venta y la rentabilidad deben sostenerse e incrementarse si se desea ser considerado por los inversionistas pero también por los clientes. Nadie duda entonces que la venta rentable es importante, pero sólo es posible con la guía y la dirección de un buen plan de marketing (que incluye, por supuesto, la comunicación). Piense en un avión. En el *cockpit* o cabina de mando, el gerente de ventas es el piloto y el de marketing le provee los instrumentos y medidas clave para el vuelo. Se sabe que un piloto sin instrumentos no es capaz de llevar su avión a tierra con éxito. En otras palabras, cada vez más la presencia simultánea y coordinada de la publicidad y la promoción de ventas deben estar hermanadas bajo un plan estratégico común para lograr los objetivos de comunicación propuestos. Sin embargo, a veces las empresas emprenden acciones promocionales empujadas solo por una motivación táctica. ¿Qué lleva a las compañías a tomar esta decisión? Aquí, algunas ideas al respecto:

1. Presión del cuerpo directivo para aumentar las ventas trimestrales, fomentando el uso de las promociones de ventas y lograr ventas rápidas aun a costa de un deterioro de valor y credibilidad de la marca.

2. Acortar los ciclos de vida de los productos.

3. Liquidar inventario para hacer caja.

4. Aplicar la promoción como una acción defensiva anticipando acciones de lanzamiento de nuevos productos de la competencia.

5. Aumentar el valor del ticket promedio de compra promocionando un gran descuento por compras de volumen.

6. Resolver baches o "demoras" en el flujo del negocio que pudieran aparecer, por ejemplo, debido al faltante de stock del producto durante períodos aco-

tados y que demandan una "aceleración de los resultados" para alcanzar las metas trimestrales.

Publicidad y promoción en relación con los objetivos comunicacionales

La publicidad y la promoción muestran desempeños diferentes de acuerdo con el objetivo comunicacional que se persiga. Podemos considerar que tanto la publicidad como la promoción tienen un desempeño limitado en estimular la **necesidad de la categoría**. En este caso el uso de la prensa puede ser más ventajoso. En cuanto a la **conciencia de marca** es una fortaleza de ambas herramientas. Mientras que la publicidad es de utilidad para impulsar tanto la recordación como el reconocimiento de marca, la promoción es más efectiva en relación con este último. No hay dudas que la publicidad es el contribuidor por excelencia para lograr una **preferencia por la marca** positiva. Un trabajo cuidadoso en el desarrollo de la promoción, tanto en su contenido textual como en las imágenes, permite emplearla en relación con este objetivo de comunicación aun cuando su contribución será muy acotada. Finalmente, en relación con la **intención de compra de la marca** es claramente la fortaleza de la promoción. Como afirma Larry Percy, la publicidad puede ser verdaderamente una contribución —aunque limitada— a la **intención de compra de la marca** siempre y cuando se trate de un aviso puramente publicitario y no un híbrido que combine publicidad y promoción[3] [(p. 357)]. El profesor Percy propone considerar el contexto en el cual se desarrolla la comunicación. Al efecto se debe observar cuán diferenciado está el producto del resto de la competencia. Si se toma como atributos diferenciales la calidad y el precio, en caso de contar con un producto que los consumidores perciben como de alta calidad, el criterio será invertir en publicidad para comunicar tal beneficio y sostener esa imagen del producto. Por el contrario, si la marca se percibe como de baja calidad, la promoción será la herramienta más efectiva para convencer a los consumidores a intentar la marca. En general, si la marca brinda, ante los ojos de los consumidores, beneficios únicos que no pueden encontrarse en otras marcas para esa categoría, la lógica sería invertir en publicidad para informar a la audiencia acerca de dichos atributos. Mientras la marca se percibe como diferente, la publicidad será más apropiada que la promoción. Por el contrario, cuando la marca se reconoce como un *commodity* la promoción será el recurso más apropiado. Nótese que la diferencia puede ser incluso por atributos que los consumidores no ven ni perciben como una bebida gaseosa sin cafeína o un *snack* sin ácidos grasos "trans". Por otra parte, la publicidad resulta más apropiada para sostener una cuota de mercado que posiciona a la marca como líder y refuerza su preferencia.

La publicidad y la promoción en relación con el ciclo de vida del producto

El ciclo de vida de un producto cubre cuatro etapas claramente identificadas como: introducción, crecimiento, maduración y declinación. La comunicación de marketing ayuda al avance del producto en estas etapas. Ahora bien, ¿cuál es el rol de la promoción de ventas y de la publicidad en relación con el ciclo de vida de los productos? Intuitivamente la **introducción** del producto al mercado determinará el punto máximo de ambas estrategias en conjunto. Es el momento donde se debe lograr un conocimiento de marca y las capacidades y atributos del nuevo producto, a la vez que el consumidor pueda probarlo. A medida que se avanza en la curva del ciclo de vida y se ingresa en la etapa de **crecimiento**, la publicidad tendrá más importancia ya que aquí la decisión de compra del producto radica en sus atributos, así como del conocimiento que se tenga de la marca y no en el incentivo de compra. En caso de que el producto no muestre demasiados diferenciales en la categoría y no la lidere, la mayor acción publicitaria en relación con la categoría deberá dejarse en manos de la competencia y entonces sí, enfocarse a que el cliente pruebe el producto motivando el cambio desde una marca competidora a la propia a través de acciones promocionales. En la etapa de **madurez** del producto, si la marca tiene un alto nivel de lealtad por parte de los clientes es evidente que no tendrá sentido invertir en promoción ya que hacerlo puede llevar a disminuir el valor de venta del producto con un impacto negativo en la rentabilidad.

Cuando el producto llega a la **declinación,** la publicidad no tiene razón de ser y las promociones deberán permanecer solamente en el canal de ventas para

mantener vigente la distribución hasta el fin de la vida del producto y el vacia-
miento de los inventarios.

Las relaciones públicas en marketing

Thomas L. Harris define a las relaciones públicas en marketing (MPR) como "el
uso de estrategias y tácticas de relaciones públicas para alcanzar los objetivos de
marketing. El propósito de MPR es ganar conciencia, estimular las ventas, facilitar la comunicación y establecer relaciones entre consumidores, empresas y marcas[17]. Si bien a veces se banaliza el rol de las relaciones públicas en el marketing
asociándolas con una forma de publicidad gratuita, la principal fortaleza de las
MPR es construir la credibilidad de la marca basándose en el soporte público de
referentes, expertos y líderes de opinión. Tal sustento se percibe con mucha más
autenticidad que los mensajes publicitarios o promocionales *per se* que siempre
están estigmatizados por su carácter claramente comercial. El MPR es también
un dinamizador del boca a boca. La marca McDonald's ha sido capaz de utilizar
al payaso Ronald como un símbolo muy serio y respetado del compromiso de la
compañía con los niños enfermos y sus familias a través de las "Casas de Ronald
McDonald" en todo el mundo y mediante una acertada acción de MPR. Otro
ejemplo de integración sinérgica exitosa de MPR y otras herramientas de comunicación de marketing lo representa la campaña de Dove de Unilever, que ayudó
a rejuvenecer la marca y hacerla relevante a un público objetivo completamente
nuevo y más joven. Bajo el concepto de "belleza real", la campaña lanzada en
2004 fue un verdadero esfuerzo de integración en la comunicación de marketing
a partir de la cual se puso en discusión pública la definición y el valor de la belleza verdadera de las mujeres. La campaña que mezcló avisos publicitarios con
acciones de relaciones públicas generó una cobertura de noticias sin precedentes.
Una parte de ese esfuerzo fue la creación de un video llamado *Dove-evolution*,
publicado en YouTube, que se convirtió en uno de los más vistos en 2006 y con
más de 16 millones de vistas al día de hoy, donde una mujer —naturalmente
atractiva— se ve sometida a una serie de pasos de maquillaje, peinado y posterior
procesamiento digital de su imagen para ajustarse a la definición de la belleza
demandada en un aviso de vía pública.

Otro ejemplo muy interesante es una campaña llamada *Best job in the world* o el mejor trabajo del mundo, donde se buscaba motivar la visita de *The islands of the Great Barrier Reef* y las regiones de Queensland en Australia. Para lograr el objetivo se lanzó una campaña global ofreciendo una vacante para ser custodio de una isla paradisíaca. Para postular, los candidatos debían crear un video de un minuto de duración y subirlo a un canal de YouTube. En ese video debían expresar por qué deseaban la posición y qué los calificaba para ocuparla. La campaña se difundió como avisos de búsqueda de trabajo en distintos periódicos y la inusual idea llamó la atención de medios de todo el mundo tales como CNN, BBC, etc. que se hicieron inmediatamente eco de la historia. Como consecuencia, más de 34.000 personas de más de 190 países se postularon al puesto creando y subiendo su video a YouTube. En esta campaña, la estrategia visible fue la búsqueda de un empleado o empleada para un trabajo único en condiciones laborales excepcionales y con un sueldo muy atractivo, pero en realidad la oferta intentaba lograr a través de la novedad una fuerte repercusión en los medios gráficos, televisivos y digitales de todo el mundo —como finalmente sucedió— y de ese modo promover el conocimiento de Queensland y sus alrededores como atractivo turístico de primer orden. Este último objetivo se cumplió con creces y con crecimiento del número de visitantes a las islas (unos 9.000 pasajeros nuevos a partir de la campaña), un aumento mayor del 40% año a año en las búsquedas de internet que asociaran a Queensland como destino.

A pesar de estas experiencias positivas y muchas otras, existe siempre cierta dificultad en integrar a las relaciones públicas con la estrategia de marketing, probablemente por la diferencias de lenguaje entre ambas disciplinas pero también por el miedo de una a quedar subordinada por la otra. También, por la sensación de corto plazo que emana de las acciones tradicionales de la comunicación de marketing representadas en lograr la venta como una base primaria en el valor de la relación con los clientes, siendo esto rechazado tradicionalmente como objetivo único por el área de relaciones públicas de la empresa. Como consecuencia, los profesionales que se dedican a ellas prefieren pensar que lo que hacen no está conectado en modo alguno al "marketing". Aunque la preocupación principal de un departamento de relaciones públicas pasa por desarrollar buenas relaciones y un entendimiento mutuo con los públicos de la empresa, a veces esa oficina soslaya el hecho de que uno de los públicos principales suelen

164 • DOMINGO SANNA

ser los clientes y prospectos de la firma. Jon White, en su libro *Cómo entender y gestionar las relaciones públicas*, describe claramente el rol que tienen en la gestión de la comunicación de marketing diciendo: "las relaciones públicas son un complemento y un correctivo a la estrategia de marketing... que crea un ambiente en el que es más fácil el mercadeo... las relaciones públicas pueden hacer preguntas que el marketing, con su enfoque en el mercado, productos, canales de distribución y clientes y su orientación hacia el crecimiento y el consumo, no puede"[18]. Así mismo, las relaciones públicas pueden crear un "escenario" público —por ejemplo, exaltando el valor nutritivo y la importancia de la sopa en la alimentación cotidiana— para construir luego sobre él una campaña promocional y publicitaria que permita la venta de sopas con mayor éxito. En general la sección de relaciones públicas en una empresa, además de dar apoyo a la comunicación de marketing, es la responsable de la comunicación corporativa como un todo. Por lo tanto, empleando la figura del MPR como una suerte de embajador del equipo de relaciones públicas dentro del grupo de marketing, se buscará asegurar el diálogo y la coordinación entre ambos departamentos. Este esquema permitirá comunicar eficientemente la marca a través de mecanismos como la generación de contenidos vía *newsletters*, blogs, eventos y entrevistas a directivos de la firma, por ejemplo. Además facilitará la vinculación con los medios informativos especializados y su cuerpo de periodistas.

Finalmente, no todas son ventajas para el marketing en relación con el MPR. El mayor problema potencial es, quizá, la pérdida de control en el mensaje. Es imposible asegurar que el mensaje será expuesto y, de hacerlo, si su presentación será en los términos que espera la marca. Además, resultará para las audiencias mucho más difícil la asociación entre un mensaje no publicitario y la marca.

Presencia en la web, el punto de partida

El primer recurso para generar contenido y presencia de marca es su sitio web. En muchos casos puede contener un blog personal o corporativo. Un sitio web es un recurso comunicacional que permite establecer la marca y reforzar su credibilidad, atraer y fundamentalmente interactuar con la audiencia objetivo llevando a los individuos a constituirse en clientes y/o promotores de la firma. El foco principal de un sitio web no es construir conciencia de marca pero si nutrir la relación con los clientes ejerciendo influencia en su preferencia hacia ella. Como consecuencia, el éxito de un sitio web depende del tráfico que genere ya que la inexistencia de circulación le quitará sentido al sitio. A la hora de alimentarlo, piense en su sitio web como si fuera su oficina central y su presencia en las diversas redes sociales como sucursales. Esas sucursales aumentarán el alcance de su mensaje y de su vínculo. Ahora bien, es bueno que construya relaciones a través de Facebook, Twitter o LinkedIn pero sin dejar de lado la importancia que tiene "llevar" o derivar a su comunidad hacia un lugar donde pueda influenciar más en la conversación. Ese lugar es su sitio en internet. ¿Qué tanto sirve tener miles de fans o seguidores si no puede, por ejemplo, clasificarlos en clientes o no clientes de la marca? El sitio web, como toda herramienta en el mundo digital, precisa de atención e inversión de tiempo y de esfuerzo. No invitaría a su casa cuando la misma está desordenada o mal presentada. Aquí la utilización de una herramienta que le permita gestionar sus contenidos —tal como un blog— será de gran ayuda para:

- Generar el tráfico buscado como así también mantenerlo actualizado con contenidos relevantes y de calidad (vía email, por ejemplo).
- Contar con un diseño optimizado y una navegación intuitiva sin enlaces perdidos o defectuosos.
- Permitir la descarga de material de muestra (*ebooks*, *papers* u otros artículos, cursos o videos exclusivos para visitantes registrados).
- Establecer fuertes vínculos con redes sociales, fundamentalmente Facebook, Twitter y LinkedIn.

Patrocinio y marketing de eventos

El patrocinio de una marca se relaciona con su apoyo a un evento, una causa, una organización o inclusive a un individuo. Este soporte se exterioriza mediante el empleo del logo en la comunicación del evento o individuo que se patrocina. El patrocinio no se vincula con una actividad única, sino con una relación como bien podría ser la ayuda continuada a una fundación que lucha contra la desnutrición infantil. Si la relación es solamente para auspiciar un evento que recaudará fondos para los niños con SIDA, entonces se habla de *marketing de eventos* y no de patrocinio. Por ejemplo, el apoyo al campeonato mundial de fútbol se puede considerar como marketing de eventos, pero la adhesión a un jugador en particular como Lionel Messi o Cristiano Ronaldo durante un período prolongado se considera patrocinio. La elección de la persona o personaje a quien se patrocinará debe estar en línea con la personalidad y los objetivos de la marca. Si el medio es el mensaje (es decir, la elección del patrocinio refleja los valores del patrocinador), el mensaje puede llegar a empañarse por su asociación con un evento socialmente inaceptable. En sentido opuesto, una compañía tabacalera difícilmente pueda ser el patrocinador de una maratón para recaudar fondos para pacientes con cáncer de pulmón. La cobertura mediática global de un evento puede no ser una buena cosa si lo que se está patrocinado en un país es inaceptable en otro, por ejemplo, las corridas de toros. El patrocino de causas e individuos expone a la marca a comportamientos no deseados de aquellos. Recientemente Lance Armstrong fue acusado de dopaje sistemático por la Agencia Antidopaje de Estados Unidos, la que finalmente decidió retirarle sus siete títulos del "Tour de Francia", además de darle una suspensión de por vida. Cuando el tema alcanzó estado público y todo el mundo esperaba escuchar la voz del corredor, Lance Armstrong, en una entrevista con la popular animadora estadounidense Oprah Winfrey, admitió haber usado EPO, testosterona y transfusiones de sangre para mejorar el rendimiento durante su carrera de ciclismo. A lo largo de su historia deportiva —en las que sucedieron las irregularidades luego reveladas por el corredor—, Armstrong fue parte de equipos que llevaban el nombre de las marcas patrocinantes tales como Motorola, US Postal, Discovery Channel y RadioShack. La marca Nike fue otra de las afectadas por la triste revelación acerca del comportamiento del corredor. En el sitio Nike.com la marca expresa claramente "Nike no aprueba el uso de drogas ilegales para mejorar el rendimiento a cualquier costo. Nos encanta el deporte y creemos en la integridad de la competencia. Hemos terminado nuestro contrato con Lance Armstrong en octubre de 2012. Quedamos tristes después de haber sido engañados por más de una década. Nike planea continuar con el apoyo de la iniciativa *Livestrong* creada para unir, inspirar y empoderar a las personas afectadas por el cáncer"[19]. Sin embargo, contradiciendo su propio comunicado, en mayo de

2013 Nike también retiró su apoyo a la fundación *Livestrong* fundada por el mismo Armstrong en 1997, luego de que le diagnosticaran un cáncer testicular.

Entre las ventajas principales del patrocinio se encuentra el desarrollo de una conciencia y de una preferencia de marca que puede sumar factores como afecto y respeto por la marca dada las características del individuo o la entidad que los patrocina. Además, el costo del patrocinio puede ser razonable en relación con otras inversiones publicitarias comunes en los mercados de consumo masivo. Basándome en Paul R. Smith y Ze Zook, sugiero considerar los puntos clave siguientes[7]:

- Casi todo puede ser patrocinado.
- Casi todo público objetivo puede ser alcanzado a través del patrocinio.
- Elija los programas de patrocinio con cuidado separando el entusiasmo inicial del análisis numérico.
- El patrocinio puede ser una herramienta rentable de comunicación de marketing, satisfaciendo un rango de objetivos diferentes.
- Maximizar la influencia del patrocinio mediante su integración con otras herramientas de comunicación.
- El patrocinio de un individuo u organización limita el control total sobre el mensaje. Se debe entonces generar con antelación planes de contingencia en caso de que las cosas resulten mal o de una manera inesperada.
- Pensar globalmente, pero actuar localmente. Gracias a la globalización de la comunicación, el patrocinio de un evento puede ser aceptable en un país pero desaconsejado en otro.
- Establecer un presupuesto claro del patrocinio para así aprovechar el programa y maximizar el impacto a través de otras herramientas de comunicación.
- Mantener informados a los empleados. A veces, conseguir que se involucren aumenta el apalancamiento y el resultado.
- Ejecutar un plan piloto pequeño, si es posible, para resolver cualquier problema inicial.

- Cuidado con el llamado *marketing de emboscada* o *de guerrilla*, donde empresas que no son patrocinadoras encuentran maneras creativas y efectivas de ganar atención durante actividades patrocinadas, pero eso sí, pagando un costo mucho menor por participar en ellas. Aún recuerdo con una sonrisa una participación de mi empresa en un congreso médico en San Pablo (Brasil) donde, contando con un *stand* de 300 m² aprovechamos para contratar a una profesional del *mimo corporal*. Tres veces por día durante el congreso, en horarios previamente comunicados a la audiencia, ella aparecía a escena en el *stand* con un traje sintético ajustado, lentes de contacto blanco opaco y cabello platinado simulando a un robot con perfección increíble. Su apariencia no humana se reforzaba por medio de un dispositivo electrónico imperceptible que le daba a su voz un tono metálico muy creíble. Ella hacía tan bien su papel que más de una vez los asistentes al show me consultaron si era una persona o un robot de verdad. Cada vez que actuaba, la actividad completa del congreso simplemente se detenía y una multitud acudía a nuestro *stand* para apreciar la presentación de esta profesional que era realmente extraordinaria. Como una ironía, dado que la capacidad de los pasillos aledaños a nuestro *stand* quedaba superada ampliamente por la cantidad de interesados en el espectáculo —en su mayoría médicos—, terminaban ocupando los *stands* de firmas competidoras pero no para conocer sus productos sino para ver la actuación de nuestra mimo. Con esto lográbamos dos efectos: aumentar el reconocimiento de nuestra marca y abarrotar de personas los *stands* competidores evitando de ese modo que ofrecieran sus productos mientras el show transcurría. Al ver lo que estaba ocurriendo, los organizadores intentaron evitar que continuáramos con el espectáculo, pero en verdad no había nada escrito en el contrato que lo impidiera. Nosotros lo sabíamos. Lo habíamos estudiado con cuidado y aprovechamos una brecha para lograr mayor conciencia de marca y una preferencia positiva basada en un gran acontecimiento para los clientes. Todo esto con una inversión mínima en relación con la que los patrocinadores principales pusieron en juego.

La anécdota anterior me lleva al siguiente punto.

Participación en congresos y ferias

Muy pocas actividades permiten encontrar bajo un mismo techo a fabricantes de productos, desarrolladores, proveedores de insumos y compradores actuales y potenciales. Los congresos y las ferias, donde estas últimas pueden o no hacerse al resguardo de las primeras, son una oportunidad muy atractiva para todo programa de comunicación de marketing; en particular para los mercados empresarios más que para los de consumo masivo. Los congresos y ferias ofrecen una variedad de oportunidades y desafíos al comunicador de marketing. Muchas veces la presencia en ellos resulta motivada por la insistencia de la oficina comercial o de la misma gerencia general en lugar de nacer como parte de un proceso orquestado con la estrategia de comunicación de marketing de la marca. Es por eso que la primera pregunta que debe tener respuesta es si vale la pena participar o no en actividades como esas y, de hacerlo, en cuáles enfocarse ya que la oferta suele ser amplia y variada. Participar en un congreso o feria suele ser muy costoso en términos de inversión de recursos (la renta del espacio y el armado del *stand*, la presencia de expertos de la marca, el tiempo de vendedores de la firma, la importación de material a exhibir, los seguros especiales, etc.) y el retorno de la inversión es probable que no se perciba fácilmente. Hay muchas razones para estar presente en un congreso o feria pero su identificación es crucial *antes* de aceptar la participación. Entre otras razones, uno puede participar en una actividad así para:

- Generar oportunidades de venta entre clientes y prospectos para los vendedores de la firma.
- Lanzar nuevos productos o "testear" prototipos.
- Mantener una presencia en el mercado y reforzar la conciencia de marca.
- Ofrecer actividades exclusivas a los mejores clientes para que conozcan a ejecutivos y expertos de la firma en un momento distendido. Para esto se puede aprovechar no solo el *stand* sino la reserva en reuniones privadas y exclusivas (por ejemplo, salones o habitaciones de hoteles cercanos a la feria).

- Ayudar a la difusión de prensa de la marca y generar oportunidades para la oficina de relaciones públicas. Generar contenido para los medios digitales y el sitio web de la marca.

- Dar apoyo de marca a los distribuidores locales y los agentes comerciales en general.

- Comprender mejor la oferta de mercado y el espectro competitivo.

- Presentar la marca a profesionales clave del mercado que pudieran mostrarse interesados en ser reclutados en el futuro.

El diseño del *stand* debe cuidar el alineamiento con los indicadores gráficos y la personalidad de la marca. Además, no solo se deben resaltar los productos exhibidos sino los beneficios asociados con la marca. El diseño del *stand* debe facilitar el flujo de personas y brindar oportunidades para charlas breves con los clientes, además de una mecánica para registrar en detalle los datos de los visitantes, pero en especial, sus necesidades y requerimientos. Para maximizar la efectividad del evento, la marca expositora puede desarrollar una cuidadosa promoción pre-show e invitar con antelación a los clientes y a prospectos a visitar su *stand*. Para este fin se puede apelar al correo directo (tanto físico como electrónico), el telemarketing, los contactos directos de la fuerza de ventas, las actividades de prensa o las actividades promocionales conjuntas con otras marcas. Además, se podrá poner en juego algún incentivo para el visitante. El objetivo es hacer que el *stand* promocionado sea visitado antes que otros *stands* de la feria. ¿Por qué el apuro? Observaciones empíricas muestran que la persona promedio visita no más de 13 *stands* por feria o congreso y claramente vale competir para estar entre ellos. La ubicación del *stand* sin duda puede ayudar pero habrá un costo importante asociado con los lugares de privilegio como aquellos cercanos a la entrada principal, el área de descanso o social, la puerta de entrada a los salones principales de las conferencias, etc.

Nunca, nunca subestime la importancia de los detalles. Desde la vestimenta del personal en la muestra hasta su preparación para atender y sacarle provecho a la participación en el evento. Llevar y comunicar una agenda detallada sobre quiénes estarán a cargo de la atención del *stand* es crucial para evitar el fenómeno del *stand* vacío de personal de la empresa o dejarlo a cargo de personas que no estén capacitadas para atender las demandas potenciales de los visitantes. La ley, "si algo puede suceder mal…sucederá" se cumple inexorablemente en las exhibiciones. Tendría mucho para contar de mi propia cosecha pero solo compartiré lo más inesperado que me sucedió en la Argentina. El día que iniciaba el congreso y cuando los obreros iban en camino para el armado de nuestro *stand*, fueron asaltados y nos sustrajeron la totalidad del cargamento de equipos médicos que presentaríamos en un show sobre cardiología. Por lo tanto, cuando llegaron los clientes, solamente teníamos una silla y cientos de disculpas para ellos por no tener qué mostrarles. Los equipos eran todos importados y algunos habían llegado al país transitoriamente para esa presentación. Con esto en mente, comprenderá que fue imposible reemplazarlos. Era tan desoladora nuestra posición ante este hecho que algunos hospitales y clínicas clientes se solidarizaron con nosotros y nos prestaron sus equipos de reserva para que los exhibamos y no tuviéramos así el *stand* vacío durante una semana.

Venta personal

Un hombre muere y llega a las puertas del Cielo donde San Pedro lo recibe y le dice que no puede entrar hasta que haya conocido también el Infierno. Aunque el hombre sabe que quiere ir al Cielo, San Pedro insiste en que debe ver el Infierno primero antes de decidir. Para su sorpresa, al llegar a él, el hombre descubre que el Infierno es una ciudad en plena fiesta, con bebidas libres, buena música, un montón de amigos, hermosas mujeres, un clima perfecto, impecables campos de golf, canchas de fútbol, conexiones de internet de alta velocidad, yacusi y playas de arena blanca y mar azul transparente. Lo mejor de todo, las personas son muy amables y se muestran preocupadas de que el visitante se sienta a gusto en su nuevo entorno. Luego de un tiempo, San Pedro reaparece y le pregunta al recién llegado sobre su decisión luego de haber conocido el lugar, a lo que el hombre responde con entusiasmo y firmeza: "no hay duda, el Infierno es para mí". Cuando el hombre despide a San Pedro y regresa, todo lo que encuentra, en lugar del paraíso anterior, son cuerpos ardiendo, gritando y retorciéndose de dolor. "¡Pero, este no es el mismo lugar!" le gritó a San Pedro, quien ya, a lo lejos, le respondió: "Oh, sí, si lo es… Lo que pasa que antes eras un cliente potencial pero ahora eres solo un cliente más".

Quizás pocas historias expresen tan bien como esta lo que mucha gente piensa del oficio del vendedor. De hecho, la palabra vendedor se ha vuelto algo prohibido. Hoy cuando vemos tarjetas de negocios encontramos títulos variados tales como: ejecutivo de cuentas, responsable de cuentas o responsable de negocios, entre algunos otros eufemismos, pero nunca un *vendedor* o *vendedora* a secas. Pareciera que la venta es una actividad resistida (y negada), pero los mercados no tendrían posibilidad de existir si alguien no vendiera lo que se produce. Igualmente rechazados son aquellos inoportunos vendedores telefónicos que llaman a nuestros hogares —a cualquier hora, al menos en mi país— para ofrecernos desde telefonía celular hasta seguros de vida. En los mercados B2B, por ejemplo, el rol de los vendedores es particularmente clave y en la venta minorista la figura del vendedor es igualmente importante, pero sus habilidades son algo diferentes y tienen que ver con la dificultad de los productos y servicios que promueve y los públicos a los que se dirige. La venta directa vive gracias a un sinnúmero de vendedores de tiempo parcial o completo. Si uno toma el modelo AIDA (atención, interés, deseo y acción) el vendedor tiene una gran participación en la etapa de conversión entre el interés y la acción, que no es otra que la compra del bien o servicio. Pero no es la única contribución de la fuerza de ventas: también se especializa en hacer inteligencia de negocios y construir relaciones (que pueden, a su vez, ser percibidas por el cliente o prospecto como una ventaja competitiva). En realidad, se estima que en B2B los vendedores "venden" solo un diez por ciento de su tiempo. El resto lo dedican a prospectar futuras oportunidades, el intercambio de mensajes con sus clientes y prospectos, el desarrollo de la propuesta de ventas, la preparación de las entrevistas de ventas, los viajes, el entrenamiento y la gestión administrativa que demanda su función (documentar contactos, hacer parte de visitas, etc.). Los vendedores, además, en muchos casos, intervienen en la atención posventa del cliente ya sea por problemas o cambios en las órdenes de compra como por la aparición de problemas en la instalación o el funcionamiento de los equipos o servicios prometidos. Los vendedores no solo deben atender las necesidades del cliente y resolverlas, sino que para ello deben comprender primero las estrategias de negocio de sus clientes y luego ver cómo poder ayudarlos en base a su contexto y a sus prioridades. Este acercamiento de tipo *consultivo* exige un cambio de actitud del vendedor que deberá ver al cliente como un socio y no solamente como un objetivo de ventas. La satisfacción que genera una relación de confianza de largo plazo establecida con un vendedor será la base de una asociación estratégica con el cliente en un contexto de "ganar-ganar". Como respuesta a este vínculo, la lealtad de los clientes hacia la marca aumentará creándose una ventaja comercial sostenible. El rol del vendedor debe integrarse plenamente a la estrategia de comunicación de marketing de la marca. A este efecto, la fuerza de ventas debe de estar internamente comunicada sobre las acciones promocionales y de ventas desarrolladas por marketing como así también de las acciones promovidas por el MPR. La folletería (física o electrónica, mediante *tablets*, por ejemplo) será una herramienta para iniciar una entrevista con un cliente. El entrenamiento de la fuerza por parte del equipo de productos y el apoyo consultivo de expertos en el caso de productos o servicios complejos que son habituales en el marketing B2B, serán un soporte fuerte para la tarea de comunicación durante el proceso de ventas. El desarrollo de una guía de visitas y llamadas fundada en el análisis de un sistema de gestión de clientes (CRM) que considere, entre otras variables, la historia de compra de los clientes y prospectos, los productos adquiridos y los que aún están pendientes de la venta, la rentabilidad global, el tiempo de relación, el tiempo de la última venta, la venta en valores absolutos, la potencialidad de compra del cliente, etc., aumentará la efectividad del vendedor significativamente; y lo hará aun a costa de quitarle libertad en la elección de su propia bitácora de ventas, lo que pudiera ser un factor desmotivante para él, salvo que se demuestre que de ese modo sus resultados —y por ende, su compensación económica— mejorarán cuando respete la guía de ventas que emana del CRM en lugar de emplear su "olfato" de vendedor únicamente.

Finalmente, y en términos de la grilla Rossiter-Percy (GRP), el vendedor tiene un rol más activo cuando el producto o servicio es de alto involucramiento, ya sea que tenga una motivación positiva (la compra de un automóvil, un televisor sofisticado, un perfume delicado o unas vacaciones, por ejemplo) o negativa (adquirir un producto o servicio de uso industrial, un tractor o un elevador, por citar algunos casos). Desde la mirada de la comunicación de marketing **el vendedor es un recurso complejo y sofisticado**. Engloba sus técnicas de venta, personalidad, recursos de ventas, experiencia, productos o servicios que comercia, entrenamiento, principios éticos y empatía con lo que ofrece y para nutrirlos con valores y diferenciadores de la marca a la que representa. Es por esto que la selección de un vendedor debe llevar tiempo, esfuerzo y consideración por parte de la empresa. Piense que un vendedor que engaña deliberadamente al cliente (fechas de entrega, atributos y fortalezas de los productos, etc.) pone en juego no solo su propia reputación sino la de la marca con la que se le asocia.

Marketing directo

Si bien expresiones tales como: ¡Encuéntranos en Facebook! ¡Síguenos en Twitter! ¡Visita nuestro sitio web! ¡Haz clic aquí! ¡Llama a este número gratuito! etc., le resultarán muy familiares y actuales, el concepto que les da origen —el marketing directo (MD) — no es para nada nuevo aunque su desarrollo, gracias a la explosión digital, se ha acelerado notablemente en la última década. Hay que resaltar que por años hubo un cierto aire de menoscabo por esta herramienta, fundamentalmente porque era la destinataria de una pequeña porción del presupuesto total de comunicación de marketing. La publicidad masiva se llevaba la mayor tajada económica pero también, estratégica. En otras palabras, se podía vivir sin marketing directo pero no sin publicidad masiva. Tal vez esto explique por qué a las acciones que se desarrollaban en marketing directo fueran conocidas como acciones "*below the line* o BTL", es decir, bajo de una línea imaginaria que dividía lo sustancial de la inversión en comunicación de marketing de lo accesorio. Como ya imaginará, lo sustancial lo constituía la hermana rica del marketing directo: la publicidad, aún hoy llamada "*above the line*, o ATL", que engloba no solamente las acciones de comunicación más costosas sino en general aquellas con mayor dificultad para medir sus resultados. Tiendo a pensar como muchos de mis colegas que afirman que la tan mentada línea hoy no existe más y aceptar esto es darle vida al concepto de integración de medios y mensajes. El ADN, la esencia del marketing directo, se sostiene en la necesidad creciente de garantizar un enfoque claro y específico en la respuesta a las necesidades individuales del cliente, un requisito que puede lograrse mejor mediante una comunicación directa. Busca, además, hacer que la comunicación de marketing rinda cuentas de sus resultados. Algo que cada vez es y será más demandado por las empresas y las instituciones y que encuentra su mejor respuesta en el marketing directo. Las capacidades propias de la herramienta se han potenciado y dinamizado con la llegada de nuevas y mejores tecnologías informáticas. La aparición de nuevos medios y vehículos de comunicación han permitido que el marketing directo mantenga sus principios pero expandiendo sus fronteras en el afán de lograr sus objetivos. Claro que el crecimiento explosivo de esta herramienta no ha permitido aún un acuerdo claro de académicos y practicantes a la hora de definirlo. Si bien el MD es considerado generalmente "un sistema interactivo de comercialización que utiliza uno o más medios de publicidad para lograr una respuesta medible o transacción del mercado al que enfoca", una definición alternativa proporcionada por Drayton Bird lo presenta como "Cualquier actividad publicitaria que crea y explota una relación directa entre usted y su prospecto o cliente como individuo"[20]. La demarcación del concepto propuesta por Lisa Spiler y Martin Baier en su libro *Contemporary direct and intercative marketing* me resulta particularmente moderna y descriptiva: "El marketing directo es el proceso interactivo que, apoyándose en una base de datos, se comunica directamente con un grupo de clientes objetivo —actuales o potenciales— a través de diversos medios para obtener una respuesta o transacción medible empleando un canal de comunicación único o múltiple"[21] (p. 6). Esta definición identifica las dimensiones clave del marketing directo: base de datos, comunicación directa, clientes objetivo, respuesta medible, canal único o múltiple. Esos autores van un paso más adelante y describen al marketing directo como "un proceso, una disciplina, una estrategia, una filosofía, una actitud y una colección de herramientas y técnicas"[21] (p. 7).

El objetivo principal del marketing directo es desarrollar y fortalecer la relación con los clientes a lo largo del tiempo basándose en una comunicación personalizada, no solo en la identificación del destinatario del mensaje, sino en la relevancia del contenido de acuerdo con las necesidades de los clientes actuales o potenciales. Esto es posible mediante dos factores: la construcción y el desarrollo de una base de datos que guarde la historia de la relación con cada consumidor y por lo tanto refleje las interacciones con él; y, por supuesto, la utilización de tecnología que permita tal personalización. El MD incorpora en la construcción del mensaje una gama de herramientas persuasivas orientadas a ejercer influencia sobre las actitudes y, desde ahí, el comportamiento del consumidor. Busca la venta rentable (o la donación, para el caso de una ONG), pero al hacerlo, desarrolla y construye relaciones sustentables y de largo plazo con los clientes. Es la estrategia de comunicación de marketing donde las organizaciones de ventas y marketing se entrelazan con mayor fuerza. De hecho, el perfil del profesional de marketing directo está claramente sustentado por sus habilidades comerciales.

Según Patterson, el MD brinda una serie de ventajas frente a los métodos tradicionales de comunicación[22]:

- Puede ser muy específico, creado y entregado teniendo en mente a ciertos clientes o prospectos específicos y permitiendo el diálogo con ellos a efectos de construir relaciones fuertes y duraderas.
- Puede ser individualizado y personalizado, ayudando a superar la confusión inherente a los medios de comunicación masiva y más tradicionales.
- Puede ser fácilmente escalable y más rentable que otras tácticas de los medios masivos, lo que lleva a muchas organizaciones pequeñas o medianas a utilizarlo como una herramienta competitiva frente a las grandes organizaciones que suelen contar con presupuestos generosos de comunicación.
- A través de la apertura de un diálogo con los clientes, puede desempeñar un papel más efectivo en la construcción de lealtad y de una preferencia positiva hacia la marca que la que es posible obtener a partir de una comunicación monologada.
- Los efectos del MD son medibles en mejor y mayor grado que los efectos de las comunicaciones tradicionales y por lo tanto facilitan el control de la inversión y sus resultados.

Notemos que si bien la utilización de correo directo o email es frecuente en marketing directo —al igual que la publicidad de respuesta directa que invita, por ejemplo, a rellenar un cupón, visitar un sitio web, ir a una tienda o comercio, solicitar folletos o material informativo, etc., y que podemos considerarlas entre las formas fundacionales del MD—, no depende de ningún medio. Dentro del abanico de medios disponibles se puede considerar, por una parte, a los basados en tecnología; entre ellos citaré a internet, email, motores de búsqueda, blogs, redes sociales, marketing de móviles, mensajes de texto, televisión de respuesta directa y todo otro medio tecnológico que se desarrolle en el futuro. Y por la otra parte, tenemos a los medios impresos, los que engloban a diarios, revistas, folletos, catálogos y el correo tradicional. La lista de medios que presento para cada uno de los grupos citados no es exhaustiva sino referencial, ya que en el día a día se encontrará con un abanico sorprendente de alternativas para llevar al cliente, por ejemplo, al sitio web de una empresa o de un individuo. Además de los medios, el MD considera distintos canales para llegar al consumidor. Por ejemplo, una empresa puede enviar catálogos mensuales de productos a sus empresas objetivo (a partir de una base de datos calificada) incluyendo un número telefónico y un sitio web para hacer la compra directa, a la vez que ofrecer sus productos en venta en su sitio web (comercio electrónico) mientras sus tiendas se ubican en los centros comerciales principales para permitirle al cliente observar el producto y "tocarlo". Una alternativa más sería la utilización de kioscos con los productos en exposición y con la posibilidad de comprar a través del propio sitio web. Si bien la existencia y administración de diversos canales incrementará los costos de la operación, el pensamiento base es que los consumidores están interesados en disponer de alternativas para la compra y de este modo aumentar la posibilidad de conseguir una venta, al mismo tiempo que se ofrecen más caminos para hacerla. El MD fue adoptado como estrategia de comunicación exitosa por empresas de diverso tipo, tamaño y rubro, tanto B2B como B2C, además del gobierno, las instituciones políticas, deportivas y educativas y también las ONGs.

El marketing directo en la era digital

Internet es un medio interactivo que ofrece, a la vez del acceso a la información, un modo de interactuar en tiempo real con los consumidores empleando distintos dispositivos tales como computadoras de escritorio, *notebooks, netbooks, tablets* o teléfonos inteligentes. La Asociación de Marketing Directo o DMA (www.the-dma.org) establece que para que un nuevo medio se considere interactivo debe cumplir con los siguientes criterios[23] (p. 5):

- Los clientes deben ser capaces de controlar el momento en que ven los productos y los tipos de productos que están viendo.
- Los consumidores deben ser capaces de controlar el ritmo de la revisión de productos. Podrán revisar el contenido del producto en su tiempo libre le-

yendo la documentación de apoyo a un ritmo que les sea conveniente en lugar de estar obligados a pasar al siguiente producto.

- Los consumidores tendrán la oportunidad de hacer un pedido o solicitar información adicional directamente a través del medio en lugar de obtener la orden de compra a través de otro método o camino diferente.

Hay un conjunto amplio de aplicaciones disponibles para el MD en el mundo digital y en el de redes sociales que incluye, entre otras, a:

- **E-mail**.
- **Investigación de mercado en línea** (ya sea vía encuestas o paneles de investigación).
- **Comercio electrónico** (amazon.com, barnesandnobles.com).
- **Sitios de conexión** entre individuos (Mercado libre, eBay, Match.com).
- **SEM**: estrategias y tácticas desarrolladas para atraer tráfico al sitio web de una empresa o usuario.
- **Avisos de texto**: un mecanismo para publicitar mediante la compra de "claves" y el pago por clic. El objetivo aquí es vender el clic y no el producto o servicio (Google Adwords, Bings Ads).
- *Banners* en páginas web.
- **Marketing de afiliación**: se basa en recompensar a uno o más afiliados de la firma por cada visitante o cliente provocado por los esfuerzos de comercialización propios del afiliado.
- **Seminarios en web**.
- **Blogs y redes sociales** en general.
- **URL personalizadas** o PURL.
- **Ofertas/cupones** (Groupon, Living Social, etc.).
- *Click-to-chat*: permite requerir una conexión y atención inmediata tan solo con hacer un clic en el sitio web.

Haré especial foco en, quizá, la más difundida o al menos la que le resultará familiar porque se ha convertido en parte de nuestras vidas: el **e-mail**. Esta herramienta continúa siendo un componente clave en las estrategias de comunicación de marketing para empresas y organizaciones sin importar su tamaño y su presencia no ha menguado con la aparición de otros tantos canales de marketing digital como pueden ser las redes sociales. De hecho, ha aumentado —entre otras razones— gracias a la amplia adopción de teléfonos inteligentes. Basta conocer lo que informó la Direct Marketing Association (DMA) recientemente: el 88% de las personas en Estados Unidos revisan diariamente su email a través de su teléfono móvil[23]. Claro que el correo electrónico tiene una característica distintiva. No fue creado como una herramienta de marketing sino que resulta de una evolución desde el correo tradicional y, a los ojos del destinatario, su importancia fue y seguirá estando dada por la relevancia, no ya de la fuente, sino del contenido. Por un momento considere que las redes sociales son agrupamientos aislados —aunque sean de muchos millones de individuos— a los que solo se puede acceder contando con una membresía. Por el contrario, el e-mail es universal y esa es una de las claves de su éxito. Se sabe que todo el mundo tiene al menos una dirección de correo electrónico, pero no todas las personas que conoce tienen una cuenta en LinkedIn, Twitter o Facebook. De acuerdo con una investigación de ExactTarget, el 93% de los canadienses le han dado permiso al menos a una marca para que le enviara información por e-mail. Un 61% es fan de una empresa en Facebook y solamente un 13% está siguiendo a una compañía en Twitter. Es muy interesante notar que el 71% de las personas de la muestra —en un día típico— inicia su actividad en línea revisando sus cuentas de correo electrónico y el 89% de ellas lo hace con una frecuencia de al menos una vez por día[24]. Cuando se utiliza correctamente, es decir, cuando su contenido es relevante, su envío es oportuno y su apariencia es atractiva (y eso empieza desde el texto empleado en el asunto o *subject*), el e-mail es un medio imbatible que combina alta rentabilidad con inmediatez, flexibilidad, facilidad para personalizarlo y para medir su impacto. El email ha batido los pronósticos agoreros de analistas y practicantes de la comunicación del marketing que anticiparon su muerte bajo el reinado indiscutible de las redes sociales. Nada ha detenido el crecimiento del correo electrónico, ni siquiera el SPAM o correo basura, su peor enemigo. Los analistas han cambiado su visión acerca del email y hasta lo consideran hoy como la primera red social. LinkedIn, por ejemplo, depende en gran medida del correo electrónico para mantener a sus usuarios conectados. De acuerdo con una investigación de iContact a empresas estadounidenses —con una facturación entre el millón de dólares y los cincuenta millones de la misma moneda— presentada en 2013, el 92% de los entrevistados dice usar el e-mail para compartir información acerca de nuevos productos o servicios y un 90% afirma emplearlo para compartir novedades acerca de su organización[25]. En otras palabras, la aplicación principal del email se relaciona con la acción de "compartir". El mismo informe confirma que el 91% de las empresas ve al *e-mail marketing* como un recurso útil o muy útil para su organización. En ese sentido, la mayor parte de las empresas citan la precisión en la segmentación de la audiencia y la facilidad con la que los clientes y prospectos pueden involucrarse con la marca como las principales ventajas del email.

Este último punto es particularmente interesante ya que la impresión general es que el email es una herramienta que "empuja" a la marca. Sin embargo, el 84% de las empresas dijo que emplea el correo electrónico para lograr el *involucramiento* del consumidor y obtener una realimentación sobre lo hecho por la empresa. Aquí la privacidad que brinda esta herramienta es una fortaleza frente a las redes sociales. El correo electrónico es una excelente manera de establecer lealtad hacia la marca. Un error común es no pensar en el correo electrónico como un soporte de relación de largo plazo. El email le permite crear y entregar comunicaciones específicas a los intereses de sus clientes o prospectos. Puede adaptar los mensajes a los intereses de su audiencia —a nivel individual— y entregarlos cuándo y cómo esa persona los quiera. ¿Qué otro canal le ofrece esta flexibilidad?

Finalmente, unas palabras de advertencia. El email es una eficaz estrategia para construir relaciones y una relación no debiera iniciarse con una de las partes invadiendo el territorio de la otra. Así no comienza un vínculo sino una lucha. Eso es exactamente lo que define al SPAM: una invasión y una muestra cabal de irrespeto para el destinatario del mensaje. Cuando una persona le brinda su confianza y le permite el envío de mensajes entregándole su dirección de correo electrónico, mejor que no se equivoque porque el abuso podrá convertir a este permiso en SPAM si no honra la confianza que se le ha depositado. Si no se siguen las mejores prácticas de marketing de email con permiso, simplemente el correo electrónico no funcionará a su favor. Las empresas que han tenido éxito con el email se han asegurado de que sus programas cumplan con la legislación de su país y se han tomado el tiempo para adaptar sus mensajes al interés de cada destinatario que ha pedido recibirlos.

Referencias

1. Rossiter, John R. & Bellman, Steven. *Marketing communications: theory and applications*. Australia: Prentice Hall, 2005.

2. Percy, Larry. *Strategic integrated marketing communications*. Oxford: Elsevier Science, 2008.

3. Percy, Larry & Rosenbaum-Elliott, Richard. *Strategic advertising management* (4th ed.). New York: Oxford University Press, 2012.

4. Yeshin, Tony & Chartered Institute of Marketing. *Integrated marketing communications 1999-2000*. Oxford: Butterworth-Heinemann, 1999.

5. Smith, P. R. & Zook, Ze. *Marketing communications: integrating offline and online with social media* (5th ed.). Philadelphia: Kogan Page, 2011.

6. Lee, Edmund. iPad users prefer advertising to pay model for content. *Advertising Age 82* (3), 21-21, 2011.

7. Nielsen Company. The cross-platform report. 2012. Disponible en internet: http://www.nielsen.com/us/en/newswire/2012/the-cross-platform-report-a-new-connected-community.html.

8. Court, David; Jonathan, Gordon & Jerrey, Jesko. Boosting returns on marketing investment. *McKinsey Quarterly, 2*, 2005. Disponible en internet: http://www.mckinsey.com/insights/marketing_sales/boosting_returns_on_marketing_investment.

9. Nielsen Company. Paid social media advertising: industry update and best practices 2013. Disponible en internet: http://www.nielsen.com/us/en/reports/2013/the-paid-social-media-advertising-report-2013.html.

10. Stelzner, Michael A. 2012 social media marketing industry report-how marketers are using social media to grow their businesses. Disponible en internet: http://www.socialmediaexaminer.com/SocialMediaMarketingIndustryReport2012.pdf.

11. Direct Marketing Association. *DMA 2013 statistical fact book* (35th ed.). New York: Direct Marketing Association, 2013.

12. Emarketer. Worldwide ad spend grows steadily, bucking economic slowdowns. 2012. Disponible en internet: http://www.emarketer.com/Article/Worldwide-Ad-Spend-Grows-Steadily-Bucking-Economic-Slowdowns/1009571#HOk5AvfT3YPAcL4H.99.

13. Gartner. Gartner says worldwide mobile advertising revenue to reach $11.4 billion in 2013. Disponible en internet: http://www.gartner.com/newsroom/id/2306215.

14. Hipcricket. 2012 mobile advertising survey: research brief. 2012. Disponible en internet: http://pages.hipcricket.com/Portals/63071/docs/2012%20Hipcricket%20Mobile%20Advertising%20Survey%20Research%20Brief%20VF%20UPDATED.pdf.

15. Olson, Parmy. Facebook's mobile revenue swells to a third of total ad sales. 2013. Disponible en internet: http://www.forbes.com/sites/parmyolson/2013/05/01/as-facebooks-mobile-revenue-swells-competition-ramps-up/.

16. Dahlén, Micael; Lange, Fredrik & Smith, Terry. *Marketing communications: a brand narrative approach.* Hoboken: Wiley, 2010.

17. Harris, Thomas L.; Whalen, Patricia T. & Harris, Thomas L. *The marketer's guide to public relations in the 21st century.* Ohio: Texere, 2006.

18. White, Jon. *How to understand and manage public relations: a jargon-free guide to public relations management.* United Kingdom: Business Books (Random Century Group), 1991.

19. Nike. Nike statement on Lance Armstrong. 2013. Disponible en internet: http://nikeinc.com/lance-armstrong/news/nike-statement-on-lance-armstrong-january-17-2013.

20. Bird, Drayton. *Commonsense direct marketing* (fully rev., 3rd ed.). Lincolnwood: NTC Business Books, 1994.

21. Spiller, Lisa & Baier, Martin. *Contemporary direct and interactive marketing* (3rd ed.). Chicago: Racom Communications, 2012.

22. Patterson, Maurice. Direct marketing in postmodernity: neo-tribes and direct communications. *Marketing Intelligence & Planning 16* (1), 68-74, 1998.

23. Direct Marketing Association. *Interactive direct marketing: a DMA guide to new media opportunities.* New York: Direct Marketing Association, 2000.

24. Exacttarget. The digital north *#21*, 2013. Disponible en internet: http://image.exct.net/lib/fe641570776d02757515/m/2/SFF21-DigitalNorth.pdf.

25. Icontact. The small and midsize business email marketing survey 2013. Disponible en internet: http://www.icontact.com/static/pdf/2013-email-marketing-survey.pdf.

CAPÍTULO 6

Aplicar: la integración de mensajes y medios

Cuando escribí El mundo es plano [2004] **Facebook** *no existía;* **Twitter** *era un sonido; la nube estaba en el cielo;* **4G** *era un lugar en el estacionamiento...y* **Skype**, *para la mayoría de la gente [de habla inglesa] era un error tipográfico. Todo eso cambió en tan solo los últimos seis años.*

Thomas L. Friedman

Elección de medios publicitarios

La elección de medios publicitarios conlleva la previa comprensión de algunos indicadores que intentan medir el éxito de la comunicación en relación con los objetivos planteados. El primer indicador es la **alcance** que releva el porcentaje de personas expuestas en la audiencia —al menos una vez— a un vehículo o programa de medios dentro de un período determinado, por lo general, cuatro semanas. Por ejemplo, si se colocara un anuncio durante la transmisión de *Doctor House* —una notable serie televisiva lanzada en Estados Unidos en 2004 y que se hizo popular en Latinoamérica— y fuera visto por el 37% de la audiencia objetivo, tendría un alcance del 37%.

El segundo indicador es la **frecuencia**, es decir, el promedio de veces que un individuo determinado —integrante de la audiencia objetivo— se ve expuesto a un vehículo de medios dentro de un período determinado (una semana o un mes). Digamos que nuestro aviso sale al aire en un programa de entretenimientos semanal que tiene un rating del 25% (25% de la audiencia) a lo largo de cuatro semanas seguidas. El programa tiene un alcance del 47% durante el mismo período. Para calcular la frecuencia multiplicamos el rating (25) por la unidad de semanas (4) y lo dividimos en el alcance (47) resultando una frecuencia de 2,1.

Finalmente, se define como **impresión** al producto entre frecuencia y alcance. Como métrica, las impresiones no toman en cuenta la calidad del encuentro entre la marca y el aviso. A veces también se las conoce como oportunidades-para-ver u OTS, por sus siglas en inglés.

Selección de medios publicitarios

El día a día de un gerente de comunicación de marketing está signado por una realidad: nunca habrá presupuesto suficiente para lograr un alto alcance con una frecuencia elevada por un largo tiempo. Estas tres variables: alcance, frecuencia y tiempo definen un marco dentro del cual se desarrollará el plan de medios. Como sugieren Percy y Rosenbaum-Elliott, el plan de medios ideal le debiera permitir alcanzar a todos en su audiencia objetivo tan a menudo como sea necesario, asegurando así una respuesta positiva a su mensaje[1]. Un sueño imposible a menos que cuente con un presupuesto ilimitado. Por lo tanto, deberá elegir entre poner énfasis en el alcance o en la frecuencia y lograr que este balance sea lo más acertado posible para alcanzar los objetivos de comunicación propuestos. Si el enfoque está puesto en el alcance, se deberán seleccionar los medios y el número de vehículos diferentes (programas de TV o radio, por ejemplo) que se precisarán para alcanzar la mayor cantidad de miembros de una audiencia objetivo. La diversidad de medios empleada garantizará la llegada a personas con hábitos de consumo de medios diferentes. Pero ya lo dice el refrán "el que mucho abarca poco aprieta" y cuando de medios se trata, cuando la variedad de medios y vehículos aumenta, la frecuencia sufre. ¿Hay algún modo de optimizar este balance? Para responder a esto debiéramos definir primero el concepto de **frecuencia efectiva**, es decir, el número de veces que el público objetivo debe estar expuesto a un mensaje antes de que se logren los objetivos de comunicación y/o de ventas. Habrá un número mínimo llamado *frecuencia efectiva mínima* en donde el mensaje publicitario comenzará a dar resultados (aunque no sean todos los esperados). Una práctica común es definir la frecuencia efectiva mínima en tres exposiciones, aunque este guarismo podrá variar entre dos y nueve ya que dependerá de la marca, categoría, contexto e historia, y por lo tanto su determinación no será sencilla. Habrá que hacer pruebas y eventualmente aplicar modelos desarrollados a este fin. El punto de partida en la elección de medios deben ser los objetivos de comunicación que se han propuesto para la marca. De hecho, al considerar la amplia gama de opciones de medios disponibles para la entrega de mensajes de comunicación de marketing, la preocupación fundamental es identificar *primero* a los medios que faciliten el tipo de tratamiento necesario para adaptarse a los objetivos de comunicación que se establezcan. De acuerdo con Percy y Rosenbaum-Elliot, hay al menos tres elementos que el comunicador de marketing debe considerar en la elección de los medios[1] (p. 206):

1. **El contenido visual:** es esencial para el reconocimiento de la marca en el punto de venta. Es también clave en estrategias transformacionales (motivación positiva) ya que en ellas se demanda facilitar la autenticidad emocional del mensaje.

2. **El tiempo para procesar el mensaje:** cuando se trata de productos y/o servicios de alto involucramiento con una motivación negativa (informacional) este factor es importante para el procesamiento del mensaje ya que se debe lograr su aceptación. Es el caso de la mayoría de los productos durables del hogar al igual que para los productos o servicios en mercados B2B.

3. **Frecuencia:** la capacidad del medio para lograr una alta frecuencia de repetición favorece a la recordación de marca y cuando el mensaje busca ejercer influencia en la preferencia por la marca de productos y servicios de bajo involucramiento y transformacionales.

Medios primarios y secundarios

He mencionado en varios momentos a lo largo de este libro que la conciencia y la preferencia por la marca serán **siempre** objetivos a alcanzar en toda comunicación de marketing; por lo tanto, un punto importante para recordar en la selección de medios es que se debe hacer un esfuerzo para darle cabida a estos dos objetivos. Se define como **medio primario** a aquel que es capaz de alcanzar *todos* los objetivos de comunicación incluyendo la conciencia y la preferencia hacia la marca. En general, se emplea un único medio primario pero, de acuerdo con la frecuencia y el alcance buscados y en caso de contar con una audiencia amplia, podría ser necesaria la utilización de dos o más medios primarios. Complementando la elección de uno o más medios primarios, el comunicador de marketing puede elegir los llamados **medios secundarios** para que refuercen algunos de los objetivos de comunicación establecidos en la acción o campaña.

Selección de medios: conciencia de marca

Tiene una fuerte implicancia —en cuanto a la elección de medios— si lo que se persigue dentro de la conciencia de marca es el reconocimiento o la recordación. Veamos cada caso.

Reconocimiento de marca

Aquí buscamos un buen **contenido visual** pero no será necesario demasiado tiempo para el procesamiento y bastará con una frecuencia moderada. La televisión, las revistas, la publicidad en vía pública, internet y las redes sociales pueden ser apropiados, al igual que una comunicación de marketing directo. Ya que se requiere ver el empaque del producto y el logo, la radio y los *podcasts* basados en audio no serán apropiados, a menos que exista una recordación verbal de la marca. En el caso de los periódicos impresos está condicionada a la capacidad del medio para imprimir colores fidedignos.

Táctica. Tal como postulan Kosslyn y Thompson, el envase tal cual se lo reconoce en el punto de venta debe presentarse claramente en la ejecución del aviso con el fin de asegurar el *aprendizaje icónico visual*[2]. Esto es crítico debido a que la imagen visual de cómo el producto será reconocido en el punto de venta debe ser almacenada en la memoria y vinculada con la necesidad apropiada de modo que cuando el consumidor lo vea en la tienda se dispare esa necesidad. En otras palabras, la secuencia resultante en la mente del consumidor será: reconozco la marca y esto me recuerda la necesidad de la categoría. Por lo que, y dado que la decisión de compra está basada en el reconocimiento del producto (*packaging*), la comunicación de marketing debe presentarlo como se verá en el local de ventas y además la necesidad de la categoría con la que se asocia debe ser obvia. Si no lo fuere, dicha necesidad deberá ser *mencionada* o *representada* en el aviso publicitario específicamente. En su libro *Strategic integrated marketing communication*, Larry Percy cita un estudio llevado a cabo por Henderson y Cote que identificó cuatro elementos visuales que aumentan significativamente la probabilidad de que algo será reconocido[3]. En primer lugar, debe haber alguna *curvatura natural* (que Henderson y Cote llaman "orgánica"); segundo, que sea *altamente* —pero no perfectamente— *simétrico* y *balanceado*; tercero, que contenga un cierto grado de *repetición* en el diseño y, finalmente, que represente un objeto reconocible. Además, ayuda realmente tener un color distintivo. Si uno piensa en el logo de McDonald's —"Arcos dorados"—, se corresponde con tres de las cuatro propiedades antes citadas, además de que su color ayuda en la identificación. Sin embargo, el popular símbolo o *swoosh* de Nike solo cumple con una de las propiedades (curvatura natural). En casos como los de Nike, el reconocimiento se logra con una muy alta exposición —e inversión— en medios publicitarios. Para su propia evaluación, piense detenidamente en la botella de Coca-Cola relacionándola con las cuatro propiedades antes señaladas. Si el *packaging* no se expone el tiempo suficiente, hay muchas posibilidades de que la comunicación de marketing no se asocie con la marca o hasta incluso se vincule erróneamente con otra. Esto es particularmente cierto en el caso del lanzamiento de nuevos productos o cuando se busca llegar a nuevos usuarios. Como regla general y de acuerdo con Rossiter y Bellman, el producto debe aparecer —tal como será encontrado en la góndola del comercio— al menos por dos segundos en un aviso publicitario televisivo o ser repetido por al menos dos segundos en un aviso de radio, si se quiere que sea "aprendido" y reconocido más tarde[4] (p. 154). Esto significa ser capaces de mantener la atención de la audiencia al menos por dos segundos en un anuncio de televisión o sitio de internet (o cualquier otro medio de comunicación). Además del reconocimiento visual, usted recordará que en ocasiones el reconocimiento auditivo puede ser también necesario.

Recordación de marca

Aquí nuestra preocupación principal deberá ser la frecuencia. Como dijimos es clave que las repeticiones vinculen a la categoría con la marca y **no** solo la marca. La televisión, la radio en todas sus formas, los periódicos y la red son medios apropiados para este objetivo. Por su parte, tanto los emails como las revistas tienen limitaciones en cuanto a su repetición. Lo mismo la publicidad en vía pública. Los avisos en Facebook están fuertemente dirigidos a generar recordación y sentimientos (preferencia de marca) entre los visitantes según una investigación de AdAge: *Marketers buy Facebook more for awareness than likes or leads*, julio 2012.

Táctica. Es importante notar que cuando se habla de recordación de marca en comunicación de marketing, la referencia no es a la recordación del aviso publicitario donde la marca fue presentada. En la recordación de marca la necesidad ocurre primero y a partir de ahí la marca se recupera de la memoria del consumidor. Clave para la recordación de marca es la relación de esta con la necesidad de la categoría, por lo tanto esto significa que en la ejecución creativa se debe establecer un vínculo entre la necesidad y la marca de tal modo que la marca venga a la mente del consumidor para satisfacer esa necesidad. De acuerdo con Nelson *et al.* es importante notar que la asociación se aprenda en ese orden: la necesidad en primer lugar, seguida luego por la marca[5]. La *asociación* deberá repetirse para asegurar el aprendizaje (no solo el nombre de la marca). Esto se logra repitiéndola en el mismo aviso y repitiendo el aviso varias veces. Nótese que la repetición del nombre de la marca por sí solo, de acuerdo con Coulter y Sewall, no causa efectos en la recordación de la marca[6]. Rossiter y Bellman citan un ejemplo de un banco Australiano cuyo eslogan es: "*Which bank?...The Commonwealth Bank*" y hacen notar que luego de varias repeticiones del par "necesidad de la categoría/marca", los avisos subsecuentes solo tenían que decir "*Which bank?*" para que los que vieran o escucharan el comercial respondieran en sus mentes automáticamente la pregunta con el nombre del banco.

MasterCard fue famosa por su eslogan "Hay cosas que el dinero no puede comprar; para todo lo demás existe MasterCard". En la Argentina, por años, la marca de polvo de lavar Ala utilizó el eslogan "Ala, el blanco más blanco".

Cuando hoy enfrento a mis alumnos a la pregunta, ¿cuál es el blanco más blanco? responden sin dudar: Ala. Una táctica adicional de recordación de marca es la personalización, es decir, establecer una conexión personal con la marca; por ejemplo, el eslogan de L'Oréal "Porque *tú* lo vales" o su extensión al mercado masculino de la forma "Porque tú *también* lo vales". El empleo de celebridades —a decir de la audiencia objetivo— ha probado también ser un recurso efectivo para incrementar la recordación de marca frente a marcas competidoras aunque, como ya vimos, no está exento de riesgos. Al fin y al cabo humanos somos y por lo tanto, falibles.

Preferencia por la marca

Para la preferencia por la marca, el punto de partida es el análisis en base a la grilla de Rossiter-Percy anteriormente presentada en este libro. A partir de esta herramienta, la estrategia de selección de medios diferirá según cuál de los cuatro cuadrantes se hayan elegido en consideración de la motivación e involucramiento de las audiencias con el producto o servicio que se desea comunicar. La que sigue es una síntesis basada en los trabajos desarrollados tanto por Percy y Rossenbaum-Elliot[1] como por Rossiter y Bellman[4].

Bajo involucramiento, informacional

Este objetivo puede alcanzarse por prácticamente cualquier medio que se elija. No se requiere de un fuerte contenido visual y, dada la baja complejidad del mensaje, solo se requiere de un corto tiempo de procesamiento. Además, no es necesaria una alta repetición ya que los beneficios presentados en este tipo de publicidad se pueden aprender muy rápidamente si se presentan de manera efectiva. Una condición a la hora de elegir el medio es que permita que el beneficio sea *demostrado* durante el anuncio. Por ejemplo, si el objetivo es comparar la blancura de una prenda lavada con el jabón XYZ versus otros productos competidores, entonces la radio no podría ser el medio elegido. Aquí hay un riesgo bajo de equivocarse en elegir una marca de un producto o servicio que satisfaga la necesidad utilitaria o funcional resultante del consumo normal de los individuos o el deseo de aliviar o evitar una insatisfacción, conflicto o problema. Estos productos utilizados o adquiridos frecuentemente generan un bajo interés entre los consumidores porque a menudo son básicos y están destinados a facilitar la realización de tareas rutinarias tales como cocinar, limpiar, asearse, protegerse de los insectos, etc.

Ejemplos: detergentes, medicinas de venta libre, aceites, ceras para piso y productos industriales de uso rutinario.

Táctica. Los avisos se deben enfocar en uno o dos beneficios, quizás exagerándolos lo suficiente para provocar la prueba inicial del consumidor, empleando un formato simple de problema-solución sin preocuparse por si el aviso gusta o no. Nótese que exagerar es posible porque no hay un riesgo asociado con la compra o es muy pequeño. El consumidor no precisa creer que lo expuesto en el aviso sea cierto, sino solo que pueda ser cierto. Larry Percy pone énfasis que no es necesario que el aviso guste. Lo importante es que el beneficio se comunique claramente, incluso de manera extrema. Algunas de estas tácticas han sido empleadas desde siempre por Raid en sus avisos televisivos, donde a lo largo de los años y desde los 50 ha repetido como principal beneficio la muerte de todos los insectos por la acción de su fórmula. Los avisos del producto exageran acerca de que los insectos —presentados en forma de figuras animadas— "reconocen", "temen" y hasta intentan escapar sin suerte del poder aniquilante de Raid, que resulta —por supuesto— inexorable.

Bajo involucramiento, transformacional

En este caso hablamos de una motivación positiva (emocional) y, para transmitirla, contar con un buen contenido visual ¡es un requerimiento clave! Los productos o servicios ubicados en este cuadrante de la GRP requieren de una alta frecuencia ya que el desarrollo de una preferencia positiva hacia la marca generalmente es progresivo y lento. La televisión es el medio ideal, aunque un aviso en YouTube puede ser perfecto también. La radio pierde lo visual. Sin embargo, una historia corta contada en radio puede "atrapar" y generar la "visualización" mental del producto o servicio ofrecido y, por lo tanto, lograr un buen éxito con la audiencia. Otras formas de aviso impreso pueden ser un problema por la demanda de una frecuencia alta de repetición. Estos productos tienen un riesgo bajo de compra, pero generan una pequeña recompensa ante la elección y la utilización de una buena marca. Tienden a satisfacer necesidades de aprobación social, gratificación sensorial, autoexpresión, estimulación intelectual o poder. Este cuadrante es el más proclive a incluir elementos de compra impulsiva. **Ejemplos:** dulces, bocadillos, postres, refrescos, cerveza, tabaco, comidas rápidas, películas, TV, espectáculos, videojuegos, novelas de ficción y libros de historietas, entre otros. **Táctica.** Los avisos de productos ubicados en este cuadrante necesitan de un único beneficio emocional que deberá ser *auténtico* y proyectado a través de la repetición de un aviso que guste empleando formatos tales como la dramatización. La audiencia debe "gustar" de la comunicación, puesto que es la *ejecución* del mensaje la que evoca la emoción y no la información que contiene.

Alto involucramiento, informacional

La principal demanda en este cuadrante es contar con tiempo para el procesamiento del mensaje, un mayor contenido necesario para convencer a la audiencia objetivo. Es la publicidad típica en B2B y puede hacerse empleando medios impresos como revistas especializadas, folletos, internet, blogs, juegos interactivos que enseñen y describan al producto o servicio.

Aquí hay un alto riesgo de equivocarse en elegir una marca de un producto o servicio que satisfaga la necesidad utilitaria o funcional o el deseo de aliviar o evitar una insatisfacción, conflicto, problema o resultado inesperado. Se trata frecuentemente de bienes durables o servicios que son de gran ayuda para el consumidor a la hora de desarrollar tareas importantes, pero evitando dificultades económicas, financieras o que impacten negativamente en la seguridad de los bienes o de las personas. Por lo tanto, la calidad y la confianza en los productos o servicios ofertados por la marca son críticas. También lo es la actitud o preferencia que el consumidor tenga hacia la marca, el producto y la categoría del producto. La razón, es que cuanta más negativa sea la actitud o preferencia hacia la marca, será más difícil que alguien acepte lo que la marca tiene que decir. **Ejemplos:** televisores, heladeras, seguros de vida, préstamos bancarios, servicio o productos B2B no triviales, *hardware* y *software* para aplicaciones empresarias o industriales, etc. Este es el cuadrante para la mayoría de los avisos de respuesta directa, avisos en web y para la venta personal.

Tácticas. Es esencial que el mensaje se presente de un modo que considere a la audiencia objetivo en función de su estado actual en relación con la actitud hacia la marca. Si la actitud previa hacia la marca es negativa, el mensaje debe reconocer esto y tratar de convertir la actitud en positiva. Por ejemplo, cuando Apple presentó Power Macintosh, el encabezado del aviso decía: "Piense en ella como la Macintosh para personas que pensaron que nunca podrían tener una Macintosh". Dado el alto riesgo en la decisión, se debe proveer al potencial consumidor con mayor información. La comunicación, por tanto, en general requiere reforzar múltiples beneficios (se sugieren no más de siete) y el uso de afirmaciones convincentes y lógicas, tal vez empleando los formatos de comparación y refutación. Siempre el mensaje debe poner énfasis en un beneficio clave. No importa el lugar donde aparezca en el mensaje, deberá ser claramente visible o audible. Como un todo, el mensaje resultante deberá percibirse como verdadero por la audiencia objetivo. En este sentido, considere el uso de un presentador **experto**. Por caso, en la Argentina, Actimel, una marca bajo la cual se comercializan una serie de productos probióticos producidos por el grupo francés Danone, y cuyo principal beneficio atribuido es ayudar a las defensas del organismo, utilizó por años la voz y la presencia de Pancho Ibáñez, un presentador y locutor argentino muy respetado para darle credibilidad a la marca y al mensaje.

De acuerdo con Rossiter y Bellman, las afirmaciones demasiado extremas o exageradas de la marca, y por lo tanto no consideradas como verdaderas, operarán como un boomerang, lo que significa que el cliente objetivo se aislará mentalmente, conservando su clasificación previa de los beneficios y creencias de la marca y de este modo, su preferencia previa por la marca[4] (p. 168).

Finalmente, la audiencia objetivo no necesita gustar del aviso en sí mismo, haciendo la salvedad que al decir esto hablo del "estilo" de la comunicación y nunca de que, por su formato, el mensaje pueda no ser comprendido cabalmente por la audiencia.

Alto involucramiento, transformacional

Un contenido visual de calidad es mandatorio. La televisión, los medios impresos pero con buena definición de colores, internet, YouTube y piezas de marketing directo serán los preferidos. La publicidad en vía pública o radio no resultarán apropiadas para lograr el objetivo de preferencia por la marca en este cuadrante.

Estos productos tienen un riesgo alto de compra, pero generan una gran recompensa ante la elección y la utilización de una buena marca con la que el consumidor logra aprobación social, gratificación sensorial, autoexpresión, estimulación intelectual o poder.

El consumidor evalúa las marcas de estos productos en congruencia con su propia personalidad, yo ideal o imagen dentro de un determinado grupo social.

Ejemplos: ropa de moda, relojes, anteojos para sol, joyas, autos deportivos, fragancias, cosmética, paquetes turísticos, etc.

Tácticas. La comunicación no solo debe "gustar", sino crear un sentimiento de identificación con el estilo de vida del consumidor. Debe crear una imagen y personalidad de marca que capture significados profundos para el consumidor con los cuales se identifica. La autenticidad es clave por lo que el mensaje deberá ser aceptado como verdadero. Como hay un cierto nivel de riesgo físico o psicológico en la elección del producto o servicio, la provisión de información adicional para disminuir ese riego será de importancia. Estas comunicaciones pueden requerir de una alta repetición.

Nuevas reglas, nuevas formas, nuevos medios

Nike siempre ha impresionado al mercado por su capacidad de acomodarse rápidamente a los desafíos de los tiempos y de los medios para mantener su relevancia. Es así como resulta interesante observar, con mayor detalle, algunos de los cambios en la comunicación de marketing que adoptaron en los últimos años.

De acuerdo con un artículo de la revista *Fortune*, Nike redujo su presupuesto de publicidad gráfica y televisiva en un 40% en el período 2009-2011 para el territorio de los Estados Unidos. Sin embargo, su inversión total en marketing aumentó sin cesar hasta alcanzar una cifra récord de 2.400 millones de dólares en el año 2011[7]. La elección de nuevos medios —en desmedro de los tradicionales— tiene una explicación en las audiencias a las que se dirige el mensaje de Nike: jóvenes de 17 años que consumen en sus productos un 20% más que otros segmentos que incluyan a adultos. La otra razón del cambio, no menos importante, es buscar el diálogo y la interacción con sus consumidores. En su libro *Brand media strategy*, Antony Young cita a Joaquín Hidalgo, vicepresidente global de la marca para Nike, quien afirma: "Los consumidores ya no quieren que se les diga lo que está bien [o lo que es atractivo]. La personas no quieren más productos, quieren nuevas experiencias". La propuesta de Hidalgo —centrarse en el desarrollo de experiencias para los consumidores— se ha convertido en un tema candente en el marketing. Curiosamente, el concepto no es para nada nuevo en nuestra especialidad. Se concibió a mediados de los 80 pero se difundió ampliamente gracias al icónico trabajo de investigación publicado por Holbroook y Hirschaman en 1982[8]. El crecimiento en años recientes de la utilización del concepto en comunicación de marketing es un reflejo de los desafíos que los profesionales del marketing encuentran para diferenciar bienes y servicios en entornos cada vez más competitivos y "cargados" de mensajes de diferentes marcas. Además, existe un reconocimiento explícito a la importancia que tiene la experiencia en el desarrollo de vínculos con la marca de largo plazo (lealtad) y en la propagación de un boca a boca positivo. Las nuevas tecnologías han facilitado el desarrollo y la popularización de experiencias con el objetivo de entretener, estimular e influenciar emocionalmente a los consumidores y hacerlo a un costo razonable. Sin embargo, no hay que olvidar que la experiencia es una herramienta más en la construcción de una comunicación de marca. No la única. Recordemos la definición sobre comunicación de marketing presentada en el primer capítulo que refuerza este concepto:

> *La comunicación de marketing es un proceso evolutivo, coordinado y mensurable, alineado con los objetivos estratégicos del negocio y destinado a alcanzar audiencias preestablecidas y generar en ellas conocimiento y preferencia por la marca, influenciando y afectando sus comportamientos mediante la información, la interacción, la experiencia y la persuasión.*

Volvamos a Nike por un instante. En el año 2006, durante la Copa del Mundo, la firma Adidas, aprovechando su posición dominante de anunciante exclusivo pudo impedir que Nike publicitara en TV durante toda la serie de 64 partidos. Nike respondió desarrollando una nueva campaña, la que bajo la influencia del deslumbrante juego de fútbol brasileño bautizó como "*joga bonito*" o *juego bonito* en español. La campaña incluía un sitio de comunicación social copatrocinado por Google (www.joga.com), videos de difusión viral y un canal televisivo (JogaTV). A mediados del campeonato, Joga.com había recibido el doble de visitas que el sitio oficial de Adidas. Cuatro años después, en la Copa del Mundo 2010, Nike lanzó en su página de Facebook un video publicitario llamado *"Write the future"* (Escribe el futuro) que incluía a famosos futbolistas como Cristiano Ronaldo, Andrés Iniesta y Wayne Rooney. A quienes visitaran el sitio, Nike ofrecía editar el video y darle la forma que prefirieran. Al efecto y para facilitar el proceso, puso a disposición del visitante una herramienta especial dentro de la misma página. Las versiones editadas y publicadas competían luego por los votos del público. Cinco semanas luego de su debut, el aviso en línea había sido visto por más de 20 millones de personas disfrutando Nike el doble de "ruido publicitario" (*buzz*) asociado con la Copa del Mundo por el patrocinador oficial Adidas[9].

Con independencia del éxito de Nike, la respuesta sobre qué medios emplear, qué mensajes transmitir y a qué recurso creativo apelar estará siempre asociada a la situación de cada marca en relación con su conocimiento y preferencia, con el contexto y la estrategia de la marca y con sus objetivos de comunicación. Este es uno de los puntos clave de este capítulo. Basta pensar en la consistencia que debiera existir entre la personalidad de la marca y la campaña adoptada. Por ejemplo, aunque corresponda con su audiencia objetivo, ¿podrán todas las marcas publicar en *Rolling Stone* o *Playboy*?

Integración de medios en la era digital

En un informe de *eMarketer* de septiembre de 2012 para Estados Unidos sobre la inversión en medios, la TV es y —se estima— continuará siendo el medio preferido para publicitar seguido de cerca por la publicidad en medios digitales (fig. 1). Sin embargo, el porcentaje de inversión en los medios virtuales versus la televisión fue del 58% para el año 2012 pero del 76% en el estimado de 2016. Esto habla de un crecimiento más rápido de los medios digitales en relación con los tradicionales como la televisión. También se observa una caída en la inversión en revistas y diarios. El peso de la publicidad digital es para el año 2012 del 22,5% sobre el total invertido mientras que para 2016 se espera que alcance el 29%.

Inversión publicitaria total en los Estados Unidos, clasificada por medios, 2011-2016 (en miles de millones)						
	2011	**2012**	**2013**	**2014**	**2015**	**2016**
TV	$60,66	$64,54	$66,35	$68,54	$69,91	$73,05
Digital	$31,99	$37,31	$42,50	$47,77	$51,95	$55,25
- Disp. móviles	$1,45	$2,61	$4,41	$ 6,62	$9,20	$11,87
Impresos	$35,84	$34,33	$33,10	$32,34	$31,79	$31,50
-Diarios*	$20,69	$19,14	$17,97	$17,25	$16,73	$16,40
-Revistas*	$15,15	$15,19	$15,13	$15,09	$15,05	$15,10
Radio**	$15,20	$15,50	$15,73	$16,00	$16,08	$16,13
Directorios*	$8,17	$7,48	$6,90	$6,38	$5,93	$5,53
Vía pública	$6,40	$6,80	$7,09	$7,34	$7,56	$7,76
Total	$158,26	$165,96	$171,66	$178,37	$183,23	$189,23

Nota: *impresos solamente; **excluye digital.

Figura 1. La inversión estimada en medios publicitarios para Estados Unidos entre 2011 y 2016 (© eMarketer, septiembre 2012).

Por otro lado, y de acuerdo con un informe de GroupM, una empresa del grupo WPP, la inversión global de publicidad digital para el año 2012 fue de unos 99.000 millones de dólares, casi un 20% del total de la inversión publicitaria mundial (versus el 22,5% citado en el párrafo anterior para Estados Unidos)[10]. El estudio también prevé que la inversión en publicidad digital para el año 2013 llegará a $ 113,5 miles de millones, es decir, un 14,6 por ciento más que en 2012, como verá, casi idéntica a la estimada para los Estados Unidos a partir de la figura 2.

La inversión en medios para Latinoamérica

El crecimiento en el consumo de medios para Latinoamérica fue de 11% en 2012 de acuerdo con eMarketer y seguirá en los dos dígitos durante 2013. Mientras que el gasto total es relativamente bajo en comparación con otras regiones, América Latina experimentará el crecimiento más rápido en la inversión en medios publicitarios comparada con todas las regiones incluidas en las previsiones de eMarketer hasta 2016 (fig. 2).

Inversión publicitaria total a escala global por región, 2011-2016 (% cambio)						
	2011	2012	2013	2014	2015	2016
América Latina	13,9%	11,0%	10,0%	12,0%	9,5%	9,8%
Asia Pacífico	2,9%	8,5%	7,9%	7,2%	6,5%	6,2%
Europa del Este	5,3%	8,3%	8,0%	7,5%	7,0%	6,5%
Medio Oriente y África	10,7%	7,5%	6,9%	6,9%	6,0%	5,7%
América del Norte	3,1%	4,9%	3,5%	3,9%	2,7%	3,3%
Europa Occidental	1,6%	0,4%	2,4%	2,6%	2,0%	1,8%
Todo el mundo	3,6%	5,4%	5,2%	5,4%	4,5%	4,6%

Figura 2. Crecimiento de la inversión publicitaria a escala global
(© eMarketer, diciembre 2012).

Publicidad en medios digitales

Desde su lanzamiento en 1994, la publicidad en línea se ha desarrollado de manera interrumpida. A través de esos años ha crecido gracias a la utilización de nuevos canales y el empleo de formas imaginativas de interacción entre anunciantes y consumidores. La aparición de plataformas publicitarias tempranas tales como DoubleClick —luego adquirida por Google— fueron el puntapié inicial para muchas de las formas que conocemos hoy de publicidad en línea. En un comienzo, la forma más empleada de publicidad en línea fueron los **banners**, una pieza publicitaria inserta en una página web, cuyo principal objetivo suele ser atraer tráfico al sitio del anunciante. Se siguen empleando con formatos diferentes y en general son considerados muy invasivos por los usuarios. De hecho, hay aplicaciones que se agregan sin costo a los navegadores más populares que simplemente permiten bloquearlos para que no aparezcan. El interés central de las empresas anunciantes por el uso de *banners* se corrió frente a una nueva alternativa, el surgimiento de los **anuncios de texto** popularizados por empresas tales como Google. Esta forma de anunciar ofrecía y ofrece una gran ventaja, permitir dirigir los avisos de productos y servicios a un público más específico y a la vez controlar mejor la calidad de la inversión publicitaria. Sin embargo, estudios recientes prueban una fuerte sinergia existente entre estos dos mecanismos publicitarios.

El buscador, el nuevo medio por excelencia

Google lo llama el *Momento Cero de la Verdad* o ZMOT (por *Zero Moment Of Truth*) y ocurre cuando utiliza un dispositivo fijo o móvil conectado a internet para saber más sobre el producto o servicio que se necesita. Antony Young se refiere a él como "el medio más importante en la publicidad"[11]. El buscador —también llamado motor de búsqueda— es el punto de partida para la mayoría de los consumidores que quieren saber más acerca de una marca o necesitan ayuda para tomar una decisión de compra. Esta mirada justifica la definición de "medio" al resultado de la búsqueda partiendo de la mirada del consumidor. No obstante, desde la empresa hay más de un camino para aparecer en estas búsquedas en línea.

El primero es el posicionamiento en buscadores o SEO (por las siglas de las palabras inglesas *search engine optimization*). Nótese que este "posicionamiento" se refiere al lugar o "posición" jerárquica que ocupa su marca en el resultado de la búsqueda de un sitio web (por ejemplo) y **no** tiene nada que ver con el posicionamiento en los términos definidos por Al Ries y Jack Trout. El objetivo del SEO es conseguir que varios componentes que resulten de su presencia en la web (contenidos) aparezcan en la parte superior de los resultados de la búsqueda del consumidor, de preferencia entre los diez primeros. Esta delimitación no es caprichosa, al contrario. El sitio MarketShareHitsLink.com (2010) afirma que el 75% de los usuarios de buscadores no ve más allá de la primera página de resultados devueltos y que rara vez superan en su consideración a la tercera. Con 10 resultados por página hay, por lo tanto, una gran competencia por los primeros diez puestos. Hacer visible en los buscadores su sitio web a través de mostrar alguno o varios de sus contenidos no es un fin en sí mismo sino un camino para aumentar el número de visitantes a su página para que luego lleguen a ser sus clientes.

La clave está en seleccionar inteligentemente las palabras o frases indicadas para la búsqueda y luego optimizar su contenido en relación con la elección que debiera a la vez ser coincidente con lo que sus lectores consideran de interés. Por ejemplo, al momento de escribir este libro la búsqueda "guantes descartables" consiguió 106.000 resultados en Google, mientras que la búsqueda "guantes para usar y tirar" solo recolectó tres resultados. Si los clientes potenciales del producto hablan de guantes descartables evidentemente esa es la clave que deberá seleccionar desechando "guantes para usar y tirar". Al mismo tiempo se deben maximizar los enlaces cruzados a las redes sociales para incrementar el número de enlaces entrantes a su sitio web principal.

El SEO originado en la búsqueda de su contenido lleva el nombre de *SEO orgánico* o *natural*. Sin embargo, hay otro modo de aparecer ante los ojos del lector internauta luego de una búsqueda y es por medio de la contratación de mecanismos publicitarios tales como el AdWords de Google. Dicha empresa ofrece la posibilidad de la publicación de los llamados "enlaces patrocinados" en una ventana en la parte superior, así como también del lado derecho de la pantalla junto con los resultados de las búsquedas orgánicas realizadas en Google pero diferenciando claramente ambas. Con Adwords usted no pagará por la aparición de su anuncio de texto sino por los clics que hicieron los lectores sobre él. El precio de cada clic no es fijo sino que se establece mediante una subasta (a más interesados por la palabra o frase clave, mayor es el precio demandado) y puede ir desde unos centavos de dólar hasta varias decenas de la misma moneda para las claves más demandadas y competidas.

Ganar un lugar de preferencia en los buscadores es de alta importancia para las empresas. Basta comprender que el 89% de ellas hacen SEO, en comparación con el 83% que contrata la aparición en búsquedas pagas y el 79% que utiliza *social media* marketing[12]. A la hora de elegir el proveedor de búsquedas orgánicas, según comScore, Google, Bing y Yahoo! aglutinaron el 96% de todas las búsquedas realizadas en enero de 2012, donde Google ejecutó cuatro veces más búsquedas que Yahoo!, su competidor más cercano. Al tiempo de las búsquedas pagas, el 97% de las empresas emplean AdWords de Google en comparación con el 65% que prefiere la alianza Bing/Yahoo!

Desde que el modelo de "pago por clic" o PPC se convirtió en un canal de marketing hay un debate vigente acerca de si genera un retorno a la inversión (ROI) mayor que el que se obtiene con el empleo de SEO para búsquedas orgánicas. Una investigación efectuada por Engine Ready Inc. en 2008 mostró que el valor en dólares de la venta promedio por visitante procedente de un anuncio PPC resultó un 41% más alto que el de un visitante de búsqueda orgánica[13].

En relación con las redes sociales —aunque los usuarios de internet en Estados Unidos gastaron en septiembre de 2011cuatro veces más horas por mes en Facebook que lo invertido en Google—, no utilizaron Facebook para buscar información de negocios pero sí para comunicarse con amigos y familiares. De hecho, un estudio realizado en enero de 2011 por la Local Search Associaton (publicado por eMarketer) mostró que la gran mayoría de usuarios de internet de todas las edades en Estados Unidos aún optan por los motores de búsqueda en lugar de las redes sociales para encontrar información sobre las empresas ubicadas en su zona o país de residencia. Esto refuerza el valor de invertir en SEO con independencia de su inversión en *social media*. Debemos además tener presente que no todos los usuarios de la audiencia objetivo serán participantes activos de una red social.

En poco tiempo el SEO se ha convertido en una especialidad y una profesión por derecho propio. Blogs tales como *Search Engine Land* y *Search Engine Journal* son solo dos de los muchos sitios web especializados en el particular. Si desea especializarse en SEO, estos recursos están entre los preferidos. Está lejos de mi interés ahondar en los detalles técnicos, pero sí voy a darle una visión general del proceso para ayudarle en su comprensión de cómo Google clasifica las páginas web y lo que eso significa para usted como comunicador de marketing. Le ruego que me tenga un minuto de paciencia y así podré brevemente familiarizarlo con conceptos básicos.

Un hipervínculo es un enlace desde un sitio externo al suyo. Por ejemplo, desde LinkedIn a su blog. Los hipervínculos son clave para comprender la operación de los motores de búsqueda. En el pasado, la búsqueda se basaba en identificar para cada sitio la presencia de palabras requeridas por el usuario. Esto era fuente de picardías por parte de los responsables de los sitios que llenaban de palabras clave las páginas del sitio y, para que no se vieran, las escribían en letra blanca sobre un fondo blanco, por ejemplo. Así, una búsqueda sobre un tema cualquiera, digamos "regalos navideños", podría desembocar en un sitio pornográfico. Bastaba llenar el sitio porno con la frase "regalos navideños" y las claves relacionadas. Lo que se lograba como resultado de este modo no era el sitio más relevante sino el sitio con mayor repetición o densidad de la clave o frase buscada.

La llegada de Google trajo consigo la búsqueda basada en la inteligencia social para determinar la relevancia de los sitios. ¿De qué modo? Tomando a los hipervínculos entrantes como una recomendación. Más gente ingresa a un sitio, mayor recomendación recibe este. Hoy sabemos que el algoritmo de Google depende de un sinnúmero de variables y de su peso relativo. Sin embargo, aunque los detalles son un secreto muy bien guardado por Google puertas adentro, está ampliamente aceptada por la comunidad la idea de que el enlace entrante es un predictor de la relevancia de los resultados de la búsqueda. Si bien, usted no podrá conocer la "fórmula" de Google (ni la de Coca-Cola, al menos por un tiempo) le sugiero que no deje de visitar la aplicación Google Trends que el buscador pone a su disposición en http://goo.gl/q5jTwk para comprender mejor el peso relativo de los términos elegidos por los usuarios a escala global en sus búsquedas. La figura 3 es un ejemplo sencillo para los términos "las redes sociales" y "social media" en la Argentina. Note que la herramienta de Google no solo provee con una estadística de uso de clave o frases sino que además presenta una lista priorizada de los términos relacionados al igual que aquellos que muestran una tendencia creciente en su utilización por parte de los consumidores. Esto hace de Google Trends una herramienta muy poderosa. Tan pronto como identifica las claves o frases relevantes conviene revisar cuáles son los sitios que tienen mejor posición en relación con el empleo de esas claves. Claro que no todos los sitios que aparecen en los primeros puestos son competidores. Esto es particularmente cierto en B2B donde puede también encontrar organizaciones gubernamentales, académicas u ONG. Entre a cada uno de esos sitios que identifica como competidor, lea los contenidos que ofrecen y aprenda cómo esos sitios se han organizado.

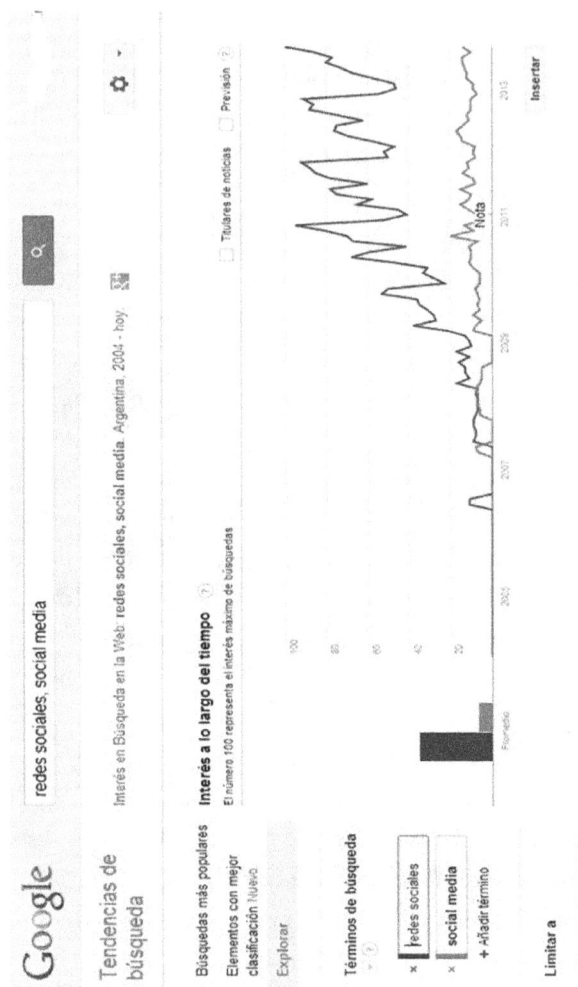

Figura 3. Uso de Google Trends.

Elección de una plataforma en redes sociales

Al hablar de redes sociales debiera comenzar citando que, de acuerdo con comScore a escala mundial, cinco de los mercados más "enganchados" a las redes sociales —en términos de horas dedicadas por visitante— están en Latinoamérica y son, en orden decreciente, Argentina, Chile, Colombia, Perú y Venezuela. En promedio, cada visitante en América Latina invirtió 7,6 horas en redes sociales en el mes de octubre de 2011, mientras que, en contraste, este valor para un visitante en Asia en promedio fue ligeramente inferior a las 3 horas. Las mujeres latinoamericanas están al tope del tiempo invertido a escala mundial en las redes sociales con un promedio de 8,2 horas para el citado mes[14]. Estos datos ponen más relevancia a la inclusión del estudio de las redes sociales como medio publicitario para América Latina en la confección de este libro. Debo decir además que, si bien la consideración y eventual elección de una plataforma de redes sociales en el plan de comunicación de marketing se aborda recién en esta fase del modelo M-A-P-E-A-R*, su análisis no resultará trivial sino, por el contrario, muy importante.

Facebook, Twitter, LinkedIn, blogs y YouTube fueron, en ese orden, las cinco principales redes sociales empleadas por las empresas. Todas las otras plataformas palidecen frente a estas cinco. Todas se emplean indistintamente tanto en B2B y B2C aun cuando tienen valores y efectividades relativas diferentes para cada uno de esos públicos, por lo que en B2C la tendencia es al empleo de Facebook y en B2B tiene más preminencia el uso de LinkedIn, Twitter y blogs (fig. 4).

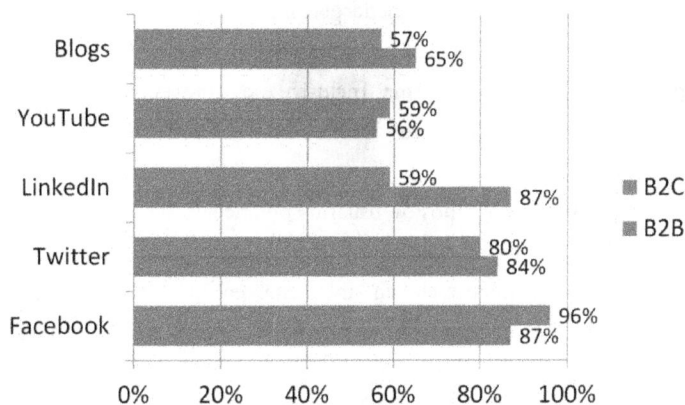

Figura 4. Elección de redes sociales en negocios B2B y B2C (adaptación a partir del *2012 Social media marketing industry report*[14]).

A continuación describiré las capacidades más singulares de cada una de estas plataformas en relación con la comunicación de marketing.

Facebook

Quizás la mejor carta de presentación de esta red social son los cientos de millones de usuarios y la alta actividad que tienen dentro de la plataforma. El propósito de la página de Facebook es simple: lograr un elevado reconocimiento de marca. El objetivo de la mayoría de las marcas es tener tantos "me gusta" como sea posible y que las personas compartan este contenido a fin de llegar a más individuos con el mensaje. Algunas marcas, como Coca-Cola, con más de 60 millones de seguidores, o Disney, con más de 40 millones, pueden llegar a más personas con una actualización de Facebook que lo que conseguirían con un anuncio de televisión, siendo la opción de Facebook más económica inclusive. Las páginas de Facebook son una forma de humanizar su marca y hacer que aparezca más real ante sus clientes o a la comunidad como un todo. Si bien cuando uno piensa en Facebook asocia al consumidor como individuo primeramente, de acuerdo con Gillin, Paul y Eric Schwartzman en su libro *Social marketing to the business customer*, las empresas B2B han encontrado en Facebook un vehículo eficaz para la contratación de personas[16]. Ernst & Young, Deloitte y Sodexo son algunas de la empresas que cuentan con una historia de éxito en este modo de aplicación de la plataforma. Inclusive esos autores citan a la firma TVI Pacific —una productora de cobre— que adoptó Facebook como una forma de comunicarse con sus inversores.

En general, existen dos tipos de usuarios potenciales de contenidos desarrollados por una marca en Facebook. Por un lado, los fanáticos de la marca (los que han hecho explícitamente clic en "me gusta" en relación con la marca) que son los más fáciles de alcanzar en las redes sociales con las *impresiones* de la marca. Por otra parte, los amigos de los fans constituyen potencialmente una importante audiencia incremental. De acuerdo con comScore, los amigos de los fans suelen representar un conjunto mucho más amplio de los consumidores (34 veces mayor en promedio, medidos sobre 100 páginas de las principales marcas) y pueden recibir impresiones de la marca de sus amigos a través de las redes sociales[17]. A este punto es conveniente aclarar el significado del término impresión. De acuerdo con Facebook, "las impresiones calculan el número de veces que se muestra una publicación de tu página, tanto si se hace clic en ella como si no. Los usuarios pueden ver varias impresiones de la misma publicación. Por ejemplo, un fan puede ver la actualización de una página en su sección de noticias una vez y luego otra si un amigo suyo la comparte". De acuerdo con el informe de Edison Research, *The social habit 2012*, el estadounidense promedio mayor de 12 años tiene 262 amigos en Facebook, es decir que el *alcance* de una marca top puede llegar a los 8.908 usuarios[18]. Sin embargo, de acuerdo con la definición, podrá haber más de una impresión por usuario, es decir que el número de impresiones observadas superará en unidades a la medición del alcance para una red social.

Ahora, imagine que mientras viaja a su trabajo escuchando radio y, antes de que salga la tanda publicitaria, una voz en *off* le diga que el aviso que escuchará a continuación fue recomendado por tres de sus amigos para que lo oyera, incluyendo uno imaginario, Federico Huertas, quien ya le había recomendado un aviso televisivo la noche anterior. Seguramente usted se asombre a la vez que comience a prestar más atención al aviso "recomendado" por alguien de su confianza. Luego, mientras revisa material publicado acerca de su negocio en revistas de actualidad, un aviso le llama la atención en la quinta página y al pie una nota que resalta: cinco de tus amigos, con Federico Huertas a la cabeza, recomendaron que vieras este aviso. Claro, nada de esto es posible en los medios tradicionales pero sí en los digitales. Facebook principalmente pero también otras redes sociales han creado un ambiente para el desarrollo de lo que se ha dado en llamar la *publicidad social*, definiendo como tal "a la que aprovecha del entorno social para llegar a su público objetivo". Este tipo de publicidad tiene sus ventajas. De acuerdo con un informe de Nielsen, la publicidad social, es decir aquella que le llega a usuarios que tienen amigos que son fans de la marca o han interactuado de manera prominente con ella, tendrá una recordación de marca 55% superior que la que tendrían el resto de los usuarios de la red social[19]. De acuerdo con el Edison Research, *The social habit 2012*, un impresionante 78% de los consumidores estadounidenses emplean a Facebook con **más frecuencia** que otro servicio de red para conectarse con marcas o productos mientras que el 47% dice que esta red social ejerce influencia sobre su toma de decisiones de compra[18]. Facebook ofrece, al tiempo de escribir este libro, cinco formas publicitarias diferentes en su plataforma.

Twitter

A pesar de que se han escrito libros sobre esta herramienta trataré de resaltar en pocas palabras sus virtudes principales. Arrancaré por la legendaria limitación del mensaje: los a veces odiosos 140 caracteres. Aunque parezcan escasos, los 140 caracteres que permite un tuit, más que una limitación pueden ser considerados como una virtud, ya que para la persona que escribe es más fácil cubrirlos que escribir un post en un blog. De hecho, las personas tuitean mensajes que nunca publicarían en un blog. La espontaneidad e impulsividad que promueve el medio carga de emoción a los mensajes aun a costa de hacer un poco desordenada la comunicación. Como medio de comunicación de marketing tiene una alta importancia; de hecho, un estudio de investigación llevado adelante por Edison Research en 2010 encontró que el 42% de los usuarios activos de Twitter aprende acerca de los productos y servicios a través del sistema y el 49% por ciento de ellos sigue a marcas o compañías mediante esta herramienta. Sin embargo, de acuerdo con el informe de Edison Research ya citado, solo un 9% de los estadounidenses emplea Twitter para conectarse con marcas o productos[18]. La publicidad en Twitter es más desafiante y llena de oportunidades que en Facebook. Dado que las personas suelen leer sus tuits en orden cronológico puede de este modo alcanzar a un mayor porcentaje de sus seguidores que lo que lograría en Facebook, aunque debe considerar que la vida de sus tuits será corta. Al tiempo de la preparación de este libro, Twitter ofrecía tres formas básicas de publicitar en la plataforma.

LinkedIn

Basándose en la teoría de los seis grados de separación (todo el mundo está conectado por una cadena de no más de otros cinco), LinkedIn le ayuda a construir una red de contactos en línea. Se empieza con la gente que ya conoce: *sus conexiones de primer grado*. Las personas que están conectadas con estas conexiones son *conexiones de segundo grado* y las personas vinculadas a ellos son *conexiones de tercer grado*. LinkedIn está estrictamente pensada en negocios y eso es lo que hace que sea una opción tan atractiva para los individuos y empresas que proveen productos o servicios a mercados B2B. De acuerdo con MarketingProfs, LinkedIn, supera a Twitter en un 83% y es la red social preferida entre los anunciantes B2B para la distribución de contenido seguido por el 80% de los que usan Twitter e igual proporción de los que utilizan Facebook[20]. Además, y como era de esperar, las empresas B2B están significativamente más interesadas en planificar un incremento en el uso de LinkedIn (76% de B2B frente al 55% de B2C) y en ambos casos indican un aumento en el interés frente a los niveles comunicados en el año 2011 (71% de B2B y el 51% de B2C)[15]. La plataforma publicitaria de LinkedIn permite promocionar servicios, puestos de trabajo o empresas a usuarios que tengan o busquen una actividad profesional. Los anuncios de Linkedin pueden aparecer en la página de inicio, la página del perfil del usuario, la página de búsqueda, la bandeja de entrada y también en los grupos de relación. Uno de los diferenciales más fuertes de los anuncios de LinkedIn es la capacidad que brinda la plataforma de focalizarlos seleccionando: título de la posición laboral, tarea principal, industria, geografía, cantidad de empleados de la firma, nombre de la empresa, experiencia en el puesto, edad, sexo y grupo de LinkedIn.

YouTube

Es el sitio de intercambio de videos número uno del mundo y el segundo motor de búsqueda en popularidad a escala global. En 2009 superó la marca de mil millones de descarga por día y, si bien YouTube es una red social un tanto limitada, su fortaleza radica en una potente biblioteca de videos con la capacidad de permitir a los visitantes compartir fácilmente el contenido en este formato y a su vez usar el reservorio de YouTube en conexión con sus propios sitios o blogs. De este modo las empresas pueden generar videos de capacitación, promoción y/o demostración y emplearlos para difundir la marca y su pericia y profesionalismo. Es un excelente recurso para lograr testimonios de clientes o permitirles participar en un concurso. YouTube acepta el empleo de publicidad mediante la mecánica conocida de AdWords para videos que permite el pago por clic hechos sobre el video de manera similar al tradicional AdWords de Google.

Blogs

Pueden pensarse como la Victorinox[*] de las redes sociales. Fáciles de construir y actualizar, permiten acomodar múltiples tipos de medios tales como audio, video y *widgets*; cuentan con un SEO excelente. Su modelo de interacción es simple:

una persona habla y las otras escuchan y eventualmente interactúan haciendo comentarios.

Las empresas utilizan los blogs como herramientas de comunicación de marketing para compartir actualizaciones y noticias y ofertas relacionadas con la industria de consejos, recetas e ideas para el uso de productos y servicios. En el ámbito técnico —muy relacionado con empresas B2B, por ejemplo— es un gran recurso para explicar conceptos complejos y enganchar a la audiencia en debates profundos y de calidad. Pese a que ayudan a ganar confianza y credibilidad por parte de la audiencia, lo interesante de los blogs es el tono conversacional que permite que la escritura usada sea más informal que la empleada para artículos, folletería o hasta en el mismo sitio web de la marca. Por tanto, pueden agregar humor y desarrollar una personalidad del blog alineada con la marca que comunica. Si bien el blog es perfecto para las marcas orientadas al producto, se puede beneficiar de él toda persona o empresa con una historia que contar. Los blogs generalmente no venden directamente sino que deben enfocarse en las características del producto, con lo que deben pensarse como una excelente herramienta de posicionamiento. Finalmente, de los comunicadores de marketing que invierten once o más horas a la semana en redes sociales, al menos el 73% planea aumentar su actividad en blogs[15].

Aplicación del modelo AIDA modificado

Cuando hablamos de alienar la comunicación con los objetivos del negocio en el capítulo dos, presentamos el modelo AIDA modificado para ayudarle a identificar las etapas entre las que se desenvuelve la comunicación de marca a la hora de contribuir al desarrollo y cierre de las oportunidades de negocios o *sales leads*. Resulta necesario proponer distintas herramientas de comunicación con las que se puede contar en cada paso para lograr el objetivo buscado en cada etapa.

Difundir: en esta etapa se puede contar con las herramientas publicitarias típicas, tales como televisión, radio, revistas, diarios, *banners* en sitios web, publicidad en redes sociales y acciones de marketing directo. El objetivo es fundamentalmente lograr el conocimiento de marca dentro de una determinada audiencia objetivo.

Inspirar: si lo consideramos desde la perspectiva persuasiva aristotélica, para inspirar y ejercer influencia no alcanza con ser conocido. Un ponente puede ser un gran experto y no contar con las habilidades comunicacionales necesarias para transmitir un mensaje comprensible (logos). Hay marcas —y personas— que entusiasman con mayor éxito que otras. Depende del mensaje, de su complejidad, los medios, el interés y el conocimiento que tenga la audiencia acerca del contenido compartido. No se logra inspirar desde la soberbia (lo mucho que sé) sino desde la inteligencia (cómo hago para que lo que sé le sirva a mi audiencia). Los docentes sabemos esto hace mucho tiempo. Lo dicho anteriormente es evidente cuando las empresas hablan de sí mismas. Por años he llevado adelante un *newsletter* electrónico donde medíamos edición a edición el ranking de las notas más leídas. Indefectiblemente en la parte más baja de esta lista se ubicaban las notas autorreferenciales, aun cuando se basaran en información verdadera y de terceras partes totalmente creíbles; por ejemplo, un informe de resultados de la reconocida firma International Data Corporation (IDC). ¿Por qué las publicábamos entonces? Por presión corporativa. Parecía bueno (desde la marca) no solo ser la firma número uno en el mercado sino también decirlo. No parecía tan bueno (desde los clientes). Aunque las redes sociales descollen en esta etapa, existen otros mecanismos de comunicación que pueden ayudar en esta fase: la base de prospectos y clientes calificados en email o los suscriptores al *newsletter*; las visitas de un vendedor o la consulta que se le haga en un comercio. La presencia de un cliente actual o potencial en un congreso o feria puede ser aprovechada como una oportunidad de influencia de la marca al igual que una charla privada dictada por un experto en la materia de interés del prospecto o cliente; la prensa puede jugar un rol importante aquí a partir de notas de especialistas o gurús de los temas de interés para el cliente o prospecto; la relación con especialistas y gurús es clave, entonces, para contar con sus opiniones y valoración pública positiva.

Enganchar: basándonos en las distintas acepciones de la RAE para el término *enganche*, lo habíamos definido como: "con arte, captar intensamente la atención de alguien ganando su afecto o voluntad" o, como dice Jason Falls del sitio Social Media Explorer: "enganchar es comunicar tan bien que la audiencia ponga atención". Sin duda, resulta fácil imaginar la variada gama de oportunidades que un consumidor tiene para engancharse con una marca a través de las redes sociales. La razón no es otra que la facilidad que ellas tienen para generar espacios de interacción. Pero si bien las redes sociales también resaltan aquí, no son bajo ningún concepto la única manera de interactuar y enganchar a los clientes con la marca. Por ejemplo, la participación de ellos en un evento o una competencia puede lograr igual efecto. El proceso del enganche puede tomar más o menos tiempo de acuerdo con el involucramiento con el producto o servicio y con el tipo de motivación asociada con él. En casos de productos de alto involucramiento —una prenda de vestir no cotidiana o una cotidiana que importe mucho a la persona (como un *jean* a un adolescente, una *tablet*, un servidor de aplicaciones de misión crítica, etc.), el rol que el enganche tenga en el proceso de decisión del cliente será clave y seguramente será menos importante en el caso de productos de bajo involucramiento tales como un refresco o una pasta dental. Pensando en ventas en el mercado de empresas que comercializan con otras empresas o B2B, el rol del vendedor será crucial en el proceso de *enganche*. Nótese que el concepto de enganche con la marca se sustenta en la metáfora de la personalidad de marca, es decir, la marca puede ser interpretada como una persona y en ese sentido interactuar con ella de maneras diversas. Compartiendo un juego, participando en una búsqueda, integrando un grupo de discusión en LinkedIn, opinando sobre un *post* en un blog, haciendo menciones en Twitter, viendo videos en YouTube, enviando un email a un amigo o pulsando "me gusta" en páginas y contenidos de Facebook, solo por citar algunos ejemplos. ¿Cuál es el sentido del concepto de personalidad de marca aquí? Lanzar en Facebook una aplicación interactiva para los fans que no se corresponda con la cultura o los valores que desea sostener la marca es convertir a la acción de enganche en un simple entretenimiento y quizás hasta uno que pueda causar dolores de cabeza por sus consecuencias.

Convertir: es el punto al que llegan las oportunidades calificadas y con mayor posibilidad de convertirse en una venta (o una donación si se trata de una ONG, por ejemplo). En mi opinión, solo cuentan aquí las oportunidades de venta calificadas. Es un lugar del proceso del negocio que requiere de la participación de la fuerza de ventas o de mecanismos que incentiven el cierre de las oportunidades. Se pueden emplear, entonces, contenidos orientados a la toma de decisiones, los que incluyen información acerca de objeciones comunes ante la compra, describen criterios sugeridos para la toma de decisión o detallan información importante que se debe conocer y comprender antes de la compra. Estos recursos refuerzan la confianza del consumidor con la marca pero curiosamente no siempre se aprovechan bien o siquiera se desarrollan en la firma. Es una forma de darle valor a la relación con el cliente y se mostrarse más empático y transparente con el prospecto. En este punto del embudo la oportunidad está calificada y se cuenta con los datos de contacto del cliente. Si así no fuera, la oferta de contenido de este tipo puede ser un gran incentivo para obtenerlos. Todo el proceso del embudo de negocios considera un balance simple pero esencial: entregar valor a través de compartir contenidos y generar oportunidades de venta. Es decir, el proceso no solo se limita a generar contenidos valiosos para los prospectos sino en crear a la vez mecanismos que los lleven hacia la compra. El avance en el embudo no es lineal ni mucho menos fácil de seguir a nivel individual. Por ejemplo, un cliente puede resultar en tal luego de haber interactuado con el blog de la marca, participado en actividades de enganche en Facebook y haber sido influenciado positivamente por otros clientes de la marca; sin embargo, el cierre de la compra de su flamante televisor lo hace en una tienda departamental o luego de hacer un clic en un aviso de texto como los de Google. Claro que en este caso si uno considerara a las redes sociales como un silo, entonces nunca podría comprender en este mundo integrado su contribución al resultado final o conversión.

Retener: cuando un prospecto se convierte en cliente existen un sinnúmero de oportunidades para mantener la relación, respetando los intereses del cliente y brindando de manera continua contenidos y elementos de valor para él. Los programas de fidelización son un ejemplo de estas estrategias de retención. Esta etapa cuenta con una dificultad adicional. El entusiasmo de la venta ya pasó y, a menos que el cliente muestre interés por otra familia de productos de la marca, la posibilidad de ser atractivo para la oficina de ventas es mínima. Por eso el departamento de marketing puede poner en juego varios programas que lleven nuevamente al cliente al embudo de negocios para hacer "explotar" una nueva oportunidad.

Referencias

1. Percy, Larry & Rosenbaum-Elliott, Richard. *Strategic advertising management* (4th ed.). New York: Oxford University Press, 2012.

2. Kosslyn, Stephen M. & Thompson, William L. When is early visual cortex activated during visual mental imagery? *Psychological Bulletin 129* (5), 723-746, 2003.

3. Henderson, Pamela W. & Cote, Joseph A. Guidelines for selecting or modifying logos. *Journal of Marketing 62* (2), 14-30, 1998.

4. Rossiter, John R. & Bellman, Steven. *Marketing communications: theory and applications.* Australia: Prentice Hall, 2005.

5. Nelson, Douglas L.; Mcevoy, Cathy L. & Pointer, Lisa. Spreading activation or spooky action at a distance? *Journal of Experimental Psychology. Learning, Memory & Cognition 29* (1), 42-52, 2003.

6. Coulter, Robin Higie & Sewall, Murphy A. A test of prescriptive advice from the Rossiter-Percy advertising planning grid using radio commercials. *Advances in Consumer Research 21* (1), 276-281, 1994.

7. Cendrowski, Scott Nike's new marketing mojo. *Fortune*, 2012. Disponible en internet: http://management.fortune.cnn.com/2012/02/13/nike-digital-marketing/.

8. Holbrook, Morris B. & Hirschman, Elizabeth C. The experiential aspects of consumption: consumer fantasies, feelings, and fun. *Journal of Consumer Research 9* (2), 132-140, 1982.

9. Ofek, Elie. The world cup brand winner: Adidas or Nike? 2010. Disponible en internet: http://blogs.hbr.org/hbsfaculty/2010/07/the-world-cup-winner-adidas-or.html.

10. Wolfe, John. Global internet ad spend hit $99 billon in 2012, almost 20 percent of total investment. 2013. Disponible en internet: http://www.groupm.com/pressandnews/details/890.

11. Young, Antony. *Brand media strategy: integrated communications planning in the digital era* (1st ed.). New York: Palgrave Macmillan, 2010.

12. Direct Marketing Association. *DMA 2013 statistical fact book* (35th ed.). New York: Direct Marketing Association, 2013.

13. Engine Ready Inc. SEO vs. PPC: the final round. 2008. Disponible en internet: http://www.engineready.com/pdf/seo-vs-ppc-2008.pdf.

14. Comscore. It's a Social World: Top 10 Need-to-Knows about Social Networking and Where It is Headed 2012. Disponible en internet: http://www.comscore.com/Insights/Presentations_and_Whitepapers/2011/it_is_a_social_world_top_10_need-to-knows_about_social_networking.

15. Stelzner, Michael A. 2012 social media marketing industry report-how marketers are using social media to grow their businesses 2012. Disponible en internet: http://www.socialmediaexaminer.com/SocialMediaMarketingIndustryReport2012.pdf.

16. Gillin, Paul & Schwartzman, Eric. Social marketing to the business customer: listen to your B2B market, generate major account leads, and build client relationships. Hoboken, N.J.: Wiley, 2011.

17. Lipsman, Andrew; Mudd, Graham; Rich, Mike & Bruich, Sean. The Power of Like: How Brands Reach and Influence Fans Through Social Media Marketing. 2011.

18. Research, Edison & Arbitron. The social habit. 2012. Disponible en internet: http://socialhabit.com/secure/wp_content/uploads/2012/07/The-Social-Habit-2012-by-Edison-Research.pdf.

19. Nielsen, Company. Ads with Friends: Analyzing the Benefits of Social Ads. 2012. Disponible en internet: http://www.nielsen.com/us/en/newswire/2012/ads-with-friends-analyzing-the-benefits-of-social-ads.html.

20. Marketingprofs. 2013 B2B Content Marketing Benchmarks, Budgets, and Trends. 2013.

CAPÍTULO 7

Revisión de procesos
y resultados

*El único propósito del marketing es conseguir que más gente
compre más de su producto, más a menudo
y por más dinero.*

Sergio Zyman. Ex-jefe de Marketing en Coca-Cola.

n antiguo griego llamado Eratóstenes (276-194 a. C.) hizo la primera
medición que se conozca de la circunferencia de la Tierra. Llamará su
atención que una medición así pudiera lograrse sin contar con equipamiento sofisticado, satélites de apoyo y claro, sin arriesgarse a una peligrosa e
incierta travesía alrededor del mundo.

Eratóstenes partió para su análisis de un dato crucial que recogió mientras
leía en la Biblioteca de Alejandría. Un profundo pozo en Siena, hoy Asuán, una
ciudad al sur de Egipto, tendría su base completamente iluminada por el sol de
mediodía solamente un día al año. Para que esto sucediera, el sol debería estar
directamente sobre el pozo en ese momento. Por su parte, los objetos verticales
en Alexandria (un lugar ubicado casi en línea recta al norte de Siena) proyecta-
ban una sombra debido a que la luz solar caía en un ángulo ligeramente diferente sobre ellos, en el momento exacto en el que la base del pozo de Siena se
iluminaba por completo. Eratóstenes tuvo la genialidad de reconocer que podría
utilizar esta información para evaluar la curvatura de la Tierra. Observó que las
sombras en Alejandría al mediodía de esa época del año formaban un ángulo que

217

es igual a un arco de una quincuagésima parte de un círculo. Por lo tanto, si la distancia entre Siena y Alejandría era una quincuagésima parte de un arco (y asumiendo que ambas ciudades estaban en la misma latitud), la circunferencia de la Tierra debía ser 50 veces esa distancia. De acuerdo con Wikipedia, si se rehace el cálculo de Eratóstenes con la distancia y medida angular exacta desde Alejandría hasta el punto en el mapa con igual longitud que Alejandría y situado justo en la línea del trópico de Cáncer, se obtiene un valor de 40.074 km, solamente 66 km o un 0,16% de error en relación con la circunferencia real de la Tierra que es de 40.008 km medida por avanzados satélites. Esto demuestra la validez del razonamiento del investigador griego.

¿Cuál es la lección para las mediciones en marketing? Primero, Eratóstenes hizo lo que podría parecer una medida imposible mediante el uso inteligente en algunas observaciones simples y, si bien su resultado no fue perfecto, fue lo suficientemente aproximado. Tal como lo aprendí en mis primeros años trabajando para Dell. Lo que buscamos es "dirección y **no** perfección". El concepto de la medición como mecanismo para **reducir la incertidumbre** y no para eliminarla por completo hará finalmente que las mediciones sean posibles.

Segundo, 1700 años después este cálculo fue ignorado por el mismo Cristóbal Colón y probablemente fuera esta su subestimación de la circunferencia terrestre en un 25%, una de las razones para que creyera que había llegado a las Indias y no a América. En marketing es evidente que la falta de estándares para medir y, por ende, la limitada difusión de las buenas prácticas y —por qué no decirlo— *el pálido entusiasmo que a veces los mismos responsables de la comunicación de marca ponen en medir y hacer públicos sus resultados, no ha ayudado a que el proceso de comunicación de marketing se vea como una inversión y no como un gasto.*

Pero los tiempos han cambiado. Las crisis han acelerado las demandas de las organizaciones por pruebas tangibles de la contribución del marketing y su comunicación de marcas. El requerimiento ha dejado de ser sutil y ha tomado forma de mecanismos restrictivos a la hora de asignar presupuestos cuando no se pueda demostrar el retorno en la inversión de marketing o ROI y el retorno sobre las ventas o ROS; indicadores estos que recibirán luego un tratamiento más profundo.

Al comienzo de este libro lo describí como un texto de negocios y a lo largo de los capítulos no he cambiado de idea. Claro que si hay un momento apropiado para traerlo a consideración otra vez es este: el momento en el que estoy escribiendo un capítulo que habla sobre la revisión de resultados.

Con esto en mente, en comunicación de marketing los resultados deben poder apreciarse por su impacto en los informes de negocio, es decir, los que leen los principales directores de la empresa. Usted se preguntará, por ejemplo, cómo un sinnúmero de seguidores en la cuenta de Twitter de su marca podrían significar algo o, dicho mejor, impactar positivamente en el informe de negocios que leen los directivos de su empresa. Le sugiero que aproveche esa mezcla entre duda y curiosidad para caer en cuenta que efectivamente debieran significar algo. Caso contrario no valdrán la pena.

Los altos ejecutivos de empresas han sospechado siempre que gran parte del dinero asignado a la comunicación de marketing se desperdicia. Las empresas han estado pidiendo una marketing medible por décadas. Sin embargo, a pesar de la creciente preocupación, el problema persiste. La razón detrás del problema: las empresas tienen poco o ningún conocimiento de sus costos verdaderos de marketing y muy pocas tienen un proceso disciplinado para medirlo. De hecho, son escasas las compañías que pueden predecir con alguna exactitud lo que un incremento —digamos del 15%— en el presupuesto de marketing generará como resultado en los negocios. La contrapartida es igualmente preocupante: no poder predecir el impacto en negocios de una disminución del 15% del presupuesto asignado a comunicación de marketing. Esta situación ha hecho que en una empresa el equipo de marketing no reciba el respeto que seguramente merece y que muchas veces su tarea sea sólo un recurso de apoyo de la oficina de ventas o una fuente productora de avisos y publicidad.

El hecho de que para directores de nivel "C" (CEO, CFO, COO, CTO, CRO, etc.) no importe el número de emails que abrieron los clientes en relación con la última campaña o la cantidad de visitantes únicos en la página web originados por el último post en el blog corporativo o el número de seguidores en Twitter, no es un secreto. Lo que en verdad importa a estos ejecutivos es cuán rápido se crece en términos de ventas y rentabilidad. No dice esto que las medidas no financieras tales como el nivel de conciencia de marca o el número de impresiones son irrelevantes, sino que son así para estos ejecutivos; por lo tanto, el diálogo entre la oficina de marketing y el cuerpo ejecutivo de la empresa deberá hacerse en términos de los indicadores que ellos evalúan y valoran.

De acuerdo con una investigación de *Forrester Research*, el 76% de los profesionales del marketing acuerda fuertemente que la capacidad del departamento de marketing para monitorear el ROI de sus acciones les genera un mayor respeto ante sus pares y superiores.

En mi vida profesional y académica he conocido a "marketineros" que veían su trabajo como un arte y no una ciencia y que, por lo tanto, no entendían la insistencia por evaluar los resultados de la inversión cuando la mayor parte de sus tareas englobaban acciones que no podían medirse de ningún modo. Otros encontraban que mostrar pruebas o "rendir cuentas" de su trabajo significaba desplegar en "vendedoras" presentaciones todo indicador que pudiera medir en relación con su gestión, no importando si fueran relevantes o no. El objetivo: mostrar interés en los números y seguimiento cercano del trabajo. Nada de esto, por supuesto, conectado concretamente con el negocio. Haciendo un paralelo imaginario, sería como si la oficina de cuentas por cobrar pudiera describir las llamadas de seguimiento que hizo, las reuniones y visitas en las que se involucró con los clientes deudores, pero al fin del día el tamaño de la cartera de morosos de la empresa creciera cada vez más y más y esto no fuera presentado como un resultado por dicho departamento.

Cuando hablamos de la definición de objetivos, al comienzo del proceso de planeamiento, identificamos la necesidad de establecer un ROI objetivo. El hecho de medir ROI como una consecuencia de las acciones versus la propuesta de estimarlo por adelantado como una promesa de negocios sobre los resultados esperados, contribuirá a que el marketing se vea como una inversión y no como un costo. Proponer de antemano una rentabilidad esperada quizás sea una de las acciones más sencillas que una departamento de marketing pueda hacer para dejar de mostrarse como un centro de costos y sí una función en la que hay que invertir en beneficio del negocio. Al detalle del ROI se le podrán agregar medidas clave como cantidad de *leads* calificados u oportunidades de negocio de calidad, ventas por línea de producto o ticket de venta promedio como ya citamos en el caso de los objetivos de marketing. Claro que la definición de medidas correctas resultará de una interacción positiva entre las oficinas de ventas y de marketing, pero también de un análisis riguroso sobre las oportunidades, capacidades y recursos necesarios para alcanzar los objetivos.

Hay un popular adagio estadounidense que reza: "basura que entra, basura que sale". La frustración de los "marketineros" acerca de la baja calidad de los datos se ha convertido en un sentimiento casi universal. Claro que la elección de canales de comunicación basados exclusivamente en su facilidad para darnos datos confiables solo agravará el problema al ignorar otros que pudieran ser más efectivos, pero cuya medición requeriría de ingenio y esfuerzos adicionales. En un mundo imperfecto los datos también lo son y esto afecta el armado de una proyección de resultados en los negocios. El problema radica en que algunas veces es difícil reconocer entre datos buenos y datos malos. Sin embargo, usted necesitará de toda su experiencia y la de su sección de marketing/ventas para lograr una estimación precisa de la cantidad de nuevos clientes potenciales que fluirá en el sistema en un período de tiempo, lo que servirá como combustible para aumentar la facturación de la compañía. En dicha estimación deberá ser consciente de la capacidad de su fuerza comercial para gestionar exitosamente las oportunidades de negocio que genere y construir una estrategia de compensación económica que refuerce el interés de los vendedores por alcanzar los resultados de venta y rentabilidad propuestos.

Si usted adquiere una clara comprensión y una medida exacta de las tasas de conversión en cada una de las etapas del ciclo que lleva a un prospecto convertirse en un cliente de la empresa, podrá entonces construir una proyección sólida de los ingresos que su empresa recibirá en futuros períodos. Por ejemplo, si usted conoce que un 50% de los clientes que reciben una visita de su ejecutivo de ventas solicita una cotización y que el 75% de los que la solicitan compra sus productos, tendrá elementos para calcular, en base a su venta promedio y al objetivo de ventas buscado, cuántos clientes deberán abrirle su puerta a sus vendedores para presentarle su oferta. En otras palabras, sabrá a cuántas empresas deberá llegar su campaña de generación de demanda y con cuántos vendedores deberá contar para hacer las visitas necesarias a efectos de lograr la conversión de oportunidades buscada. Si por ejemplo su ticket promedio es 10.000 dólares y espera vender un millón adicional en el trimestre, precisará ganar al menos 100 clientes nuevos. Ahora bien, si solamente el 50% pide una cotización y el 75% de ellos compra; si ese 75% son 100 clientes, entonces el 100% (es decir, el 50%

de los que piden cotización) es 134 clientes, con lo que debo lograr visitar al menos a 134 x 2 = 268 clientes en el trimestre. Si un 10% de los clientes contactados le da una entrevista a mi fuerza de ventas, entonces necesitaría una campaña de comunicación de marketing que llegara al menos a 2.680 clientes. Así, asumiendo una rentabilidad bruta del 8% por ticket promedio, 100 clientes generarían U\$S 800 x 100 = U\$S 80.000. Si quisiera un ROI de un 45% la ecuación del ROI sería:

ROI = (renta bruta - inversión de marketing) / inversión de marketing[1 (p. 19)]

El ROI se mide en porcentaje. Note que cuanto la rentabilidad bruta iguale a la inversión de marketing, el ROI será igual a cero. Por otra parte, si la inversión de marketing supera a la rentabilidad bruta, entonces estaremos frente a un resultado negativo. Para nuestro ejemplo la aplicación de la fórmula resultará en:

ROI = (80.000 - 55.000) / 55.000 = 45%

Mi costo por contacto será:

U\$S 55.000/2.680 = U\$S 20,52

Y mi costo de adquisición por cliente nuevo:

U\$S 55.000/100 = U\$S 550

Es importante notar que para el ejemplo he tratado de simplificar el cálculo asumiendo que la compra es inmediata luego de la visita y que se logra con el primer contacto con la empresa del potencial cliente. Sin embargo, sería bastante común que la inversión en marketing no solo devuelva resultados en el corto plazo sino también en el mediano. Siempre se podrá buscar que la acción de comunicación de marketing persiga la aceleración del ciclo de compra, lo que también conlleva en general un mayor costo directo de la campaña o uno indirecto al sacrificar rentabilidad, por ejemplo, por la venta temprana. En general en la práctica el cálculo del ROI es mucho más extenso y complejo que el mostrado en el ejemplo anterior. La razón principal: se deberá considerar el ROI esperado en períodos posteriores al que se realiza la inversión para lo cual se deberá apelar al concepto financiero de valor presente neto, es decir, el valor que al presente tendrá el dinero que se planea retornar como consecuencia de una acción de marketing desarrollada hoy pero que tenga efecto en el futuro. Asumiendo que el retorno esperado el año próximo fuera de U$S 1.000, con una tasa de descuento (que mide el costo pero también el riesgo del capital), el valor presente sería solamente de 800 dólares. Este resultado se obtiene de dividir U$S 1.000 en la suma de 1 más la tasa de descuento que, asumiéndola igual al 25% anual, nos llevaría a dividir U$S 1.000 en 1,25, es decir, U$S 800.

ROI: herramientas y recursos

El análisis más simple de ROI debe incluir al menos:

- Cuánto incremento de ventas se ha logrado.
- Cuánto ingreso aporta cada una de esas ventas.
- El porcentaje de margen bruto obtenido (considerando todos los costos asociados).
- La inversión total de marketing y ventas.

La firma Lenskold Group www.lenskold.com provee de excelentes herramientas en-línea, interactivas y gratuitas para la gestión del ROI en su empresa. Un ejemplo de su *On-line lead generation ROI planning tool* puede verse en la figura 1. a la gestión de la acción: el costo de los vendedores, incluyendo el de la visita al cliente, los gastos de viaje, etc. Si la acción genera una cantidad importante de oportunidades o *sales leads* habrá un costo originado por el tiempo aplicado de un vendedor a seguir dichas oportunidades y si la conversión a ventas no resulta buena, se reflejará probablemente en un ROI negativo.

A veces el indicador de ROI toma un resultado ridículamente alto porque no se han incorporado en el cálculo todos los costos variables y semivariables. Por ejemplo, los costos relacionados con el tiempo que aplica el equipo de marketing

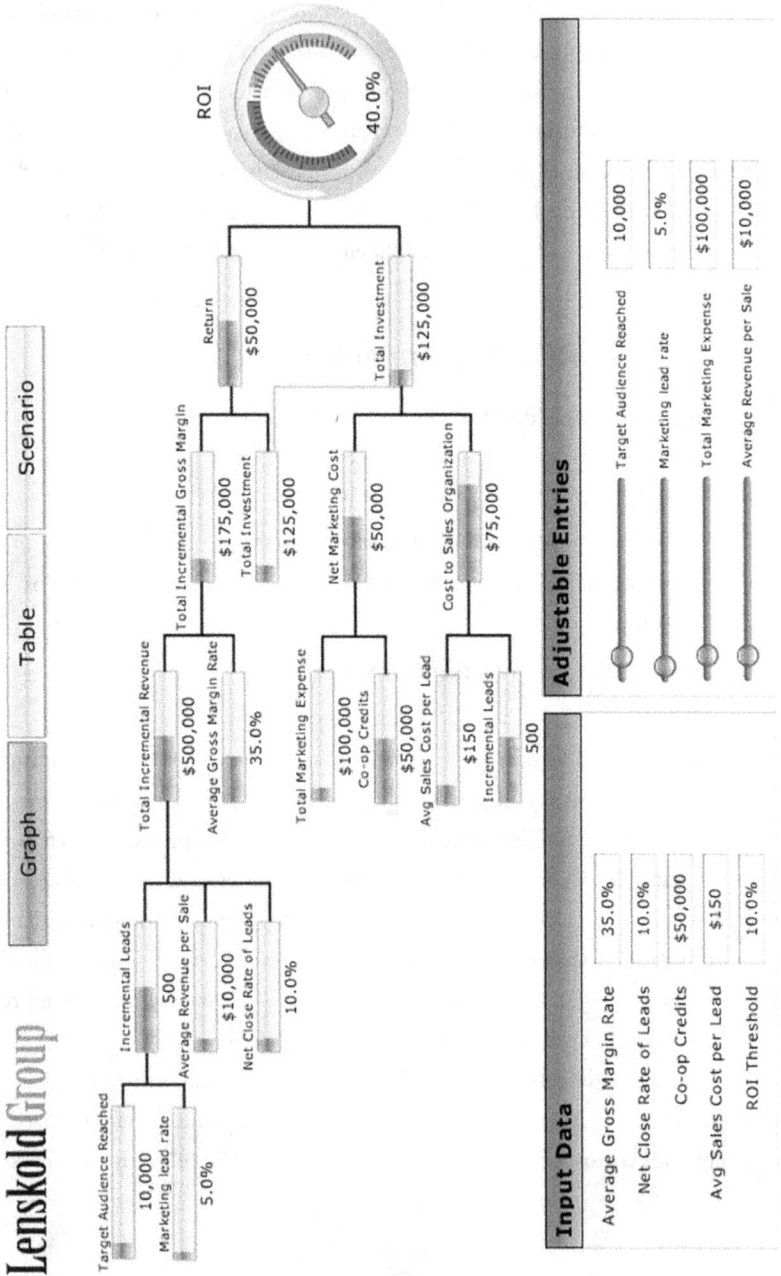

Figura 1. El modelo de Lenskold Group.

Claves para la rentabilidad

En su libro *Profitable marketing communication*, Antony Young y Lucy Aitken proponen ocho claves para una comunicación rentable[2] (p. 53) de las que extraje, a mi juicio, las más prominentes para su análisis detallado:

Olvidar a los consumidores y enfocarse en los clientes. No hay duda de que desde la perspectiva de la inversión en comunicación y marketing existe un riesgo menor de inversión y una posibilidad de ganar dinero adicional si el esfuerzo se enfoca en los clientes actuales y no en conseguir nuevos. Trabajando de este modo es probable que la inversión tenga un retorno relativamente cercano. Sin embargo, adquirir nuevos clientes es el único modo de aumentar la base de ingresos futuros de la empresa y además compensar la pérdida natural de clientes. Cuando uno "compra" clientes nuevos, invierte en ellos. En empresas del tipo B2B, es decir que le venden sus productos o servicios a otras empresas, la primera venta puede resultar en ceder toda la rentabilidad de la empresa al cliente como un descuento y hasta la "pérdida" de dinero. Esa pérdida debe tomarse como una inversión y la única fuente posible de fondos para cubrir esa inversión no ha de ser el capital de la empresa sino *el exceso de rentabilidad que se logra cobrando a los clientes actuales y leales un precio* premium. Esta es otra buena razón para enfocarse en los clientes actuales. Parte de la ganancia "excedente" que se obtenga de negociar con ellos se invertirá en adquirir clientes nuevos garantizando una base creciente. Ahora bien, si los clientes actuales pagan precios promocionales entonces habrá perdido su oportunidad de contar con fondos extra para conseguir nuevos clientes. En mi opinión, usted debe pensar en el ROI como dinero que le prestaron y que debe devolver; sin embargo, no debiera tratar cada asignación que haga en su presupuesto de marketing como una base individual para rendir cuenta a su empresa, sino que debe ser capaz de "pagar" el préstamo que le dan de manera "global" y no individualmente a partir de ganar en cada una de sus acciones y sus campañas. Asumirlo de otro modo le quitaría mucha flexibilidad a la inversión en comunicación de marketing y esta es una de las características que la distinguen de otras inversiones que hace la empresa, tal como la compra de bienes durables.

Considerar una cartera de inversiones en comunicación. Igualmente, aunque el retorno sobre su inversión en marketing sea evaluado en lo global desde la mirada de los ejecutivos de su empresa, en lo particular no debiera descuidar —puertas adentro de su organización— la efectividad de cada uno de los vehículos de comunicación que haya puesto en juego para su marketing. Tendrá muchas alternativas como la publicidad, la prensa, el marketing directo y las redes sociales, solo por citar algunas. Deberá entonces ser suficientemente flexible y estar adecuadamente enfocado como para evaluar el resultado de cada uno de estos canales y otros que incorpore, y así decidir eventualmente si alguno de ellos debiera darse de baja y suplantarse por otro. El objetivo último: maximizar el resultado global de su inversión en comunicación de marketing. Este proceso de maximización le requerirá de conocimiento, disciplina, herramientas y compromiso con el objetivo global.

Habíamos hablado de medios primarios y secundarios desde la perspectiva del cumplimiento de los objetivos principales de comunicación propuestos. La experiencia de la marca permitirá identificar aquellos canales que han probado ser los que mejores resultados y retornos han brindado. Por un lado, hay que apegarse a lo que ha probado ser exitoso y, por el otro, darse espacio para probar nuevos canales alternativos. La regla del italiano Vilfredo Pareto ayudará aquí: continuar invirtiendo el 80% de su presupuesto en lo que sabemos está dando resultado y reservar un 20% para experimentación.

Aplicar un planteo de "inversión enfocada". Es una regla basada en la experiencia, pero cuando se trata de elegir objetivos de negocios y desarrollar estrategias de acuerdo con ellos, es sabido que conviene establecer entre dos o tres objetivos anuales para así poder cumplirlos de verdad. Más de esta cantidad pone en duda el éxito de todos los resultados basándose en el popular adagio "el que mucho abarca poco aprieta". En términos de inversión Warren Buffett, quizás uno de los más reconocidos inversores de todos los tiempos, sugiere que "se requiere de una inversión muy diversificada solo cuando los inversores no entienden lo que están haciendo". Trasladando esta idea a los planes de comunicación de marketing, la realidad nos hará ver que nunca habrá suficiente presupuesto para cubrir todos los productos o llegar a todas las audiencias. El mismo buffet ha desarrollado una estrategia que llama de "inversión enfocada" donde los inversores hacen una fuerte apuesta a eventos que tienen una alta probabilidad que sucedan. En otras palabras, en lugar de expandir los esfuerzos de comunicación de marketing de manera amplia para tratar de cubrir todas las bases, es preferible desarrollar una comprensión profunda sobre los eventos que son plausibles de aportar una cuota de ROI mayor a la organización y, por supuesto, las razones que sostienen esa diferencia positiva.

Una medición o varias

Si bien en este punto está claro que el concepto de ROI abrirá puertas a la comprensión de la mesa ejecutiva de la empresa, es igualmente cierto que, como dice un viejo refrán, "un elefante se come de un mordisco a la vez", es decir, que si bien los directores del nivel "C" debieran recibir su ROI, es igualmente cierto que el departamento de comunicación de marketing no podría aspirar a lograr uno si no pudiera dividir el análisis del problema en partes.

Entenderá esto con un ejemplo fácil. Si a usted le consultan sobre su satisfacción con un producto determinado con la pregunta: "considerando el uno como el valor menor y cinco como el mayor ¿cuál es su satisfacción global con el producto XYZ? la respuesta será lo suficientemente clara para comprender su opinión sobre XYZ. Ahora supongamos que su calificación fue **dos** y la empresa se propusiera ajustar algo para lograr una satisfacción mayor. Basándose solo en su respuesta, cualquier cosa que hiciera la institución estaría orientada por la intuición, ya que lo que sabe no le alcanza para atacar nada en particular. Para resolver esto se debiera "desgranar" la pregunta mayor en otras preguntas menores que ayudarían a comprender su satisfacción en distintas facetas y en relación con el producto XYZ. Es lo que sucede habitualmente y si las preguntas individuales están bien desarrolladas el resultado final de todas ellas debiera componer uno muy cercano al resultado obtenido por la primera pregunta integradora. Ahora bien, nunca dejará de hacer la pregunta integradora aun cuando haya desarrollado un conjunto de preguntas orientadas a distintos aspectos del producto. En definitiva, ambas formas de medición son complementarias.

¿Un ROI para las redes sociales?

Uno de los primeros debates en el mundo de las redes sociales está centrado en si su ROI se puede medir. Algunas personas preguntan de manera defensiva: acaso, ¿cuál es el ROI de tener teléfono en la oficina? o ¿cuál es el retorno de la inversión de llevar un cliente a jugar golf? Es como si se buscara medir algo que no tiene sentido hacerlo porque hace a la rutina misma de las compañías. Lo cierto es que poner a funcionar una estructura de redes sociales para una empresa tiene un costo diario que ha demostrado ser en general creciente y, si bien contratar Twitter o Facebook no tiene costos iniciales, mantenerlo y gestionarlo, sacar provecho de ellos, escuchar lo que se habla de la marca, la industria y los competidores, responder a los comentarios de servicio y administrar eventuales crisis que a través de ellos se pudieran suscitar, requerirá definitivamente de dinero. A veces, mucho. Si hay un elemento subestimado en cuanto al empleo de las redes sociales es el tiempo que insumen en su gestión. Por eso, no resultará ajeno a la organización el interés por conocer de algún modo el resultado de sus esfuerzos en redes sociales y si vale la pena el presupuesto asignado a ellas. En otras palabras, el retorno sobre la inversión que puedan generar.

Como he expresado a lo largo de este libro, las redes sociales no son una estrategia en sí misma y, para ser medibles, deben ser capaces de sustentar los objetivos de comunicación de marketing y sus estrategias asociadas. Claro que dependerá del objetivo que se proponga y de las estrategias que las redes sociales vengan a sostener lo que se intentará medir. Si su objetivo es construir una reputación en línea para su empresa requerirá de un conjunto muy diferente de medidas que si su objetivo es vender más productos. En este último caso, la buena noticia es que quizás ya tenga todos los elementos que necesita y sea sólo cuestión de agruparlos para tener un único indicador de rendimiento.

Calcular el ROI de las redes sociales *e dopo morire*

En el capítulo sobre **alinear la comunicación de marketing con los objetivos del negocio**, presentamos el modelo AIDA modificado y su interacción con el embudo de negocios. Será el modelo que deberá emplearse para analizar la acción de las distintas redes sociales dándonos claridad para entender en qué situaciones conviene apoyarse en ellas para la comunicación de la marca y qué rol tendrán y cómo se aplicarán en cada una de las cinco etapas que definimos en el modelo antes citado. Bajo ese marco resulta posible establecer una estimación de los costos necesarios para poner a funcionar las herramientas de redes sociales que elegimos. Sin embargo, la gran pregunta es **¿cómo conectamos la actividad en redes sociales con los resultados de negocio?** La respuesta es sencilla si su empresa ha vinculado ya su sistema de gestión de clientes o CRM con las herramientas de seguimiento de actividad del prospecto en redes sociales tales como *Google Analytics*. Si no es tan afortunado y tal conexión no existe aún, hay una posibilidad de "seguir" los pasos del prospecto dentro del embudo de negocios utilizando una mecánica sostenida en URLs. *Google Analytics* puede atribuir una visita a su sitio desde casi cualquier tipo de medio de origen, siempre y cuando la dirección URL a la que el usuario accede en la campaña cuente con las "etiquetas" necesarias. En general *Google Analytics* ofrece herramientas en línea tanto para cargar los parámetros y hacer el etiquetado manualmente sobre URL únicas (http://goo.gl/4LiMV) como para hacerlo en múltiples URL al mismo tiempo. Para esto usted puede descargar una herramienta llamada *Google Analytics campaign tagging tool* (http://goo.gl/MiytW) que contiene un muy buen instructivo sobre los conceptos e instrucciones principales para completar los campos necesarios para etiquetar las URL a efectos de que puedan registrarse en *Google Analytics*. Una herramienta de gran ayuda también es la que permite reducir el tamaño de las URL (http://goo.gl/). Dicha reducción nació como una necesidad en Twitter para limitar el empleo de caracteres y se convirtió en una práctica común. En cuanto a los parámetros obligatorios (los tres primeros) y los opcionales que se deben cargar en el proceso de etiquetado manual serán, de acuerdo con Google:

- **fuente**: toda referencia a un sitio web tiene un origen o una fuente. Entre las posibles fuentes se encuentran las siguientes: "google" (motor de búsqueda), "facebook.com" (sitio de referencia), un link en un email, o "directo" (visitas de personas que hayan escrito la URL directamente en el navegador o que hayan añadido el sitio en marcadores).
- **medio**: entre los posibles medios se incluyen los siguientes: "orgánicos" (búsqueda gratuita), "cpc" (costo por clic, es decir, búsqueda por pago), "re-

ferencia" (visitas de sitios web que no son redes sociales), "email" (medio personalizado que haya creado), "ninguno" (visitas directas), display (*banner*), social (LinkedIn, Facebook, Twitter, etc.)

- **campaña**: es el nombre de la campaña de AdWords de referencia o una campaña personalizada que haya creado.

- **palabra clave**: en el caso de las referencias a un motor de búsqueda, se suelen obtener las palabras clave que los visitantes utilizan en las búsquedas salvo que se trate de un sitio SSL. Esto sucede tanto en las búsquedas orgánicas como en las pagas.

- **contenido**: identifica un determinado enlace o elemento de contenido en una campaña personalizada. Por ejemplo, si un mensaje de correo electrónico contiene dos enlaces de llamada a la acción para motivar al lector a hacer clic en ellos, se podrán utilizar distintos valores de "contenido" para diferenciar dichos enlaces y saber qué versión finalmente resulta la más eficaz. Es el campo más flexible y se debe recordar que las políticas de Google prohíben usarlo para transferir información que permita la identificación del usuario tales como tarjetas de crédito, nombres, e-mails, etc. En caso de transferir información sensible la recomendación es codificar el contenido mediante un algoritmo seguro. Luego de transferido a *Google Analytics* , decodificarlo desde el archivo de exportación mediante la clave de encriptación provista por el usuario.

El siguiente es un ejemplo de una URL con identificadores donde la fuente es LinkedIn, el medio es "social" y la campaña se llama "reputación":

http://www.domingosanna.com/blog?utm_source=linkedin&utm_medium=social&utm_campaign=reputación

Podemos ahora hacer una versión corta de este URL empleando la herramienta antes indicada. El resultado será: http://goo.gl/lUtBu0. Finalmente, debemos entrar a LinkedIn, editar el perfil y en la sección de publicaciones configurar este enlace. Cada vez que se haga un clic en él desde la página de LinkedIn se generará información que *Google Analytics* usará para registrar apropiadamente el camino del cliente entre el sitio de LinkedIn y el suyo.

Pensemos ahora en un ejemplo un poco más complejo pero cercano a la realidad:

- Recibo un retuit de alguien que cita un artículo de mi interés y ofrece un link.
- (*) Hago clic en el link y accedo al artículo y al blog del autor.
- (*) Desde su sitio, me suscribo al tuit del autor.
- (*) Navego el sitio del autor y descubro un libro que me gusta.
- (*) Me registro y obtengo un link para descargar una copia gratuita de los dos primeros capítulos.
- (*) Hago clic en el link y descargo los capítulos.
- Recibo un email del autor pidiéndome que complete una encuesta con mi opinión acerca de sus capítulos y me ofrece un link para ello.
- (*) Por reciprocidad, hago clic en dicho enlace e ingreso a una encuesta en línea. Antes de empezar a completarla el autor me ofrece como incentivo un código de descuento del 20% por completarla.
- (*) Completo la encuesta y recibo por email el código de descuento y un link para comprar el libro.
- (*) Decido comprarlo y aprovechar la oferta. Hago clic en el link de compra y me redirige a una librería en línea donde aplico mi código de descuento y compro el libro.
- Descargo el libro.
- (*) Recibo un mensaje de agradecimiento del autor por la compra y un link para conocer otras obras escritas por él.

En el ejemplo, todas las etapas marcadas con (*) pueden "seguirse" en *Google Analytics* en relación con el sitio del autor, siempre y cuando se hayan aplicado los parámetros necesarios a las URL que dirigen el tráfico a este sitio o desde él a cualquier otro. Nótese que Google ha considerado situaciones especiales como el caso de un sitio externo de comercio electrónico.

Ahora bien, si volvemos por un minuto al ejemplo anterior, registrarse en el sitio del autor, responder la encuesta o comprar el libro son todas "metas" que uno busca lograr con el visitante del sitio. En el lenguaje Google estos son ejemplos de "conversiones" o, en otras palabras, lograr que la meta se cumpla. Sin embargo, estas metas no sólo implican —como vimos— una venta. Nótese entonces la diferencia de contenido entre la codificación de Google y la que establecimos para nuestro modelo AIDA modificado aun cuando el término "conversión" sea el mismo. Para Google, que el visitante haga clic para participar en un evento es una "conversión"; para el modelo AIDA modificado es una etapa en el proceso de *enganchar al cliente*, a menos que el negocio de la empresa sea la venta de entradas a un determinado evento en cuyo caso podría corresponderse con la conversión de Google. La definición de metas en *Google Analytics* trae aparejada en esa misma plataforma lo que la empresa define como embudo de conversión. Por ejemplo, si promociona un nuevo modelo de automóvil, basta establecer la sección correspondiente de su sitio como meta y configurar el embudo de conversión a efectos de que incluya las páginas en su sitio por las que probablemente pasarán los visitantes hasta llegar a la meta. Haciendo una analogía con el deporte, sin bien la meta será meter un gol, habrá un conjunto de participantes que harán posible que esto suceda. Muchas veces la llegada al gol resultará de una estrategia o "jugada" previamente armada por el técnico y aprendida por los jugadores. El embudo de conversión llevará registros de cuántas veces, antes de llegar adentro del arco para marcar el gol, la pelota está en los pies de qué jugadores y en qué orden sucede esto. Ya que las posibilidades son variadas la herramienta llevará cuentas de cuál es el camino habitual de la pelota (qué jugadores tocan la pelota antes del gol) y de aquellos caminos o jugadas no tan frecuentes (un tiro de arco a arco, por ejemplo).

Aun cuando la configuración del embudo de conversión en *Google Analytics* se hace configurando la lista de eventos y páginas visitadas que se esperan sucedan previamente a la conversión, su lectura no debe de ser lineal, sino que debiera tratarse como una lista de páginas que probablemente navegarán los visitantes antes de alcanzar la meta en un cierto orden. De acuerdo con Google, un 57% de las conversiones sigue "caminos" diferentes, el 70% de las metas se alcanza solo luego de múltiples interacciones y el 54% toma más de un día en lograrse.

Comunicaciones fuera de línea ¿cómo seguirlas?

La idea de contar con un sistema unificado que pudiera llevar cuenta de la actividad en línea que deriva tráfico al sitio bajo análisis, pero también que permita registrar la derivaciones originadas en acciones fuera de línea tales como la televisión, la radio o los medios impresos y que además pudiera seguir la correlación entre todos los visitantes que se originan en un canal y cruzan a otros antes de la conversión, ha sido la piedra filosofal buscada largamente por el marketing. Si bien el desarrollo de tal sistema integrador ha recibido la atención de algunas empresas aún se está lejos de arribar a la solución perfecta. Esto no debiera ser un escollo para lograr el seguimiento de las acciones de generación de demanda fuera de línea de la empresa. Párrafos antes hemos trabajado con la idea de cómo codificar una URL y luego acortarla para luego promover un llamado a la acción o *call to action* del consumidor para que ingrese al enlace. Esto es posible de ser impulsado a través de un aviso de respuesta, un cupón de descuento entregado en mano o una edición impresa de un periódico —tal como la usa el *New York Times*—, entre algunos ejemplos.

Brian Clifton, en su libro *Advanced web metrics with Google Analytics*, presenta con precisión cinco métodos para el seguimiento de acciones fuera de línea[3]. Todos se basan en la idea central de la combinación de campañas mediante ese modo con una URL única para la página de destino. Tomando el trabajo de Clifton como referencia describiremos estos métodos como:

Vanity URL: recomendado cuando se tiene una fuerte conciencia de marca del producto o servicio y con todo el contenido alojado en un dominio web central. Los ejemplos incluyen iPad, Castrol, Gillette, Colgate, Big Mac y Fanta, entre otros. En este caso se recomienda hacer referencia en los avisos impresos o televisivos al sitio del producto www.mi-producto.com.ar y promover en línea el sitio de la marca www.mi-marca.com.ar. Resulta evidente que no deberá construir dos sitios web diferentes para promover a las audiencias en línea y fuera de ella, para lo cual contará con mecanismos técnicos que podrá emplear y que redirigirán automáticamente sus accesos desde estos a uno central.

URL codificada: recomendado cuando se tiene una fuerte marca corporativa o cuando los productos tienen ya sitios web independientes. Los ejemplos incluyen IBM, Microsoft, Google, Kellogg, Kodak, BMW, así como cualquier producto que para su identificación se base en números, tal el caso de teléfonos como Nokia, automóviles, impresoras, etc. Requiere de una instalación técnica de redirecciones. Ejemplo de esta implementación serían:

www.mi-sitio.com.ar/oferta1

www.mi-sitio.com.ar/oferta2

Estas direcciones no aparecen en los buscadores y son únicamente para las campañas fuera de línea. La idea es que según la URL a la que ingresen al sitio, se podrá saber a partir de qué aviso impreso o televisivo llega el prospecto al sitio principal. La clave del éxito de esta estrategia es que el consumidor recuerde la URL para lo cual ayudará que tenga una forma fácil de recordar como:

www.mi-sitio.com.ar/descuentos

www.mi-sitio.com.ar/10porciento

Combinando con búsqueda: recomendado cuando los valores de marca son menos importantes que los valores de producto o servicio o el público objetivo está más orientado al precio que a la marca. Algunos ejemplos incluyen a una gran parte de las pequeñas y medianas empresas, el sector de los viajes, el sector de seguros, servicios públicos, alimentos y equipos de oficina, es decir, sectores en los que pudiera existir una lealtad moderada o baja hacia la marca.

Debido a la baja conciencia de marca, la recordación de la URL por parte de los potenciales consumidores podría ser dificultosa. Una alternativa en estos casos sería el empleo de búsquedas como parte de su mensaje fuera de línea, tal el caso de un aviso publicitario que diga "busque **regaloahora** en Google y gane hasta un 30% de descuento".

Combinando con reductores de URL: recomendado sólo para campañas de prensa y donde puedan ser necesarios muchos enlaces dentro de una misma campaña. Algunos ejemplos típicos suceden en la industria editorial (periódicos, revistas), libros, catálogos y folletos. Además de la antes citada goo.gl existen otras herramientas como bit.ly, ow.ly, tinyURL.com para ayudarle a reducir las URL. Todas tienen la ventaja de incluir en el dominio de destino los parámetros de referencia requeridos por *Google Analytics* antes de proceder a la reducción.

Combinando con códigos de respuesta rápida (QR): recomendado solamente para campañas de prensa en la que desea participar con una audiencia móvil. Algunos ejemplos son la industria editorial (periódicos, revistas), carteles, volantes, folletos y tarjetas de visita.

Análisis y resultados consolidados

En este punto, cuando el trabajo en *Google Analytics* ha dado sus frutos y cuenta con información sobre la evolución de sus prospectos en el modelo AIDA modificado, el próximo paso será exportar los datos de la herramienta en relación con la actividad en su sitio para luego documentarlos en una tabla de alguna planilla de cálculo. Luego agregará ahí otras actividades tales como las vinculadas con eventos presenciales, llamados de ventas, envío de emails, etc. Lo importante es agrupar todo de tal manera que se pueda visualizar cada una de las acciones de comunicación agrupadas por etapa y por canal de comunicación empleado en el proceso del embudo basándose en el modelo AIDA modificado.

Al efecto, le sugiero construir una tabla con todos los indicadores por etapa que sean relevantes para su tipo de negocio y los canales de comunicación de marketing que establezca como puede observarse un ejemplo en la tabla 1. Note que a efectos prácticos, la agrupación la hice en cuatro grupos:

- # **Impresiones** (tanto en línea como fuera de ella).
- # **Interacciones** (refiere a acciones para inspirar y enganchar).
- # **Cierres** (nos referimos a actividades que llevan a la venta).
- # **Retenciones** (refiere a acciones para retener clientes).

La idea de incluir a las retenciones merece una aclaración. Se espera que a partir de acciones de retención adecuadas resulten nuevos negocios basados en la venta repetitiva y/o a la de nuevos productos y servicios para cliente, lo que se conoce habitualmente como venta cruzada o *cross selling*. Ya que conocen la marca y han mostrado una preferencia por ella —al menos para una categoría dada—, la inversión necesaria y el tiempo requerido para que estos clientes retenidos avancen nuevamente en el embudo de ventas sería teóricamente menor. Esto es importante porque si el cliente valora una marca y la conoce en relación con una categoría en particular, no implica que tenga tal actitud con productos de la marca que se relacionen con una categoría diferente. Por ejemplo, en mis tiempos en Dell liderábamos para el mercado argentino —en número de unidades— la venta de *notebooks* para empresas y estábamos en una segunda posición en cuanto a la comercialización de computadoras de escritorio o PC. Sin embargo, un tercer producto ofertado por la marca, los servidores —una suerte de PC de características técnicas ampliadas y elevada confiabilidad—, no eran de la elección de los clientes quienes preferían abastecerse con otros proveedores más reconocidos en la categoría como IBM y Hewlett-Packard. La marca Dell, con poco tiempo en la Argentina, se asociaba con un *commodity* de bajo precio y buena calidad pero los servidores eran considerados productos más sofisticados y que requerían niveles de confiabilidad y calidad muy por encima de los requeridos para una PC típica. Si una PC o *notebook* fallaba se reemplazaba por otra igual o mejor, sin afectar mayormente al usuario. Por el contrario, si un servidor dejaba de funcionar podría afectar ya no solo a una persona sino a un grupo significativo de individuos en la empresa. Era por eso que también se los conocía como servidores de misión crítica.

La marca Dell se asociaba a la categoría PC o *notebook* pero entre las creencias de los clientes en relación con Dell no se percibía que fuera una marca que cubriera eficazmente las exigentes demandas de calidad y de un servicio posventa de excelencia. Con este escenario, antes de intentar venderle al cliente una nueva línea de productos (servidores) se trabajó en desarrollar su conocimiento y preferencia por la marca en relación con dicha categoría.

Para evaluar la efectividad de las acciones de retención se puede considerar la utilización de indicadores financieros y no financieros tales como el incremento del ticket promedio, la variedad y la cantidad de productos que el cliente compra, el tiempo que media entre compra y compra, el crecimiento promedio de la rentabilidad por cliente, la fecha promedio de la última compra, el valor vitalicio medio, etc. Todo esto comparando entre los clientes que participan en programas de retención y los que no lo hacen.

Es interesante que note que los modelos de lealtad, por ejemplo el *Service profit chain* propuesto por James Heskett *et al.*, asocian a la lealtad con la satisfacción del cliente[4]. Como la satisfacción del cliente engloba factores emocionales en relación con la marca, además de la calidad del producto o servicio, hay una buena posibilidad de ejercer influencia positivamente mediante programas y mecanismos específicos de comunicación. Sin embargo, no debe olvidar que la promesa de valor del producto o servicio debe ser cumplida, ya que de otro modo se estará frente a un cliente insatisfecho y de nada valdrán los programas de lealtad para retenerlo. Pensar que lograremos clientes retenidos solamente con un buen programa de puntos o recompensas es, a todas luces, una falacia.

Es de esperar una demanda de la dirección de la empresa en determinar que las inversiones realizadas en la gestión de la relación con los clientes, así como las efectuadas en procesos clave para mejorar la calidad, efectivamente contribuyan al crecimiento de los ingresos, la rentabilidad y de otros indicadores de desempeño financiero y de mercado. Algunas de estas inversiones —como la adopción de una solución de *customer relationship management* o CRM— podrán estar en cabeza de la oficina de marketing y deberán justipreciarse a la hora del cálculo del ROI, pero otras, como implementar un entrenamiento mejor y más frecuente al equipo de atención al cliente o la utilización de nuevos diseños, herramientas o materiales en la línea de producción, no lo estarán.

Ahora que hemos desterrado la palabra costo del vocabulario de comunicación de marketing, para nuestro análisis del ROI hablaremos de las inversiones asociadas a impresiones, interacciones, cierres y retenciones por cliente.

Podemos pensar al embudo de ventas como una suerte de "caja negra" donde ingresan prospectos, atraídos allí como resultado de las actividades de difusión (impresiones) de la marca. Estos prospectos —ya dentro de la caja— serán el blanco de diferentes actividades de comunicación (interacciones) que buscarán aumentar la preferencia de marca y desarrollar oportunidades concretas y calificadas de venta; las que merced a un conjunto de acciones persuasivas (cierres), resultarán en la conversión de esas oportunidades en ventas. Asociada con la venta habrá por supuesto una rentabilidad neta para la marca.

Para una operación que inicia esa caja negra no tendrá prospectos a la entrada ni clientes a la salida. Con el tiempo, y luego de que causen efecto las acciones de difusión, comenzarán a ingresar a la caja nuevos clientes potenciales. Algunos de ellos, después de transcurrido un tiempo relacionado con el producto/mercado/categoría de que se trate, se convertirán en clientes. El concepto inverso es también cierto: si se dejan de hacer actividades de difusión, las ventas no se detendrán inmediatamente sino luego de un cierto tiempo en el cual la caja negra quedará vacía de oportunidades.

Este tiempo promedio es el *ciclo de venta* del producto o servicio. Es como un río de montaña. Si llueve o deshiela en la alta cumbre el agua llegará a la planicie luego de un tiempo determinado y seguirá fluyendo aún terminada la lluvia o el deshielo. Esta "inercia" en el embudo nos hace pensar lo difícil que es medir resultados a la salida de él sin considerar el tiempo que demora un prospecto "promedio" en atravesarlo.

Supongamos que al comienzo de este trimestre decido duplicar mi inversión en actividades de difusión y al final del primer mes busco medir la variación en ventas y rentabilidad que tal inyección al presupuesto de comunicación de marketing dio como resultado. Si el ciclo promedio de venta es de un trimestre, los efectos observables serán mínimos. Sólo tendría una medida aceptable luego de transcurridos tres meses desde el momento en que se duplicó la inversión. Esto abre dos posibilidades para el cálculo del ROI:

- Que a moneda constante considere períodos separados por el ciclo de ventas para la consideración de la inversión en comunicación de marketing y de la rentabilidad producida por la venta. Todo esto empleando la ecuación que ya vimos.

- Que considere la inversión y la rentabilidad en igual período (un trimestre, por ejemplo) pero trayendo la rentabilidad esperada —al final del ciclo de venta— mediante una tasa de descuento.

Quizás usted ahora se plantee: "Bueno, pero ¿cómo sé si cada acción individual de comunicación de marketing tiene un ROI por sí misma?"

En mi opinión, un tratamiento cuidadoso del aporte de cada acción individual para cada tramo del embudo de ventas —en relación con el ROI— sería una pérdida de tiempo a la vez que ignoraría el concepto de complementación entre mecanismos de comunicación. Hablamos del efecto palanca o *multiplicador de fuerza* de la jerga militar que habíamos citado ya en el capítulo uno cuando mencionábamos la contribución de las redes sociales.

No hay que confundir objetivos con estrategias y tácticas. El ROI y otras medidas financieras son indicadores del tipo S.M.A.R.T. para definir los **objetivos** de negocio. Las **estrategias** de comunicación y las herramientas y canales de comunicación empleados —con los cuales se asocian dichas estrategias— también tendrán sus indicadores S.M.A.R.T. para ser evaluados. Esto es importante y requiere de una aclaración.

Si se tratara, por ejemplo, del total de impresiones logradas, por supuesto que necesitará considerar qué tan exitosas son —comparativamente— cada una de las herramientas elegidas para generar difusión (publicidad televisiva, redes sociales, publicidad gráfica, etc.). Esto le ayudará al ajuste y a la mejora de su proceso de difusión de la marca. Del mismo modo, todas las herramientas puestas en juego para lograr interacciones con los clientes deberán evaluarse en función de la cantidad de prospectos vinculados con cada una. Y no solo eso, las tasas de conversión entre etapa y etapa serán una medida importante y necesaria del avance de los prospectos y de la eficiencia y la eficacia de la gestión del embudo de ventas.

Todos estos son indicadores S.M.A.R.T. de sus estrategias. Recuerde que si la suma de estrategias elegidas es la correcta, dará como resultado el cumplimiento de los objetivos del negocio expresados en los términos que los directores de las empresas los evalúan, es decir: las ventas o ingresos, los costos (inversión) y la rentabilidad. Si habla de inversión —como espero que lo haga—, deberá incluir necesariamente medidas de ROI. Todas estas variables deben ser parte de su presentación a la dirección de la empresa y estar presentes en el armado de su tablero de control.

Usted podrá y deberá identificar para cada uno de los cuatro tramos que medimos las conversiones por etapa, el tiempo promedio en cada etapa y los costos directos asociados.

Impresiones	
Relaciones públicas	**Publicidad**
Menciones/impresiones	Búsquedas orgánicas
Redes sociales	CPC
Facebook reach	Display
Twitter reach	Facebook
Comunicación frecuente	Twitter
Envío email	Televisión
Envío pieza física	Radio
Telemarketing	Revistas
Llamadas de presentación	Otras

Tabla 1a. Algunos indicadores por secciones del embudo de ventas: impresiones.

Interacciones	
Relaciones públicas	**Redes Sociales**
Visitas al sito x menciones	**Linkedin**
Publicidad	Seguidores
Búsquedas clics/visitas al sitio	Clics en el contenido
Display clics/visitas al sitio	Enlaces compartidos
Facebook clics/visitas al sitio	Visitantes únicos
Pub. tradicional clics/visitas al sitio	Retuits
Comunicación frecuente	Mensajes directos
Clics en email	Visitas al sitio
Envío enewsletter	**Facebook**
Redes sociales	Me gusta
Twitter	Usuarios enganchados
Seguidores	Hablan acerca de la marca
Clics en el contenido	Clics en el contenido
Menciones	Visitas al sitio
Retuits (RT) (@)	
Mensajes directos (D)	
Visitas al sitio	

Tabla 1b. Algunos indicadores por secciones del embudo de ventas: interacciones.

Podrá variar su elección y mezcla de canales de comunicación en cada tramo y revisar la tasa de conversión que logra en relación con su base de referencia, es decir, en el momento que inició a medir las etapas del proceso. Con el tiempo irá desarrollando un esquema más optimizado y eficiente, aprendiendo acerca del impacto de cada herramienta de comunicación en relación con otras en cada etapa del embudo de ventas. Note que las oportunidades originadas como consecuencia de los planes de retención debieran ser imaginadas como una entrada adicional a la caja negra cuya fuente es la base de clientes de la marca. Es importante que note que hoy sabemos positivamente que ni una venta sucede como consecuencia de una única acción, sino además que el "camino" que sigue el cliente no es necesariamente lineal, es decir que un paso no continúa inmediatamente al otro. Por ejemplo, alguien puede hacer un derrotero por distintas herramientas de **inspiración** y **enganche** antes de solicitar una oferta del producto. Como previamente subrayé, es importante tener presente que cuanto mayor sea el involucramiento que el prospecto tenga con el producto o servicio, estas alternancias tenderán a ser más comunes y que, en caso de productos de bajo involucramiento, es posible que alcance con una única acción directa de ingreso al sitio de comercio electrónico de la marca, como cuando uno compra un libro cuyo autor y nombre ya conoce porque, digamos, se lo recomendó un amigo.

Cierre	
Venta	**Publicidad**
Órdenes ingresadas	Contáctenos
Envío de ofertas personalizadas	Pedir una demostración
Llamadas de seguimiento	Descargar un *e-book* para tomar decisión
Visitas de seguimiento	Solicitar un prueba "gratis" del producto
Demostraciones técnicas *in-situ*	**Eventos**
Telemarketing	Asistir a un evento de productos
Llamada entrante por oferta	Registrarse en un seminario
Redes sociales	
Facebook	Twitter
Pedir una demostración	Pedir una demostración
Descargar un *e-book* para tomar decisión	Descargar un *e-book* para tomar decisión
Solicitar un prueba "gratis" del producto	Solicitar un prueba "gratis" del producto
Contáctenos	
Retención	
Clientes activos vs clientes objetivo	# de líneas de productos x clientes activos

Tabla 1c. Algunos indicadores por secciones del embudo de ventas: cierre y retención.

Esta libertad del consumidor para "construir" su propio camino de compra a partir de un abanico de ofertas de herramientas de comunicación de la empresa (participar en un webinar, descargar un *ebook* o un trabajo de investigación, imprimirse un cupón de descuento, etc.), hace difícil pensar en tratar como un ente independiente cada acción de comunicación de marketing a la hora de medir su efectividad. Por ejemplo, hoy está probado que los *banners* influencian fuertemente al consumidor más en su función de difusión que por los clics que los interesados puedan hacer sobre ellos. También, una investigación reciente de la Escuela de Negocios de Harvard ha mostrado que existe una gran sinergia entre *banners* y búsquedas pagas[5]. En otras palabras, hay que pensar en el conjunto de comunicaciones que impulsan el avance de un prospecto desde una posición a la siguiente en el embudo de ventas y también contribuyen a lograr una mayor eficiencia en la calificación de prospectos y una menor deserción por parte de ellos.

Los modelos de atribución

Una ayuda importante para identificar la contribución de cada una de las comunicaciones de marketing lo representan los modelos de atribución. Estos han sido definidos por Google como una regla o conjunto de reglas que permiten **atribuir** un valor a cada uno de los diferentes puntos de contacto de la marca con un usuario dado, en su camino hacia la conversión. En cuanto a las redes sociales y a las acciones en línea en general, se le daba antiguamente todo el crédito por la venta *a la acción previa*. Volviendo a nuestra analogía futbolística, lo dicho equivale a premiar al último jugador que dio el pase antes de que un delantero meta el gol. Otro modo empleado era **atribuir** la responsabilidad del gol a quien inició la jugada y esto con total independencia de lo que hubiera sucedido en el camino de la pelota hasta llegar al arco. Debido a que ambos modelos no describían con justeza la realidad, aparecieron otros tales como "el último clic no directo", "lineal", "deterioro del tiempo", "según la posición", etc. Además de estos modelos básicos, el empleo de herramientas tales como *Google Analytics* permite crear modelos personalizados que utilizan las reglas de atribución que el usuario defina.

Los modelos de atribución han alcanzado un punto de inflexión en el mercado. Un trabajo desarrollado en colaboración por Adobe y Econsultancy que incluyó una muestra de más de 700 empresas y agencias, muestra que un 54% de las empresas usa algún tipo de modelo de atribución y entre ellos, el 28% todavía trabaja con estrategias antiguas de atribución de un solo punto (tal como el último clic, por ejemplo). El 89% de las que emplean modelos de atribución dice que tienen un impacto positivo en sus negocios. A la hora de explicar las contribuciones de estos modelos, el 70% afirma que les permite justificar su inversión en marketing; el 66% logra construir e identificar el camino que recorre el cliente hasta la conversión y finalmente, el 58% confirma que puede optimizar mediante este recurso la mezcla de medios que emplea en la comunicación. Igual porcentaje afirma que es imposible la atribución perfecta. Un 38% lleva adelante la atribución en forma manual. Muy interesante es el hecho de que solo un 35% de las empresas incluye actividades fuera de línea en sus modelos de atribución[6].

Una encuesta de enero de 2013 llevada a cabo por MarketingSherpa encontró que alrededor del 28% de los profesionales del marketing a escala global indica que la medición de la atribución a través de canales es un objetivo analítico importante.

¿Cultura o técnica?

La sección anterior le permitió comprender cómo es posible el seguimiento de las acciones de comunicación de marca mediante recursos gratuitos ofrecidos por *Google*, pero hay otras herramientas pagas como *KISSmetrics* que ofrecen posibilidades de medida aumentadas. Esto no significa que medir la contribución de redes sociales en la generación de negocios sea una obviedad, sino que puede hacerse con esfuerzo, conocimiento y sistematización. Sin embargo, lo importante aquí para recordar es que, desde lo cultural, si no se impulsa proactivamente en la empresa u ONG la medición de las conversiones que sucedan en el embudo, no se podrá medir ni el éxito financiero ni cualquier otro. Como dice Olivier Blanchard: "todo gira alrededor de las conversiones. La empresa convierte los fondos en recursos. Los recursos financian las actividades de comunicación de marca. Estas actividades se convierten en interacciones entre la marca, los prospectos y/o clientes y de ellos entre sí. Estas interacciones aumentan la presencia de marca. Una mayor presencia de marca se convierte en resultados no financieros: seguidores, menciones, sentimientos, clics, descargas, recomendaciones, respuestas, la participación en *chats*, acciones, gustos, retuits, etc. Los cambios en estos resultados no financieros pueden interpretarse como la manifestación de los cambios en el conocimiento, la alineación, las preferencias y finalmente los hábitos de compra. Por último, los resultados no financieros se convierten en los resultados financieros"[7] (p. 227). Quizás este pensamiento resulte intuitivo para quienes han desarrollado una carrera en temas de gestión y negocios, pero como docente he trabajado con un universo amplio de profesionales que llegan a la comunicación de marketing y a la comunicación corporativa provenientes de disciplinas académicas variadas, y muchas veces no relacionadas con la medición sistemática y el análisis riguroso de las ganancias y las pérdidas de una empresa. En otras palabras, el hábito de medir es cultural y a mi juicio requiere del compromiso del individuo y la pasión por los resultados. Es algo que las empresas definitivamente pueden enseñar a sus empleados y ejecutivos pero que también las universidades pueden sumar a sus programas educativos.

Referencias

1. Ehrenberg, Andrew & Goodhardt, Gerald. New brands: near-instant loyalty. *Journal of Marketing* Management *16* (6), 607-617, 2000.

2. Young, Antony & Aitken, Lucy. *Profitable marketing communications: a guide to marketing return on investment.* London; Philadelphia: Kogan Page, 2007.

3. Clifton, Brian. *Advanced web metrics with Google Analytics* (3rd ed.). Indianapolis: Wiley, 2012.

4. Heskett, James L.; Jones, Thomas O.; Loveman, Gary W.; Sasser, Jr W. Earl & Schlesinger, Leonard A. Putting the service-profit chain to work. *Harvard Business Review 86* (7/8), 118-129, 2008.

5. Kireyev, Pavel; Pauwels, Koen & Gupta, Sunil. Do display ads influence search? attribution and dynamics in online advertising. *Harvard Business School,* 2013. Disponible en internet: http://www.hbs.edu/faculty/Publication%20Files/13-070.pdf.

6. Econsultancy. Making sense of marketing attribution (infographic). 2012. Disponible en internet: http://econsultancy.com/ar/blog/11230-making-sense-of-marketing-attribution-infographic.

7. Blanchard, Olivier. *Social media ROI: managing and measuring social media efforts in your organization.* Indianapolis: Que, 2011.

Epílogo

A l tiempo de dar clases o conferencias y observar uno a uno a mis oyentes, suelo preguntarme cuáles de ellos serán realmente exitosos en lo que emprendan. Es claro para mí que la inteligencia *per se* no hará la diferencia sino la capacidad que tenga cada individuo en lograr "que las cosas sucedan". En mi vida profesional he visto personas talentosas pero opacadas por su falta de compromiso o convicción. Otras, que emprendieron con entusiasmo caminos equivocados y que cuando lo advirtieron, habían perdido una gran parte de sus vidas en búsqueda de sus sueños. Una vez leí que lo malo de las personas talentosas y pujantes es que si no tienen una dirección correcta son las que más rápido avanzan —justamente por su talento— hacia el fracaso. Las que no tienen dirección también irremediablemente fallan en lograr y cumplir con sus compromisos.

Todo lo hasta aquí escrito le ayudará a darle dirección a su plan de comunicación de marketing. Los pasos del modelo M-A-P-E-A-R* le ayudarán a no fallar en la elección del camino y ajustarán su dirección a medida que avance en el logro de sus objetivos tanto de comunicación como de negocios. La perfección vendrá con la experiencia, aprendiendo cada vez más de los procesos puestos a rodar, midiendo y separando lo que funciona de lo que no. En sus manos y en la de su organización está ahora la responsabilidad de hacer que las cosas sucedan y que lo hagan de la mejor manera, en otras palabras, que se ejecuten correctamente.

Dicen Larry Bossidy & Ram Charan en su libro *Execution*: "La gente cree que la ejecución es la parte táctica del negocio. Ese es el primer gran error. Las tácticas son fundamentales para la ejecución, pero la ejecución no es táctica. La ejecución es fundamental para la estrategia y es la que le da forma. No se puede planificar una estrategia que valga la pena sin tener en cuenta la capacidad de la organización para ejecutarla". El negocio, la estrategia, las personas y la operación no pueden estar desapegados ni descoordinados entre sí a la hora de ejecutar un plan de comunicación.

Es necesario que usted cuente con un alto grado de conciencia y realidad sobre la situación bajo la que se ejecuta el plan, el marco competitivo, las características particulares de su actividad comercial o de *fundrising*, y el tiempo y los recursos operacionales y económicos que dispone para ejecutarlo. Una cosa es desarrollar estrategias; otra es ponerlas a funcionar.

La comunicación, no ya la destinada a clientes actuales y potenciales, sino la interna, dirigida a colegas y proveedores deberá ser el aglutinante, una amalgama de fuerzas y coherencia que fortalezca sus planes. ¿Cuántas veces la fuerza de venta de una empresa o las telefonistas se sorprenden por llamadas de consumidores solicitando asistir o participar en tal o cual actividad desarrollada y difundida por la oficina de marketing pero nunca comunicada hacia su propia gente? El plan de comunicación de marketing debe considerar definitivamente la comunicación interna como un aspecto a resolver y a tratar asignándole la importancia necesaria. Recuerde que la marca como la ven los clientes y prospectos es el reflejo de lo que sucede puertas adentro de la empresa y no al revés. Como decía George Bernard Shaw, "El mayor problema en la comunicación es la ilusión de que ha tenido lugar". Por lo tanto no asuma nada y recuerde que uno de los destinatarios más importantes de su comunicación son los empleados de su firma.

En relación con la comunicación interna, una variación particularmente importante del concepto es la referida a los proveedores en general y a las agencias de marketing en particular. Por años, el mecanismo de comunicación aceptado con ellas es lo que se define genéricamente como "*el brief*" cuya redacción es clave para determinar exactamente lo que la empresa le demanda a la agencia y el sustento de tales demandas. Claro que este instrumento se complementará con un fluido contacto personal con ejecutivos y creativos de la o las agencias de comunicación de marketing que contrate. En mi opinión, deberá "integrar verticalmente" a sus agencias. Dicho de otro modo, no trabajarán puertas adentro de su empresa pero contarán con toda la información para hacerlo como si estuvieran allí. Un convenio de confidencialidad es mandatorio para que esto sea posible.

La agencia tendrá que asumir un rol de liderazgo en el desarrollo de las piezas de comunicación, pero nunca deberá liderar la estrategia de la marca previa a la preparación del *brief*. Este es un rol que solo le puede corresponder al directivo de la empresa. Piense en todas las campañas que haya visto —y no solamente en las suyas— e identifique aquellas que le parecieron confusas, equivocadas y hasta con falta de foco o de ética. Notará que detrás de cada una de esas malogradas campañas estuvo la firma y la aprobación de un ejecutivo de la marca. Dijo el CEO de Zappos, Tony Hsieh: "las personas no recordarán siempre lo que una marca haga o deje de hacer, pero sí cómo las hagan sentir". Y no lo dude, las personas recordarán cómo las hizo sentir su marca sin siquiera saber o importarles quién es su agencia.

Le aclaro que no tengo ninguna aversión o predisposición negativa para con las agencias. He trabajado por años con ellas, con resultados cambiantes pero mayoritariamente satisfactorios. Tengo amigos allí y respeto enormemente lo que hacen. De hecho, quien me halaga prologando este libro es fundador y profesional respetado de una de las agencias de marketing directo más prestigiosas de la Argentina. Aun así, como directivo de marketing nunca perdí la perspectiva de que el tratamiento que se haga de la marca, el *branding*, era mi responsabilidad y no la de la agencia. En ese rol y por años volqué la balanza a un lado u otro cuando el riesgo asumido en una comunicación excedía el que tomábamos a diario. Decisiones aparentemente simples en la comunicación —tales como "tutear" a nuestros clientes en lugar de tratarlos de usted— rebasan al sentido común o el rol creativo de la pieza. Demandan un profundo conocimiento de la marca y su personalidad. Y esto no es arte, es una ciencia como ya hemos aprendido. Es por eso que nada bueno resultará de la relación con una agencia —por más creativa que sea— si la **M** de marca, el primer paso de nuestro modelo, no es cabalmente comprendido por sus creativos y ejecutivos. Lo dicho implica que hay que invertir tiempo desde el primer momento no solo en nuestros empleados sino en el de ellos, y en ambos casos enseñar con el ejemplo, trabajando codo a codo.

Ahora usted tiene todos los elementos necesarios para construir y ejecutar exitosamente un plan de comunicación de marketing. A medida que avance y gane experiencia me encantará saber de usted y de sus progresos, desafíos, descubrimientos y éxitos. No dude en escribirme. Mi trabajo como docente, investigador y consultor es ayudar a otros a tener éxito en la concreción de sus planes de comunicación de marketing y todo lo que aprenda de su experiencia me ayudará a mejorar mi trabajo y, por lo tanto, a ayudar mejor a los demás.

¡Buena suerte en este viaje!

Domingo Sanna

Lecturas recomendadas

The new strategic brand management, de Jean-Noël Kapferer.
Es un libro muy diferente a otros que se han escrito sobre gestión de la marca, a la vez que interesante, innovador y con contenidos valiosos. Esto se debe a su orientación de negocios y a su equilibrio único entre la teoría avanzada y los casos. Brinda modelos y conceptos de trabajo que al lector le resultarán fáciles de relacionar y aplicar en el día a día. Es, a mi parecer, el mejor libro de marca que se haya editado.
Kapferer, Jean-Noël. *The new strategic brand management: advanced insights and strategic thinking* (5th ed.). London; Philadelphia: Kogan Page, 2012.

The tipping point, de Malcom Gladwell
El *tipping point* —o punto de inflexión— se explica por lo que Gladwell llama las "leyes de la epidemia" y representa el momento crucial donde todo cambia al mismo tiempo debido a que se cruzó un umbral, aun cuando este cambio explosivo pudiera ser el resultado de esfuerzos o situaciones que ya estaban presentes desde hacía algún tiempo. Más allá de sus divertidas anécdotas y ejemplos, el libro explora las fuerzas que impulsan la difusión de productos, ideas y otros fenómenos. Es clave para comprender lo complejos que son los procesos de influencia social.
Gladwell, Malcolm. *The tipping point: how little things can make a big difference.* Boston: Back Bay Books, 2002.

Descartes' error, de Antonio Damasio
Este libro disruptivo postula que la razón pura, la razón sin influencia de la emoción, parece ocurrir solo en los estados patológicos. Dice Damasio: "algunos aspectos del proceso de la emoción y el sentimiento son indispensables para la racionalidad". El error de Descartes fue "la separación abismal entre el cuerpo y

la mente… la sugerencia de que el razonamiento y el juicio moral, y el sufrimiento que proviene de dolor físico o trastorno emocional pueden existir separadamente del cuerpo. Específicamente: la separación de las operaciones más refinadas de la mente, de la estructura y del funcionamiento de un organismo biológico". Damasio postula claramente por qué la razón depende de la emoción. Blaise Pascal dijo una vez: "El corazón tiene razones que la razón desconoce" y esta obra parece reafirmarlo.

Damasio, Antonio R. *Descartes' error: emotion, reason and the human brain*. New York: Putnam's Sons, 1994.

Acerca del autor

Domingo Sanna nació en San Miguel de Tucumán, Argentina en 1960. Es doctor y magíster en Dirección de Empresas por la Universidad del CEMA e ingeniero en electrónica por la Universidad Tecnológica Nacional, Argentina. Se desempeña como docente, conferencista, investigador y consultor de empresas. Puede ser contactado en su email: domingo@domingosanna.com.

Visite su blog: www.domingosanna.com para actualizaciones y novedades sobre los temas de este libro y otros relacionados con el marketing y los negocios.

www.ingramcontent.com/pod-product-compliance
Lightning Source LLC
Chambersburg PA
CBHW061156240326
R18026500001B/R180265PG41519CBX00014B/21